농가 70% 중산층

장수군의 비밀

농가 70% 중산층
장수군의 비밀

초판 2쇄   **2014년 10월 13일**

지은이   황태규 · 박수진
발행인   이재교

디자인   김상철 박상우 이정은
교정교열   조호애
제작   신사고하이테크(주)

펴낸곳   굿플러스커뮤니케이션즈(주)
출판등록   2013년 5월 7일 제2013-000136호
주소   서울특별시 마포구 잔다리로 14 5층 (서교동 363-15)
대표전화   02-6080-9858
팩스   0505-115-5245
이메일   goodplusbook@gmail.com
홈페이지   www.goodplusbook.com
페이스북   www.facebook.com/pages/ goodplusbook

ISBN 979-11-950429-5-1 03300

「이 도서의 국립중앙도서관 출판시도서목록(CIP)은 서지정보유통지원시스템 홈페이지(http://seoji.nl.go.kr)와
국가자료공동목록시스템(http://www.nl.go.kr/kolisnet)에서 이용하실 수 있습니다.(CIP제어번호 : CIP2013028801)」

농가 70% 중산층

장수군의 비밀

황태규 · 박수진

Contents

I장 장수 정책 이야기 – 순환과 정책을 말하다

1. 왜 장수인가

2. 장수스케치

3. 장수군 핵심정책 5 · 3프로젝트

장수군의 비밀을 찾아

지방자치제 시행 이후, 지역은 작지만 경쟁력 있는 지방정부를 만들기 위해 독자적으로 정책을 개발해야 하는 무거운 과제를 안았다. 새로운 상황을 맞이하게 된 지역들은 선진지를 벤치마킹하며 자립도를 높이고자 동분서주했다. 그러나 선진지 벤치마킹 열풍은 그리 오래가지 못했다. 외국의 성공 사례를 도입했으나 이식하기도 전에 낭패를 본 지자체가 있는가 하면, 견학을 빌미로 호화여행을 다니는 등 부정적인 면이 더 많아서 비판을 낳기도 했다. 힘든 문제를 쉽게 풀려고 했기 때문에 생긴 일들이다. 둘러보면 우리나라에는 어려운 가운데서도 자생력을 갖추기 위해 꾸준히 노력해 온 마을들이 있다.

전라북도 장수군은 한우와 사과로 이름이 알려진 작은 지자체다. 첩첩산중에 있는 두메마을 장수는 불과 10년 전까지만 해도 다른 지역에서는 아는 사람이 드물 정도로 인구도 적고, 특산물조차도 변변한 것이 없는 가난한 마을이었다. 그런 깊은 골짝 마을이 농민 평균 생산소득을 대한민국 중산층 수준으로 끌어올리면서 전북 최고의 부농이라는 신화를 만들었다.

장수군의 사례는 오랜 가난을 극복했다는 사실 하나만으로도 가치를 지니지만, 더욱 놀라운 것은 주민의 삶의 질이 여느 농촌과 다르다는 것이다. 잘 산다는 것은 경제, 문화, 교육, 복지 등 많은 요소가 균형을 이루고 있음을 뜻한다. 장수군은 '국내 최초'라는 수식어가 붙는 여러 가지 일들을 만들었다. 인구 2만이 조금 넘는 지자체가 계속적으로 새로운 소식을 만든다는 것은 분명 그 안에 정교하고도 비밀스러운 발전기가 있기 때문일 것이다.

　그런 장수의 이야기를 세상에 내놓고 싶어서 책을 쓰게 되었다. 장수는 시사, 자연, 휴먼, 문화 등의 다큐멘터리 요소를 갖춘 극적인 마을이다. 처음에는 장수가 성공시킨 목표소득정책 5·3프로젝트 중심으로 쓰려고 구상했으나, 장수사람들을 만나면서 생각이 바뀌었다. 사람에 대한 감동이 정책에 대한 호기심을 앞질렀기 때문이다.

　장수 스토리를 엮기까지는 제법 시간이 걸렸다. 이 책은 총 세 가지 이야기로 구성되어 있다. 첫 번째는 장수사람들의 꿈을 현실화시킬 수 있었던 지역의 농업정책에 대한 것이다. 두 번째는 어려웠지만 장수를 떠나지 않고 오늘의 장수를 만든 사람들에 대한 이야기다. 마지막은 장수사람들이 만들어갈 미래이야기다. 특히 장수의 미래이야기는 장수의 것만이 아니다. 우리가 바라는 농촌과 우리 이웃의 희망이야기이다. 지역을 연구하는 사람들과 공무원, 귀농을 고민하는 사람들에게 참고가 되었으면 좋겠다. 특히 번역 출간될 예정이어서 '아시아 지역 살리기'를 앞당기는 계기가 되지 않을까 기대도 한다.

바깥사람에게 깊숙한 내부를 들여다볼 수 있도록 시간과 공간을 허락해 준 장수군 사람들이 바로 이 책의 주인공이다. 글이 쓰이기까지 도움을 주신 분들이 많다. 감사하다. 잘 사는 마을 장수군과의 인연도 감사하다.

장수군은 국내 최초이자 유일하게 '지역순환농업'을 실천하는 지자체로서, '화학비료 제로선언'을 계획한 안전식품 지대다. 장수군은 '화려한 것이 명품이 아니라 안전한 것이 명품'이라는 증거를 만들어가고 있다.

장수군에는 60세가 넘어서도 농업을 공부하는 사람들이 살고 있으며, 농사를 짓기 위해 아버지 곁으로 온 청년들이 살고 있다. 장수군에는 불가능하다는 친환경농업을 하기 위해 마을을 만든 사람들이 있고, 조용한 산골마을 동화분교로 전학 온 철딱서니학교 산촌유학생들이 있다.

그런 장수에 가는 것이 즐거웠고, 그런 사람들을 만나게 되어 행복했다. 누군가 왜 장수냐고 묻는다면 답은 이 책속에 있을 거라고, 그 어떤 사람 때문일 거라고 말할 수 있다.

2014년 1월

황태규 · 박수진

고맙습니다

지난겨울은 유난히도 추웠습니다. 장수는 고원지대라서 겨울이 길게 느껴질 만큼 훨씬 추운 지역입니다. 한 번 내린 눈이 좀처럼 녹지 않던 겨울 어느 날, 장수의 지역 정책에 관한 책을 내고 싶다면서 황태규 교수님과 박수진 작가님이 장수를 찾아왔습니다.

누군가가 우리 지역에 관심을 갖고 책을 내려 한다는 것이 군수로서는 참으로 유쾌한 일이었습니다. 군에서 용역을 주는 홍보책자가 아니라, 지극히 개인적인 작업이라는 점이 약간 두렵기도 하고 걱정도 되었습니다. 그래서 고맙다는 인사와 함께 장수의 농업을 이해하기 위해서는 먼저 농업인들을 만나봐 달라는 부탁을 했습니다. 군에서 해 줄 수 있는 지원은 정책관련 자료제공과 공무원 인터뷰, 취재에 필요한 농가를 소개해 주는 것이었습니다.

그분들은 일 년 동안에 수십 차례 장수를 찾아왔다고 합니다. 인터뷰를 딱히 거절할 이유가 없어서 두 번 만나서 얘기를 나누었습니다. 지난 10년 동안의 농촌정책 이야기를 짧은 시간에 다 할 수는 없었지만, 그분들은 장수를 알기 위해 노력하고 있었고, 그분들의 열정이 참으로 고맙게 느껴졌습니다. 하지만 보고, 느끼고, 알게 된 것을 있는 그대로 가감 없이 쓴 책이라야 가치가 있다고 생각해서 진솔한 글이 나오길 고대했습니다.

아무래도 제 3자에게 평가받는 일은 조심스러운 일입니다. 제 개인의 이야기가 아니라 장수군민의 이야기이기 때문에 더욱 그랬습니다.

그렇게 1년이 지나고 원고가 도착했습니다. 먼저 작은 장수를 이렇게 자세히 바라다봐준 정성이 고마웠습니다. 그리고 저의 이야기가 아니라 주민들의 이야기가 중심이 되었기에 부끄럽지 않고 뿌듯한 기분이 들었습니다. 게다가 함께 일하는 공무원들의 이야기는 읽는 동안에 재미와 감동이 있었습니다. 최대한 객관적으로 썼다고 했지만 우리의 상황과 결과를 긍정적인 시각으로 바라봐 줘서 부담스러운 부분이 있었습니다. 그러나 기쁜 마음을 감출 수는 없었습니다.

원고를 읽으면서 주민들이 얼마나 중요한 역할을 했는지, 함께한 공무원들은 또 얼마나 훌륭한 직원이었는지도 다시 느끼게 되었습니다. 이 책에 나오지 않은 주민들도 모두가 같은 수고를 했다는 것을 압니다. 아직 가야 할 길이 남아있기는 하지만, 장수군민들은 누구보다도 열심히 살았기 때문에 이런 평가와 칭찬을 받을 자격이 있다고 생각합니다. 어려운 결정을 앞에 두고 오직 군의 발전을 위해 자신의 고집을 꺾을 줄 알았던 장수군민들이 오늘의 장수를 만들었기 때문입니다.

빈곤한 삶의 굴레에서 벗어나는 일은 쉽지 않습니다. 저는 철이 들기 시작하면서부터 가난한 농촌을 고민했고, 소를 키우기 시작하면서 희망을 품었습니다. 장수군은 5 · 3정책을 시작으로 농촌의 삶을 바꿔나가기 시작했고, 그 변화는 거듭하여 장수의 새로운 역사를 만들어가고 있습니다. 이 책은 그 증거들을 담고 있습니다. 제가 지금껏 사랑했고, 앞으로도 사랑해야 할 장수사람들이 책의 주인공이기에 출간을 축하하는 마음이 남다를 수밖에 없습니다.

이 책은 찬사와 격려뿐만 아니라, 우리에게 또 다른 과제를 던져주고 있습니다. 미래의 이야기입니다. 우리 농촌이 만들고 지켜가야 할 일들입니다. 남은 임기 동안에 최선을 다할 것이고, 이후에도 평범한 군민의 한 사람으로서 지속적인 노력을 할 것입니다. 사랑하는 군민 여러분, 존경하는 공무원 여러분 그리고 애쓰신 두 분의 작가님, 출간을 진심으로 축하합니다. 모두 고맙습니다.

2014년 1월

장수군수 장재영

희망을 이야기하는 책

요즘에는 창조에 관한 이야기를 많이 한다. 몇 년 전부터 '지역재창조'를 힘주어 말하던 지인이 있어 창조경제라는 말이 등장했을 때도 별로 낯설지 않았다. 그가 바로 우석대 황태규 교수로, 1년 전에 지역 정책에 관한 책을 내겠다는 소식을 전해왔다. 전국을 돌아다니며 지역 일로 워낙 분주한 사람이라서 그저 일반적인 책이려니 짐작만 하고 있었는데, 추천사를 부탁한다면서 원고를 들고 왔다.

먼저 부제가 눈에 들어왔다. 농가 70%를 대한민국 중산층 수준으로 만든 농업정책이라니 놀라지 않을 수 없었다. 더군다나 내가 살고 있는 전북의 일이어서 반갑기도 했다. 내가 알고 있는 바 소득 관련 경제정책은 일부 계층을 대상으로 해야만 효과가 나타나기 때문에 전체 주민을 대상으로는 정책을 펼치기 어렵다는 것이다. 그런데 장수군은 정책참여 농가의 90% 가까이 연 5천만 원 이상의 소득을 올리고 있다고 한다. 처음에는 믿어야 하는 사실 앞에서 자꾸 고개가 갸우뚱거려졌다. 원고를 읽는 동안 하나둘 궁금증이 해결되었다.

어려운 지역 정책 이야기를 다룬 원고지만 매우 잘 정리되어 있어서 누구나 쉽게 이해할 수 있는 책이 될 것이다.

원고를 읽으면서 더욱 놀랐던 것은 꾸준히 공부하는 농업인들의 자세였다. '평생교육'이란 말이 있듯이 그 자리에 멈춰 서지 않으려면 항상 배워야 한다. 나는 교육기관에 있기 때문에 교육이 얼마나 중요한지를 민감하게 느끼며 살고 있다. 결국 장수군의 성공은 교육의 힘이 밑바탕이 되었던 것 같다. 그리고 리더에 대해 감동했다. 단체장이나 공무원 그리고 선도농가라 불리는 사람들의 농업철학과 일에 대한 책임감이 이 책의 중요한 부분으로 생각되었다. 대학은 필요한 곳에 준비된 사람을 투여하는 인재양성 기관이다. 학교에서는 어느 산업군에 속하든지 일에 대한 철학과 책임감이 없이는 성공할 수가 없다는 것을 학생들에게 강조하고 있다. 이런 점에서 볼 때 장수군 이야기는 농촌뿐만 아니라 사회 전체에 본이 될 것이라고 생각한다.

이 책은 한 지도자를 영웅으로 만들거나 한 지역을 홍보하는 것이 아니라 우리나라 농촌에 아니, 전 국민에게 희망을 얘기하는 책이다. 오랜 경기침체로 지쳐있는 우리에게 무작정 힘을 내라고 응원하는 공허한 목소리가 아니다. 자신과 자신의 지역을 점검하는 과정에서 해답을 찾을 수 있도록 돕고 있다. 일방적으로 성공하는 방법을 제시한 것이 아니라, 장수의 어제와 오늘을 과정 중심으로 서술하고 있어서 매우 사실적이고 실질적이다. 다소 미화된 것처럼 보일지 모르나 그것은 저자의 영역이라 꼬집을 수는 없다. 다만 다양하고 폭넓은 경험을 소유한 저자의 전문성과 객관성을 믿을 뿐이다.

저자는 이 책을 내는 이유를 '의무'라고 했다. 언론인으로서, 교육자로서 마땅히 해야 할 의무에 대해 새삼 고민을 하게 된다. 내가 할 일은 강하고 아름다운 이야기들을 세상에 알리고 교육에 적용하는 일이다. 장수군 이야기를 알게 되어 반갑고, 장수군 이야기를 전하게 되어 기분 좋다.

전북일보회장 · 우석대학교 이사장 서창훈

〈농가 70% 중산층, 장수군의 비밀〉을 읽고...

최규성 (농림축산식품해양수산위원회 상임위원장)

전 농가의 70%를 중산층으로 만들기 위한 정책이 진행 중이라는 소식을 들었다. 반갑고도 놀라운 일이다. 농업 경쟁력 향상을 위해 국회차원에서 최선을 다하고 있지만, 우리나라 농업현실은 여전히 어렵다. 그래서 장수군 사례는 오히려 빛이 난다. 단순한 소득정책이 아니라 목표농업소득정책이라는 구체적인 제시에 대해서는 모든 지역에서 눈여겨 보아야 할 점으로 생각된다. 하나의 정책으로 안정된 농업소득을 전체 농가가 고르게 잘살게 되는 일은 모든 농촌의 꿈이다. 그 꿈을 이룬 장수와 장수사람들에게 무한한 박수를 보낸다. 한국 농촌의 미래를 그리고 있는 이 책의 출간을 축하한다.

정현태 (경남 남해군수)

얼마 전 세계 최고의 농업·건강 중심도시 장수군의 '돈 버는 농업' '경축순환농업'을 벤치마킹한 적이 있다. 농촌에서 소득을 높인다는 것은 참으로 어려운 일인데, 전북 장수군에서는 지난 10년 동안 순수농업소득을 높이기 위한 정책을 일관되게 추진했다는 것이 놀라울 따름이다. 특히 전 농가의 70%를 대상으로 5천만 원 이상의 소득목표정책을 세우고 실질적인 성과를 얻었다는 사실은 어려운 농촌 현실에서 희망의 빛을 보는 것과 같다. 전 지구적인 기후변화와 가까운 미래에 닥쳐올 FTA 파고가 예상되는 가운데 장수군의 사례는 다른 지방자치단체의 이정표가 될 것임을 확신한다. 이 책은 장수군민들이 일궈낸 한국농업의 새로운 역사창조의 기록이다.

송우경 (대통령직속 지역발전위원회 정책팀장)

대한민국의 오지로만 알려졌던 장수에는 농업으로만 연간 1억 원 이상의 소득을 올리는 농가가 537곳이나 된다. 그 사실 하나만으로도 장수는 대한민국 농촌이 배워야 할 새로운 발전 모델임에 분명하다. '문제인식과 비전공유', '차별화된 전략', '유기적인 협력체계'를 생생하게 담고 있는 이 책은 농촌지역뿐만 아니라 지역발전을 위해 고민하는 모든 이들에게 새로운 시각과 대안을 제시하고 있다.

허영숙 (한국생산성본부 핵심역량센터장)

장수군 사람들을 만나면 기분이 좋아진다. 그들은 주인의 역할을 할 줄 아는 사람들이다. 외지인을 받아들이는 품이 넉넉하고, 배움에서 유난스러울 만큼 적극적이다. 그들을 교육할 때 교육자는 신이 난다. 장수군 사람들은 교육 내용을 어떻게 적용할지 세세하게 묻고, 놀랍도록 적절하게 활용한다. 내가 본 장수사람들과 농업·농업인을 가슴으로 이해하는 단체장 장재영 군수님은 싱크로율 100%다. 이 책이 훈훈한 이유는 바로 그들의 이야기가 담겨있기 때문이다.

송미령 (한국농촌경제연구원 농촌정책연구부장)

혹자는 이 책을 보면서 작은 농촌 이야기에 불과하다고 할지도 모르겠다. 그러나 한국의 농촌 지역개발 역사에서 장수군은 이제 꼭 기억되어야 할 사례가 되었다. 특히 5·3운동으로 대표되는 장수군수님의 농정철학과 장수군의 실천성과는 이 분야를 공부하는 나로서는 10년 내내 늘 관심의 대상이었다. 이 소중한 사례를 다양한 각도에서 되돌아본 책이 나왔다. 그곳에 사는 사람들의 따뜻한 삶까지 만나볼 수 있게 되어 반갑고 고마울 따름이다. 〈농가 70% 중산층, 장수군의 비밀〉을 통해 우리나라 지역들이 또 다른 희망을 찾을 수 있을 것이라 믿는다.

장수 정책 이야기
순환과 정책을 말하다

1. 왜 장수인가

장수와의 인연

순환농업과 공무원

인연이란 사람과 사람 사이에 생기는 것만이 아니다. 돌 하나 들꽃 하나로도 인연이 깊어질 수 있듯이 사물뿐 아니라 일과의 만남도 다르지 않다는 걸 안다. 국가균형발전위원회에서 근무하던 2006년, 우연히 장수의 군 공무원 두 사람을 만나게 되었다. 그들로부터 장수군에서 펼치고 있는 축산과 연계한 순환농업에 관한 얘기를 듣게 되었다.

당시 순환농업은 개별농가나 일부 특별한 농민단체에서만 간간이 화제가 되었던 소재로, 군 단위에서 정책적으로 사업구상을 펼친 경우는 없었다. 장수의 사례는 새로운 농업정책을 통해 마케팅비용과 생산원가를 줄일 수 있다는 것만으로도 충분히 뉴스가 될 만한 내용이었다.

참신한 사업구상과 탄탄한 기획력에 내심 놀랐다. '과연 작은 지자체의 공무원이 맞나?' 하는 의구심이 들 정도로 장수군은 준비를 철저하게 해왔다. 지역 일은 거기서 거기일 거라는 선입견이 사라졌다. 바로 대통령 보고를 앞둔 터라서 겨우 보고에 필요한 도움말 정도밖에 해줄 수 없는 짧은 만남이었지만, 보고할 내용과 장수공무원은 깊은 인상으로 남았다. 이렇듯 장수와의 인연은 지역민 모두가 함께하는 순환농업이라는 농업정책에 대한 호기심에서 시작되었고, 장수군은 좀체 흥분을 가라앉힐 수 없는 매력적인 지역으로 남게 되었다.

농촌문제는 늘 우리 가슴에 얹혀있는 무거운 그 무엇이기에 고민거리이면서 동시에 아픔이다. 지역들은 같은 무게의 과제를 풀기 위해 중앙으로 보고서를 들고 왔고, 나는 그 보고서를 통해 지역의 문제를 자세히 들여다보게 되었다. 장수군도 마찬가지여서 그날 이후, 머릿속을 맴도는 지역 중의 하나가 되었다. 아니나 다를까 몇 년이 지나서 장수는 장수브랜드로 큰 너울을 이루며 성공신화를 세상 밖으로 꺼내 놓았다. 그것이 '5 · 3정책'이고, '지역순환농업'이다.

동침, 그리고 그날 밤

장재영 현 군수와는 2007년에 농촌 활성화에 관한 유럽연수를 함께 간 인연이 있다. 그 때 장군수로부터 장수군의 과거와 현재에 관한 얘기를 듣게 되었다. 작은 지자체가 역경을 딛고 일어서기 위해 힘쓰고 있는 이야기는 마치 한 편의 긴장감 있는 연극과도 같았다. 농촌 장수를 무대로 한 연극은 각본과 스텝, 배우들이 모두 훌륭했다. 이야기 중간중간, 구석구석마다 박수를 치고픈 심정이 절로 들게 했다. '누가, 무엇을, 어떻게 했는가'에 대한 구체적 내용보다 '왜 그렇게 해야 하는가'라는 원초적인 이유에 오히려 가슴이 먹먹해졌다. 장군수는 군수이기 전에 "우리는 잘 살고 싶다. 우리 농촌도 한 번은 잘 살아보고 싶다. 특별한 한 사람이 아니라 모두 다 잘 살고 싶다"는 절절한 메시지를 가슴에 담고 있는 농부였다. 나는 그 날 장군수를 통해 비로소 농촌이 품은 아픔과 희망의 설계도를 동시에 볼 수 있게 되었다.

우린 이층 침대에 나란히 누워서 늦도록 장수이야기를 했다. 나는 정책적으로 장기적인 큰 그림을 먼저 그리는 것이 어떻겠냐고 제안했다. 장군수는 "농민들이 따라올 수 있을 정도만 내놓고 설득해야 한다면서 "아직은 우리 농부들이 그렇게 시야가 넓지 못하다"고 분석했다. 온몸으로 체득한 현장경험 앞에 절로 머리를 조아리게 되는 순간이었다. 그 후 내 말은 조심스러워졌다. 깨달음이란 그렇게 고요한 것이었다.

같은 욕망을 가지고 있다 할지라도 간절함의 차이가 다른 결과를 가져오는 것을 우리는 가끔 경험한다. 장수는 오직 '농촌도 잘 살아야 보고 싶다'는 일념으로 밑그림을 그리고 있었다. 간절한 만큼 규모 있고 섬세했다. 농가 호당 소득 5천만 원 이상의 3천 농가를 육성한다는 〈5·3프로젝트〉에 대한 구상은 장수군 전체 농가의 70%를 대상으로 하는 야심에 찬 사업이었다. 나는 흥미진진한 정책이야기에 흥분을 가라앉히지 못했고, 밤이 깊어가는 줄도 몰랐다.

장군수는 지속성을 강조했다. "농업소득이 안정성과 지속성을 갖지 못하면 일시성과 가시성 밖에 지니니 못한다."라면서 농업정책은 행정이 중심이 되면안 되고, 농민의 입장이 중심이 되어야 한다고 강조했다. 깊이 수긍이 가는 대목이었다. 장수군 계획의 일부분을 들은 것이지만 장수는 반드시 목표한 대로 성과를 거둘 것이라는 믿음이 생겼다. '저 정책이 성공한다면 장수는 대한민국의 농촌 신화가 될 것이다. 나는 지금 그 대본을 미리 보고 있다.' 잠이 올 리 없었다.

장수에 가다

이후, 몇 해가 지나서 전국의 지자체 사업을 평가하는 일을 맡게 되었다. 그동안 간간이 장수 소식을 들었다. 농가들이 품질우수상을 받았고, 군에서는 여러 가지 사업 지원을 받게 되었다는 정도였다. 그때마다 농촌을 통째로 고민하던 장군수를 떠올렸고, 5·3 정책이 어떻게 진행되어 가고 있는지 궁금했다. 마침 출장차 장수에 들렀을 때, 나는 다시 놀랄 수밖에 없었다. 귀로만 들었던 것들이 정말 눈앞에 펼쳐져 있었기 때문이다.

지난 5, 6년 동안 장수는 뜨겁게 일했으며, 확실하게 변화되었다는 것을 실감할 수 있었다. 경제적으로는 농가소득이, 문화적으로는 '작은 영화관'이 많은 것을 대변하고 있었다. '이렇게 될 수도 있구나!' 생생한 감동과 놀라움이 함께했다.

그 후 누가 들으면 장수사람이라고 오해할 만큼 어디 가서든 장수 이야기를 했다. 넓고 깊게 고민하는 단체장이 있고, 그 뜻을 묵묵히 받쳐주는 공무원이 있고, 정책을 이해하고 따라가는 영리한 농민들이 만든 진짜 농촌은 장수라고. 장수는 꿈꾸는 미래형 농촌이 아니라 분명 현실에 존재하는 부유하고 건강한 농촌이라고.

이 책은 애정이 아니라 의무다

지금도 지역은 나의 과제다. 때때로 감동을 불러일으키는 지역들을 보기도 하지만, 장수로부터 받은 충격에서는 오랫동안 벗어나지 못할 것 같다. 일부 부농이 아니라 전체 농민이 잘살아야 하며, 주민이 먼저 즐길 수 있는 공간을 만들어야 방문객도 행복해진다고 생각하는 사람들. 그들은 가난하지도 않았고, 나약하지도 않았다. '깊은 골짝, 작은 마을 장수'는 '건강하고 부유한 대한민국 농촌 모델 마을'이었다.

나와 장수와의 인연은 자신들의 땅을 아끼고, 바른 먹거리를 만들며, 자부심을 가지고 농업을 경영하는 장수사람들과의 인연이다. 그리고 장수를 드나들며 결실을 맺게 된 이 책은 장수에 대한 개인적인 애정이 아니라, 지역을 연구하는 전문가의 의무라는 생각이 든다.

장수사람들 이야기

장수사람들은 비록 고생하며 살아왔지만 삶에 찌들어 있지 않았다. 가진 것을 소중히 여기고, 없는 것을 탐하지 않는 사람들. 그들을 만나고 있으면 뭉클뭉클 뜨거움이 올라왔다. 마치 발레리나의 발레 슈즈 속에 감춰진 상처 난 발을 본 감동처럼.

사람이 최고의 풍경이다

장수를 방문하면서 눈여겨본 것은 장수 사람들이 만들어 낸 풍경이다. 요즘 들어 부쩍 칭찬과 격려의 인사가 잦아져서 살맛이 난다는 사람들, 각자가 주역이면서도 공은 남의 탓이라고 손사래를 치는 장수 사내들은 술자리에서조차 타락할 틈이 없을 만큼 열정적으로 공부하며 산다. 소, 사과, 오미자, 축제 이야기가 그들의 단골 안주이다. '이 정도면 되지 않았느냐.' 라는 객지인의 말은 금세 무색해진다. 아직은 과정이라고 딱 잘라 말한다. 도대체 어디까지 갈 셈인가?

만난 사람들은 공무원과 농업인이 대부분이었다. 그 땅에서 나고 자란 사람들이어서 그런지 말투도 산을 닮아 있었다. 퉁명스러운 듯, 무심한 듯 들리지만 고집 있는 강인한 말투다. 처음엔 외지인이라 경계해서 그러는 건 아닌지 오해도 했지만 적응이 되고 나니 오히려 정겹게 느껴졌다. 깊은 산골 장수의 유전자려니 생각하니 실웃음도 나왔다. 한참만에야 짧은 말 속에 담긴 묵직한 뜻을 파악하게 되었다.

사이좋은 사람과의 식사는 무얼 먹어도 즐겁다. 내가 아는 어떤 장수사람의 은근한 애정표현은 '밥은 먹어야지요.'로 시작된다. 어떤 날에는 선택할 메뉴도 없고 약속장소도 없다. 그냥 따라가면 된다. 혹시나 하고 그들이 어깨를 으쓱대며 자랑하는 장수한우를 기대했다가는 실망하기 십상이다. 식사는 가볍고 즐거워야 한다고 생각하는 그는 형식이나 예의를 갖추기 위해 무리하지 않는다. '줘요. 잡숴요.' 첫 말은 식당 주인에게, 둘째는 내게 한 말이다.

장수의 음식은 화려하지 않고 투박한 편이다. 최근에 장수한우를 판매하는 명품관이 문을 열어서 고급화를 이끌고 있지만, 아직 식당 대부분은 특별한 특징 없이 소박한 편이다. 전라도를 맛의 고장이라고 하지만 산지가 대부분인 이곳 장수는 충청도나 강원도처럼 양념도 많이 사용하지 않고, 음식에 기교를 부리지 않는 편이라서 그냥 시골의 맛이다.

어느 날, 술 한잔 하자는 지인의 권유를 받고 장수읍내에 있는 식당에 갔다. "찌개 줘요." 했더니 산에서 뜯은 나물이랑 버섯, 쇠고기 몇 점을 넣은 찌개가 올려졌다. 정식이름을 붙이자면 버섯전골인데, 차림표에는 없는 메뉴였다. 알고 보니 잘 아는 사람끼리는 제철 식재료가 생기면 바로 추가되는 메뉴가 있다고 했다. 그날은 아무개가 산에서 채취해 온 야생버섯이 있었던 것이다.

찌개 속에서는 계절이 보글보글 끓어올랐다. 맛을 보기도 전에 술잔이 한 바퀴 돌았다. 그들은 '장수 만세'를 외치며 건배한다. 오래 살자는 것인지, 자기네 마을을 환호하는 소린지 구분할 필요도 없을 만큼 멋진 구호다.

주고받는 소주잔 위로 온통 농사이야기 꽃이 피었다가 졌다. 목소리는 이따금 언쟁으로 들릴 만큼 수위가 높아졌다 내려오기도 했다. 행복하게 취해가고 있다는 증거다. 이쯤 되면 테이블 경계가 없어지기 일쑤다. 옆 테이블에 앉아 있던 동창 녀석도, 건너에 있던 조합원도 합세해서 이내 판이 커지고 만다. 이것이 그들의 일상일 테지만 외지인의 눈에는 부럽기만 한 따뜻한 풍경이다.

부러움을 안주 삼아 마시는 술이지만 달고 맛있다. 그중 한 사람이 불쑥 프러포즈했다. "일 끝나면 장수로 와요. 100살까지 산다는데 뭐하며 살 거요? 소 조금 키우고, 사과 농사 조금 지으면서 늙어갑시다." 이 사람들과 그렇게 살면 늙어도 초라하지 않을 것 같은 생각에 그러마 하고 답했다. 재배기술, 사육기술은 걱정도 하지 말란다. 하긴 모두 전문가들이니 아무 문제 없을 것이다. 나이 들어 하기에는 소가 낫다느니, 꽃 피고 열매 맺는 농사의 기쁨은 사과만한 것이 없다느니, 자기네들끼리 또 한 판 논쟁이 벌어졌다. 결국은 재배하는 데 손이 덜 가니까 노동력 대비 소득 면에서 제일 우수하다는 오미자가 승리했다. 취한 장수 사내들 사이에서 농사 얘기꽃이 피고 지고, 다시 피었다 졌다. 술자리는 어수선하지만 그래도 한 가지 꽃이다. 농사라는 꽃.

'일류 공무원'

장수군의 공무원들은 유독 바쁘다는 소문이 있다. 사실이 어떻든 간에 소문은 그렇다. 슬쩍 물어보니 사실이지만 재미있단다. 일거리가 많으면 귀찮을 만도 한데 저렇게 행복해 보이는 이유는 무엇일까?

일반적으로 공무라는 것은 표준과 원칙을 따라야 하는 특성 때문에 일하는 사람마저도 경직되고 따분해 보이기 마련이다. 그런데 장수에서 만난 공무원들은 달라 보였다. 일이 많아서 바쁘기는 하지만 투자하는 시간만큼 성과도 나타나니 즐겁고, 주말마다 동호회나 취미활동을 해서 더 즐겁단다.

일에 대한 자긍심을 갖고 생활의 한 부분을 온전히 여가활동에 할애하며 사는 그들은 정말 행복해 보였다. 그것도 경제적인 여유가 있어야 가능한 일이다. 들여다보니 지역에는 공무원 부부가 많은 편이다. 게다가 직장일 외에도 작게나마 농사일에서도 수입이 생기니 생활은 대부분 여유가 있는 것 같았다. 장수에서는 꽤 많은 공무원이 부업으로 소를 기르거나 사과나무를 재배하면서 월급 이외의 소득을 얻고 있다고 한다. 또한, 주중에는 각종 동아리 활동을 하고, 주말을 이용해 승마나 패러글라이딩 같은 고급 스포츠를 즐기는 경우도 있다. 장수에서는 경제적으로 시설을 이용할 수 있어서 도시생활이 부럽지 않다고 했다. 특히 젊은 층에서는 영화관을 꼽았다. 문화적 욕구가 강한 젊은이들에게 장수의 '작은 영화관'은 큰 위로가 되고 있었다. 자신들은 큰 욕심 없이 산다고 하지만 그 정도면 욕심부릴 것이 더 없겠다는 생각이 들었다. 그들이 왜 행복한지 나름대로 답을 얻었다. 그들의 능동적인 근무형태는 그들이 유별나서가 아니라 주변을 닮아간 탓이 아닌가 싶다.

장수군 공무원들은 자신들의 근무환경이 다른 지역에 비해 개방적인 편이라고 말한다. 만족감은 창의성과 직결되기 마련인데, 자신들의 다양한 견해와 아이디어가 적극적으로 받아들여지는 개방적인 환경에 일단은 만족한 듯 보였다.

일을 잘못해서 된통 혼이 나거나, 자신이 한 일이 윗사람 공으로 돌아가거나, 억지로 술자리에 불려 나가는 일이 있었어도 평균값은 '바쁘지만 행복하다.'로 나왔다. 그들은 휴일은 기꺼이 자신과 가족을 위해 사용하고, 근무시간만큼은 온전히 주민을 위해 일한다. 장수공무원들의 자긍심과 의욕은 자신들을 열린 자세를 지닌 행복한 일류 공무원으로 만들고 있었다.

예쁘다, 소녀야

한누리전당 앞에서 소녀들을 만났다. 평범한 차림새에 머리만 단정하게 빗었을 뿐인데 통통 튀는 물방울처럼 작고 맑아 보였다. 방학이라 친구들끼리 영화를 보기로 약속한 모양이다. 발갛게 상기된 볼은 꼭 찬바람 때문만은 아닌 것 같았다. 신이 나서 팔짝팔짝, 재잘재잘, 논두렁에 모여 있는 참새를 닮았다.

"이제는 전주 안 가도 돼요." 읍내에 영화관이 생겼으니 전주까지 나가지 않아도 개봉영화를 저렴하게 볼 수 있다고 자랑삼아 얘기했다. 이것저것 물으니 취재 나온 줄 알고 머쓱해하면서도 자랑할 건 다 한다. "19금만 빼고 다 봐요. 얘는 배우가 꿈이래요. 용돈으론 안 보고 영화비는 따로 타요." 상영 시간이 다 되었는지 종종걸음으로 서둘러 갔다. 영화의 한 장면처럼 소녀들의 모습이 작아졌다. 팝콘을 살 요량인지 서로의 주머니에서 꺼낸 돈을 모은다. 다시 깔깔깔, 재잘재잘. 모습만으로도 의성어를 상상할 수 있는 몸짓이 시야에서 사라졌다. 예쁘다, 소녀들아.

감상에 젖어 일부러 소녀들을 좋게만 보려고 한 것은 아닌데, 일요일에도 학원 차에 실려 졸고 있는 다른 편의 아이들의 모습이 오버랩 되어 나타났다. 삶의 형태와 질적인 면에서 어느 아이들이 더 경쟁력이 있을지, 누가 더 행복 가까이에 있는 것인지 잠시 생각에 젖었다.

처음도 나중도 사람이다

땅도 사람도 비옥해지면 푹신해지는 모양이다. 장수에 머무는 동안 편안했다.

이런 것을 기운이라고 하는지도 모르겠다. 장수 사람들은 오랫동안 팍팍하게 살았음에도 불구하고 지금 그들은 사납지도 않고, 메말라 있지도 않다. 하나만 가진 자는 가진 것 하나로 떠들고, 아홉을 가진 자는 없는 하나를 욕심낸다고 하는데 시골에 오면 그런 얘기들이 무색해진다.

시골이라고 다 편안하고 조용하지만은 않다. 오히려 고집스러운 면이 있어서 한 번 불협화음이 생기면 몇 년씩 등지고 사는 경우도 생긴다. 장수라고 다를까? 여기에서도 복잡하고 시끄러운 일들이 일어나곤 한다. 축분 냄새, 한우와 사과의 균형문제, 마을끼리의 힘겨루기 등 장수도 갈등과 위기의 순간들을 몇 차례 지나왔을 것이다. 이해관계로 얽히다 보면 때때로 마찰이 생길 수밖에 없다. 장수 사람들이 사나워지는 순간은 자존심에 상처가 났을 때, 그때다. 어떤 이익을 앞에 두고 실랑이를 하는 것처럼 보여도 들어가 보면 돈 때문이 아니라 지키고 싶은 자존심 때문이라는 걸 알 수 있다. 그것을 조율하는 방법을 그들이 모를 리 없다.

그런 가운데서도 장수군의 수레는 앞을 향해 참으로 잘 굴러갔다. 수레를 이끄는 공무원, 바퀴를 담당하는 농업인, 수레에 가득 실린 장수브랜드를 단 상품들이 지금의 장수 얼굴이다. 잘 살아왔고, 잘 살고 있는 마을에 와서 그 주인들을 만나 잘 사는 방법을 배웠다. 처음도 나중도 사람이라더니 장수에 가서 사람들 때문에 푹신해졌다.

2. 장수스케치

장수의 어제

궁핍과 고립의 시대

장수군은 전국의 기초단체 중 울릉군, 영양군, 양구군 다음으로 인구(2만 3천명)가 적은 곳이다. 우리나라의 경우에 인구가 적다는 것은 농토가 작다는 사실과 직결된다. 그리고 농업이 노동집약적인 산업이기 때문에 적은 인구와 작은 농토는 농촌의 열악성, 곧 빈곤을 의미한다.

장수군에는 큰 산줄기가 있어서 장수읍과 장계면 일대의 분지를 제외하고는 대부분이 산지다. 과거에는 인근 지역과 소통이 어려울 만큼 높고 긴 산줄기가 경계를 이루고 있어서 교통이 원활하지 못한 것은 물론이고, 곡식을 생산할 농토마저 변변치 못했다. 그러니 산이 많은 농촌의 생활은 궁핍할 뿐만 아니라 고립에 가까운 처지였다.

장수가 걸어온 길

해방 이후 80년대 전반까지는 서류薯類 - 땅속에서 생산된 덩이를 먹는 작물가 장수지역 농작물의 대부분이었다. 콩은 산간지역을 포함한 전역에서 재배되는 고유의 토종작물이라서 딱히 지역 특산물이라고 말하기 어렵다. 그러니 장수에는 뚜렷한 특산물이 없었다고 볼 수 있다. 한때는 농가의 70%가 종사할 정도로 양잠업이 활발했으나, 외국산 잠사 수입으로 판매가 급격히 감소하자 소득원으로서의 가치를 잃었다.

80년대 후반부터 지형과 기후의 특성을 고려해 고랭지 채소를 재배했다. 그러나 채소도 안정된 가격대를 형성하지 못하는 투기적 농작물에 가까운 형태여서 농가 소득은 늘 불안정했다. 환경의 악조건 때문에 비롯된 가난은 주민의 의지만 가지고는 어쩔 수 없는 일이어서 절망적인 상태가 오랫동안 지속되었다. 게다가 투기적 농업 형태가 낳은 바람직하지 못한 영농전통 등은 농민들을 더욱 의기소침하게 만들었고, 그나마 현실적인 소득원이었던 고랭지 채소도 농업육종기술의 발달과 저장기술의 발달로 사양길에 접어들게 되었다.

투기성 작물이 상처를 남기다

많은 농촌이 그래 왔듯이 장수에도 빈곤이 악순환 되면서 현실의 궁핍과 미래에 대한 불안감이 커져만 갔다. 뚜렷한 좌표가 없었기 때문에 의욕도 떨어지고, 이런저런 소문에 흔들릴 수밖에 없었다. 그런 농민들에게 다가온 것은 대박의 꿈을 품게 하는 유혹들뿐이었다. 장수에도 한동안 농민들을 상대로 한 사기가 극성을 부렸다. 대표적인 예로 '황금포도' 사건을 들 수 있다. 사기꾼은 황금포도(지금 생각해보면 블루베리와 비슷한 종자)라는 유럽에서 건너온 새로운 포도 종자를 소개했다. 일반 작물 대비 20배의 소득을 올릴 수 있다며 묘목 한 그루 당 3만 원(20년 전 가격)에 판매했다고 한다.

연속적인 좌절의 시기에 있던 농민들은 제주도에서 왔다는 전문가의 말에 현혹되어 묘목 계약 시 50%, 수확 시 50%라는 구매 계약 조건을 받아들였고, 십 수억이 넘는 금액을 몽땅 잃게 되었다. 고립된 산간지방이라 정보에 어두워서 생긴 일이다. 따져보면 정보 탓만은 아니다. 농민들이 꾸준한 노력으로 이룬 성공 스토리보다는 투기성 작물에 관심을 두었기 때문이다. 결과는 뻔했다. 크게 한 방을 기다리거나 천운을 기대했다가 예전보다 더 큰 실패와 불안을 경험하게 된 것이다.

길은 없는 것인가

주어진 자연환경을 바꾼다는 것은 거의 불가능하다. 그래서 아예 조건에 적응하거나 일부는 조금이나마 극복해보려고 시간적, 인적, 물적 자원을 총동원한다. 물론 농촌이라고 다 농사를 지어야 하는 것은 아니다. 빼어난 자연경관 덕분에 농사 이외의 소득과 명성을 얻는 곳도 있다.

전북의 동부산악고원지역을 일컬어 '무진장지역'이라고 하는데 무주, 진안, 장수의 세 지역을 일컫는 말이다. 무주는 무주구천동과 덕유산이라는 산악관광자원을 배경으로 동계유니버시아드대회를 개최했다. 그로 인해 무주리조트를 중심으로 그 일대가 단숨에 겨울 관광지로 주목을 받게 되었다. 그 옆의 진안은 세계 최고 권위의 미슐랭가이드에도 나오는 마이산이라는 독특한 상징 산을 랜드마크로 가지고 있다. 그뿐만 아니라 특산물인 인삼을 차별화한 정책에도 성공했다. 홍삼을 특화하여 건강을 테마로 한 지역 이미지를 구축한 것이다.

장수만 특별한 자연관광자원이 없다. 지리산과 덕유산 일부가 장수군에 속해 있기는 하지만 자연경관 자체만으로 브랜드화가 가능할 정도의 공간은 아니다.

장수에서 관광지로 꼽고 있는 장안산과 방화동 계곡은 주변의 무주구천동계곡, 국립공원 덕유산, 마이산에 비하면 그다지 특별하지 않다. 결국, 장수는 자연자원으로는 평범한 산과 계곡뿐이고, 특산품이라고 내놓을만한 변변한 농산물도 없는 초라한 마을일 뿐이었다.

장수의 오늘

지금의 장수를 보자. 10년 전에는 상상할 수도 없었던 일들이 벌어졌다. 현재 장수는 시책사업 벤치마킹 대상지 우선순위에 있다. 농업기술을 배우기 위한 연수 인원이 해마다 늘고 있고, 무수한 수상경력과 공모사업 선정, 억대 부농들이 화제가 되었다. 5 · 3 프로젝트 참여농가 중 이미 70%(잠정적 집계는 90%)는 목표를 달성해서 중산층에 진입했고, 그중 35%가 억대 이상의 소득을 올리고 있다. 도대체 이 작은 마을에 무슨 일들이 있었던 것일까?

우선 외부에 드러나 있는 장수 브랜드를 살펴보자. 〈한우랑사과랑축제〉는 올해로 일곱 번째를 맞으면서 국내에서 가볼 만한 대표축제로 확고하게 자리 잡았다. 축제 동안에 한우가 무려 350마리 이상 팔리니, 하루에 100마리 이상의 소를 방문객과 주민들이 함께 먹고 즐기는 거대한 축제다. 독일의 옥토버페스트가 수많은 사람이 함께 맥주를 마신다면, 장수의 축제는 수천 명이 함께 최고의 한우를 먹는 날이다. 장수축제는 사과와 오미자를 비롯한 농특산물로도 10억 원이 넘는 매출을 올리는 대규모 먹거리 축제다. 변변한 대표작물 하나 없이 농촌

경쟁에서마저도 소외되었던 장수가 지역농산물을 가지고 축제를 열어 대성공을 거둔 것이다. 그것도 농업인들이 주체인 축제, 농업인들이 직접 돈을 버는 축제로 말이다.

예나 지금이나 첩첩이 산을 이루고 있는 장수지만 산기슭마다 사과꽃이 피고, 맑고 깨끗한 공기와 물을 마시며 한우가 자란다. 농업 선진국에서나 볼 수 있는 대규모 농업 시설에서는 열 달 내내 토마토를 수확한다. 이제 더 이상 상인들의 투기성에 휘둘릴 농업인은 없다. 빚 갚을 일이 막막하여 극단을 생각하는 사람도 없다. 해마다 저축액이 늘어나고, 지자체의 부채가 0%인 곳이 장수다. 이렇게 되기까지 한우와 사과 농가가 양대 산맥을 이루면서 장수의 든든한 버팀목이 되어주었다.

추석 무렵에 팔리는 조생종 사과의 80% 이상은 빨간 장수사과 홍로다. 사과재배 선진국으로 알려진 일본에서조차 견학을 올 정도로 장수사과의 명성은 대단하다. 장수는 농림축산식품부가 주관한 2013년도 FTA 기금 과실생산·유통지원사업 평가에서 장수 권역이 전국 56개 단지 중 최우수 등급을 받았다.

이는 일찌감치 사과를 전략품목으로 선택해서 과수산업발전계획과 연계해 짜임새 있게 과수 사업을 운영해서 얻은 의미 있는 결과다. 한우 또한 브랜드 가치가 가장 높다고 하는 횡성한우의 아성을 제치고 품질 면에서 국내 최고임을 입증받았다. 장수한우가 으뜸 자리에 오르게 되기까지는 오랜 세월을 축산업 발전에 힘을 보탠 사람들과 한우클러스터사업단의 활동이 있었다. 지자체에서 운영하는 한우유전자연구소에서는 수백 마리의 실험소를 두고 장수를 대표할 암수의 유전자 자원을 꾸준히 연구하고 있다.

지금의 장수는 '돈 되는 농업을 해야 한다'는 단체장의 신념과 정책을 믿고 따라준 농민이 하나 되어 만들어 낸 작품이다. 지역의 조건에 맞고 경쟁에서 승산이 있을만한 품목을 선택하여 특화한 것, 거기에 집중적으로 투자한 것, 생산에서 유통까지 통으로 관리한 것이 목표 달성의 지름길이 되었다.

장수가 특화정책에 성공한 결과는 농산물이 우수성 인정과 농가의 소득안정으로 나타났다. 특정 품목으로 선택을 유도함으로써 무엇을 해야 할지 몰라서 우왕좌왕하던 과거의 불안함을 완벽하게 떨쳐냈다. 현재는 한우와 사과 농가가 전체 농가의 절반을 차지하면서 전북에서 제일가는 부자 마을이 되었다. 장수가 어느 지역과 견주어도 자신 있을 만큼의 브랜드파워를 지니게 된 것은 곁눈질하지 않고 일관된 목표를 향해 매진한 결과라고 볼 수 있다.

장수는 '처음 하는 일, 유일한 일'을 하는 곳으로 지자체 사이에서는 이미 정평이 나 있다. 소외되고 빈곤했던 농촌이 불과 10년 만에 이룬 실적들을 보면 사람들의 입에 회자되는 평가 이상으로 드라마틱하다. 장수의 새로운 시도는 농가소득증대를 출발점으로 하여 농촌사회 전반의 변화로 확대되어갔다. 10년 전 농가당 부채가 대한민국 평균 농민부채보다 30%나 높았던 곳이 이제는 반대로 평균부채보다 30%가 낮고, 평균소득 또한 다른 지역에 비해 30%나 높아졌다.

장수군의 변화는 부채감소와 소득수준의 향상에 그치지 않는다. 잘사는 만큼 문화 욕구도 높아지는 법이다. 군은 이 부분을 놓치지 않았다. 1차 욕구 해소와 함께 2차 욕구 충족을 위해 군에서는 여러 가지 일들을 시범적으로 시행했다. 그 대표적인 예가 '작은 영화관'이다. 군 단위로는 처음 시작한 일이다. 도시 사람들이야 영화관 하나가 무슨 대수냐고 여길지 모르지만 시골은 다르다. 영화 한 편을 보기 위해 날을 잡고 인근 대도시로 이동해야만 하는 번거로움을 비롯해 있고 없고의 차이는 없는 편에서만 알 수 있다. 그리고 지역 내에서 문화 욕구를 충족할 수 있다면 그만큼 외부로 빠져나가는 지출을 줄인다는 의미도 된다. 철 지난 프로가 아니라 전국동시개봉영화를 상영함으로써 군민들에게 울타리 안에서 시류에 맞는 문화행위가 가능하도록 해주었다. 장수의 '작은 영화관'은 인근 지자체가 벤치마킹을 시작했고, 이제는 '작은 영화관' 만들기 사업이 전국적으로 번져 나갔다. 장수에서는 그 뒤를 이어 '작은 목욕탕' 만들기 사업이 시작되었다.

영화관이 들어서 있는 '한누리전당'에는 실내체육관과 수영장, 도서관, 행사장 등의 시설이 갖추어져 있다. 주민들이 편히 이용할 수 있도록 셔틀버스를 운행하기도 한다. 삶의 질을 향상시킨다는 것은 환경과 복지를 중시하는 질적인 경제성장이 동반함을 의미한다. 삶의 질을 직접 측정할 수는 없지만 필요한 것을 채워간다는 의미에서 볼 때 장수군은 군민 밀착형 정책의 선두주자라 평가된다. 장수군은 군민이 0순위다.

승마를 즐기는 일은 도시의 웬만한 소득자에게도 쉽지 않은 일이지만 장수에서는 평범한 가족이 말을 탄다. 체험장에서 승마를 익힌 후, 주말에는 잘 만들어진 크로스컨트리를 달린다. 이 모습은 모두 군 내에서 볼 수 있는 풍경으로 먼저 주민이 즐길 수 있어야 한다는 철학이 만든 공간이다.

'장수가 하면 다르다'는 말은 인사로 건네는 말이 아니다. 무엇이 있을까 궁금해서 다가가면 또 저만치 달려가고 있다. 지금도 많은 지자체들은 외지인 유입에 의한 소득에 눈독을 들이고, 주민들은 각자의 소득에만 촉각을 곤두세우고 있다. 그러는 사이 장수는 이미 연소득 5천만 원 이상, 3천 가구 만들기 프로젝트를 완성했다. 여기에 사람들이 관심이 쏠릴 무렵 장수는 목표치를 수정해서 다시 달리고 있다. 농업소득증대에 기반을 둔 지역서비스산업과 안정적인 경영농가의 완성이 다음 목표다.

장수는 사계절이 모두 분주하다. 농한기라고 하는 한겨울에도 곳곳에서 교육이 실시되고, 거대한 유리온실은 토마토 출하로 바쁘다. 한우는 차곡차곡 장수 유전자를 쌓아간다. 장수사과밭에서는 품앗이 전정 작업이 한창이다. 언 땅에서 도 사과꽃 냄새를 맡는다는 도인들이 사는 장수, 농산물 출하가가 오르자 오히려 소비자를 걱정하는 농부들이 사는 곳이다.

그래서 밝고 건강하다. 냄새나는 소의 분뇨는 사과나무의 꽃을 피우고, 과실이 단단하게 여무는 데 쓰인다. 빈 통만 챙겨오면 액화비료를 공짜로 받아간다. 머리 희끗한 60대도 학생이다. 빚 갚을 일 막막한 농가에 회생의 기회가 찾아온다. 도시에서 직장을 다니던 아들이 돌아와 농사를 짓겠다고 약속한다. 퇴직한 교장 선생님은 아내를 위해 황토집을 짓고, 산비탈에 넓은 과수원을 만들었다. 이것이 바로 장수의 사이클이다.

3. 장수군 핵심정책 5·3프로젝트

5·3프로젝트의 히스토리

농사짓는 사람 따로 돈 버는 사람 따로

지원도 받고 열심히 일하건만 해마다 농가부채는 늘어간다. 과연 농사를 지어 갚을 수 있을까? 이것은 우리나라 전 농가의 풀리지 않는 과제다. 억대 농부들이 탄생했다는 뉴스는 그저 뉴스일 뿐이다.

돈이 되는 농사가 있다면 귀가 솔깃해져서 우르르 달려들어 보지만 결코 농사는 그리 만만하지 않다. 현재의 농업 구조로는 농사를 잘 짓는다고 해서 부채를 다 갚을 수 있는 형편이 아니다. 밀려오는 수입농산물로 인해 농축산물 가격은 하락하고, 그와 반대로 해마다 농자잿값이 올라 생산비는 늘어가고 있기 때문이다. 그러다 보니 농촌사회는 가속화되어가는 탈농과 이농 현상을 보면서도 더 이상 손을 쓸 수 없게 되었다. 게다가 문제 많다고 떠들던 농수산물 유통에 관한 책임은 아무도 지려고 하지 않는다. 여전히 농사짓는 사람 따로 있고 돈 버는 사람 따로 있다.

소득정책 준비, 그리고 태동

같은 문제를 놓고 장수군도 오래 고민했다. '반드시 농업인이 잘사는 농촌을 만들어야 한다'는 신념을 지닌 장재영 군수가 민선 3기로 등장하면서 장수는 구체적인 농업활성화정책을 펴기 시작했다. 장수군은 목표소득(연 5천만 원)을 먼저 설정하고 5개년 발전 계획을 세웠다. 이 정책의 목표는 소수의 부농을 만들기 위한 것이 아니라 전체 농가의 소득을 일정 수준까지 끌어올리기 위한 것이다.

장수군은 전국 최초로 민관협력단체인 농촌발전기획단을 구성했다. 기획단은 정책을 펴기 전에 장수군 전 농가를 대상으로 농가경영실태조사를 실시했다. 이는 5천만 원 이상의 소득을 올리는 농가 3천 가구를 만들자는 5·3프로젝트의 준비단계였다. 3천 가구는 장수군 전체 농가의 70%에 달하는 숫자다.

탄생과 성장

전 농가를 찾아다니며 현장기초조사를 마친 후, 민선 4기 출범과 함께 5·3프로젝트는 탄생(2007년~2014년)했다. 장수군은 먼저 영농 규모에 따라 지원을 달리하는 농가 맞춤형 농정시스템을 통해 농업을 안정시켰다. 또한, 축산과 함께 경종농업 씨를 뿌려 가꾸는 농업 이 상호 보완될 수 있도록 하는 순환농업 형태로 농업구조를 개선했다. 그 후 소득이 안정된 후에는 복지, 교육, 의료(문화) 등의 사업을 지원하여 누구나 살고 싶어지는 건강한 도시를 만들겠다는 것을 성장기 목표로 삼았다. 민선 5기를 완성기로 잡고 더욱 진화된 5대 핵심과제에 도전했다. 농업농촌육성, 건강복지구현, 정주기반조성, 문화·관광 활성화, 명품행정 실현이 완성기의 역점사업이다. 7년 동안 오직 농업소득을 올리겠다는 한 가지 목표를 가지고 달려온 장수는 2012년 2월 현재, 한계농을 제외한 40%를 연소득 5천만 원 이상으로 끌어올렸고, 나머지 30%는 목표달성 문전에 와 있다. (2013년 3월 잠정적인 집계는 5천만 원 이상 농가 90%)

장수의 5 · 3은 종합적인 목표소득정책이다

농촌정책에는 소득증대라는 말이 쉽게 쓰이고 있고, 정책의 목적과 목표에는 으레 지역경제 활성화라는 말이 붙는다. 대충 골프장이나 공장 하나 유치하고 나서 그 파급효과를 분석해서 대대적으로 홍보하는 정도가 지역경제화로 이해되고 있는 경우도 있다. 그래서 지역경제 활성화는 그저 구호에 불과하다는 평가를 받을 수밖에 없다. 실질적으로 농가소득증대에 도움이 되고 있지 못하기 때문이다. 게다가 최근에는 농촌지역에서도 어설픈 관광자원을 통하여 경제 활성화를 하겠다는 사업들이 부쩍 많아졌다. 측정할 수 없는 평가지표에 많은 사람들이 몰두하고 있는 것이다.

장수는 농업생산물 중심으로 소득정책을 폈다. 다른 지역의 정책들과 비슷하거나 작은 차이라고 보는 시각도 있겠지만, 집요하리만큼 농업소득목표에 집중된 사업 추진 과정을 보게 되면 생각이 달라질 것이다. 목표소득에 다다르기 위한 장수사람들의 신념과 활동은 자세히 들여다보아야 차이점이 보인다. 몇 해 살이로 끝나는 정책은 농업정책이라 할 수 없고, 땅을 상처 입힌 소득은 엄밀히 말해 농촌소득이 아니기 때문이다.

장수는 땅을 살렸고, 농업인을 살렸고, 떠난 사람을 돌아오게 만들고 있다. 장수는 농업소득으로 생긴 자금을 지역 내에서 순환시키기 위한 사업을 진행했다. 그 결과 농업인들의 삶의 질을 향상시켰으며, 찾아오는 방문객에게 감동을 주고 있다.

장수는 5.3프로젝트를 성공시킴으로써 FTA 등의 환경변화로 우울해진 농촌지역에도 희망이 있다는 증거를 만들었다. 해방 이후 지금까지 한국농업을 지배하던 '노동집약적인 산업 = 농업 = 경쟁력 없음'이라는 공식이 장수에서는 '노동집약적인 산업 = 농업 = 경쟁력 있음'으로 다시 태어났다. 하지만 여기서 '노동집약적'이라는 말은 농업인뿐만 아니라 공무원과 연구원 등 농업 관계자들의 활동을 포함하고 있음을 알아야 한다. 장수는 이 부분에서 유연성을 발휘했기 때문에 빠르고 확실한 성과를 얻어낼 수 있었다. 탈농·이농 현상으로 농업인은 줄어드는데 농업 관련자(공공조직, 농협 등)들의 비율은 늘어났다는 것이 우리나라 농업문제로 제기된 적이 있었다. 따라서 대대적인 인적 수술이 필요하다는 주장이 설득력을 얻기도 했다. 그러나 농촌문제는 그 숫자의 많고 적음에 있는 것이 아니라 농업 관련자들과 농업인이 어떻게 결합하는가에 있다. 한국농업경쟁력은 결국 그들의 협업이 어떻게 이뤄지느냐에 달려 있다고 볼 수 있다.

5·3정책 추진배경

이래서 필요했다

장수군은 원점에서부터 고민을 시작했다. '현재의 농촌정책에는 어떤 문제점이 있는가?' '농촌사회의 현실적인 문제점은 무엇인가?' '그렇다면 이 문제를 어떻게 풀 것인가?' '우리 지역의 특성에 맞고 지역민의 기질에 적합한 방법을

찾자.' '늘 같은 고민만 반복할 것이 아니라 한 번 해 보자.'

현재의 농촌정책에는 어떤 문제점이 있는가?

▶▶ 선심성 사업, 가시적 사업, 부풀리기 사업은 안 한다.

대부분의 농촌지원은 보조사업 형태로 이루어진다. 지난 17년간 116조 원이 농민들에게 보조금으로 지급되었는데도 농업인들은 체감할 수 없었다고 한다. 지역마다 각각 다른 문제점을 안고 있는데, 농업지원정책은 획일화되어 있어서 실제로 농업인들에게 혜택이 돌아가는 경우는 극히 드물었기 때문이다.

대부분의 보조금은 농촌 현실과 동떨어진 채로 지나치게 외형에 투자되는 경우가 많았다. 보조 사업은 성과와 실적으로 평가받기 때문에 주로 그 평가기준에 맞추다 보니 눈으로 확인할 수 있는 외형에 치중되는 사업을 하게 되었던 것이다. 장수는 과다한 보조금 위주의 획일적인 농가정책을 폈다가는 오히려 농가 경쟁력을 약화시킬 수 있다는 것을 염두에 두었다. 그래서 농업예산을 높게 잡고 보조금도 농가소득을 올리는 데에 효과적으로 사용하기로 결정했다. '소득을 올리는 것이 최우선이다. 나머지 것들은 형편대로 차근차근 하면 된다.'

농촌사회의 현실적인 문제점은 무엇인가?

▶▶ 주 5일 근무제를 가능하게 하자

농촌을 들여다보자. 농업인은 짧은 농한기를 제외하면 매일 밭에서 일하기 때문에 시간적 여유가 없다. 농업을 둘러싼 다른 업종 사람들은 돈도 벌고 즐기며 사는데 유독 농업인만은 늘 여가 시간이 부족하고 문화로부터 소외되어 있다. 농촌 공동화 현상은 생존하기 위해 농촌을 떠날 수밖에 없었던 처절한 농민들의 흔적이기도 하지만 도시를 동경하는 이유 중에는 매일같이 종일 노동을 해야 하는 압박감도 포함되어 있다. 탈농과 이농 현상을 막기 위해서는 경쟁력 있는 농업을 육성해서 소득도 올려야 하고, 시간적 여유를 갖기 위해서는 농가도 시간 경영이 필요하다. 농업인도 직장인처럼 주 5일 근무가 가능해지면 여가가 생겨서 농업인도 에너지를 재충전할 수 있을 뿐만 아니라 문화생활도 누릴 수 있게 될 것이다. 주 5일 근무가 가능한 방법을 찾아보자.

그렇다면 문제를 어떻게 풀 것인가?
▶▶ 세 가지 요점을 정확하게 짚고 가자
첫째, 보조 사업을 통합 관리한다. 사업이 중복되거나 허튼 곳에 자금이 지출되지 않도록 하자. 통합관리시스템을 갖춰 운영하면 사업의 효율성도 높일 수 있고 자금의 투명성도 확보할 수 있다.

둘째, 주민소득지원시스템을 만들어 맞춤식 기획농업을 하자. 농업정책 업무는 사후관리까지 책임지는 것으로 하고, 농가에는 1:1 맞춤식 농정서비스를 제공하여 소득을 높이자.

셋째, 시테크 개념을 도입하자. 몇 농가씩 묶어서 서로 노동력을 보완할 수 있는 시스템을 구축하면 가능한 일이다.

지역의 특성과 지역민의 기질에 적합한 방법은 무엇인가?
▶▶ 답은 사과와 한우다
농업인 전체가 일정 수준까지 소득을 올리려면 목표가 분명한 새로운 정책이 필요하다. 농촌에서 잘 사는 정도가 되기 위해서는 어느 정도의 순수소득이 있어야 하는가? 연간 소득이 5천만 원은 되어야 하니까 5천만 원 소득농가 3천 가구를 만들자. 장수의 지형과 기후에 알맞은 농산물은 무엇인가? 고원지대라는 특성에 맞는 사과와 한우를 특화품목으로 정하여 집중적으로 육성하자. 장수는 사과와 한우를 선택해서 시장경쟁력을 갖출 때까지 집중 육성하기로 결론을 내렸다.

5·3정책 시스템과 추진전략

전 농가를 대상으로

목표가 비슷한 정책이라 할지라도 시스템과 전략에 따라 성과는 달라진다. 장수군은 정책 수립 단계에서부터 차별화를 시도했다. 보통은 정책성과를 빨리 나타내기 위해서 대상범위를 좁히기 마련인데 정책대상을 전체 농가로 잡았다. 그리고 전체 농가의 소득을 끌어올리기 위한 농정계획을 세웠다.

범위가 넓다 보니 일이 많고 복잡했다. 우선 정교하고 확실한 시스템 구축이 급선무였다. 필요한 자본조달은 어떻게 할 것인가? 정책 실천주체를 누구로 설정할 것인가? 행정에서 맡아야 할 영역은 어디까지인가? 산학연을 통해서 얻어야 할 것은 무엇인가?

정책, 차별화 – 맞춤 농정을 한다

맞춤 농업이란 농가의 영농규모에 따라 지원을 달리하는 것을 말한다. 농가마

1	정책, 차별화	맞춤농정, 일관된 정책지원, 선택과 집중 지원
2	주체, 농민	자신의 사업을 경영한다
3	행정, 프로젝트팀 운영	모든 지원을 총괄한다
4	농업인, 자율적 농업인	같은 작목끼리 작목반을 구성한다
5	자본, 농업예산은 5 · 3중심으로	공모사업도, 지원금도 5 · 3에 맞춘다

다 농지의 크기, 부채해결능력, 참여노동력 등 안고 있는 문제의 유형과 크기가 달라서 농정계획도 달라야 한다.

주체, 농민 – 자신의 사업을 경영한다

정책의 주체는 행정이 아닌 농민이다. 그동안 농가가 정부나 기관에 의존하게 된 습성이 생긴 것은 농가 책임이 아니라 거대한 세력이 그렇게 되도록 유도했기 때문이다. 농업인은 자신의 사업주체가 되어 진단 · 관리 · 경영한다.

행정, 프로젝트팀 운영 – 모든 지원을 총괄하되 일관성을 지킨다

행정은 정책에 관한 구체적인 실천 방안을 만든다. 각종 지원방법을 이용하여 전체적인 운영에 참여하기 위해 프로젝트팀을 구성하고 운영한다. 모든 것은 5 · 3정책을 중심으로 한다. 따라서 각각의 보조지원사업을 통합하여 5 · 3정책에 연결하고 일관성 있게 지원한다. 행정의 일관성이 지켜져야만 정책의 효율성을 높일 수 있다.

농업인, 자율적 농업인 – 같은 작목끼리 작목반을 구성한다

농가는 스스로 소득 작목을 선택하여 5천만 원 소득을 올릴 수 있도록 기획하고 실천한다. 작목반을 구성해야 하고, 반드시 목표소득을 달성하겠다는 강력한 의지를 지녀야 한다. 핵심은 농가가 저마다의 조건을 점검하여 스스로 설계하는 것이다. 이로써 실패의 책임도 성공의 영광도 자신의 것이 되는 1인 경영자의 마인드를 키워야 한다.

자본, 농업예산은 5·3중심으로 – 공모사업도, 지원금도 5·3에 맞춘다

필요한 자본은 자체농업 예산을 5·3 중심으로 비중 있게 편성하고, 중앙정부의 공모사업을 유치하여 5·3에 힘을 싣는다. 공모사업은 획일적으로 배분되는 지원사업과는 달리 공모에 참여하여 선정되면 특별지원금을 받을 수 있기 때문에 필요자본의 상당 부분을 충당할 수 있다.

하향식 지원 사업에는 각 지방의 특수성이 고려되지 않기 때문에 개성을 살리기 어려우나 상향식 성격의 공모사업은 지역의 특수한 여건에 맞춰 진행할 수 있으므로 개별성과 특수성을 만족하게 할 사업이다. 단, 품이 제법 들어가는 일이라서 담당 공무원들을 믿고 독려하는 분위기가 필요하다.

5·3 정책 추진과정과 성과

장수는 농업소득만으로 지역 경제를 활성화할 수 있는 프로그램을 가동했다.

사과와 한우를 지역특산물로 선택하고, 지역특화사업을 밀도 있게 추진하기 위해 민간중심으로 사과클러스터 ^{같은 속성을 갖는 대상을 여러 개 모아서 기능을 수행하는 것} 와 한우클러스터를 만들었다. 그리고 이 두 개의 특화사업을 연결하는 순환농업 ^{한우 축분을 지력 회복에 사용} 을 대대적으로 시작했다.

이 두 가지 특화사업과 순환농업시스템만으로는 농가소득을 올리기가 쉽지 않으므로 정확한 소득목표와 목표가구를 정했다. 5·3프로젝트는 5천만 원 이상 소득 가구를 3천 가구 이상 만든다는 종합적인 소득증대사업이다.

각자의 형편을 고려하라

장수군은 보조금으로 연명했던 과거의 소득지원사업이 농가소득증대에 효과적이지 못하다는 것을 알고 있기에 일률적인 지원방법이 아닌 개별적 지원을 선택했다. 이전까지 농가는 정책을 따라 움직이기 바빴다. 자신의 사정과 형편을 고려하기보다는 정책에 맞춰 융자도 받고, 기계도 구입하고, 시설도 늘렸던 것이다. 또한, 유망하다는 쪽으로 재배작목을 바꾸다 보니 재배작목에 대한 전문성이 떨어지고, 시장경쟁력마저도 잃게 되는 악순환을 겪게 된 것이다.

장수는 이처럼 앞으로 진행시킬 정책에 방해될 만한 요소들을 먼저 점검했다. 그리고 5·3 프로젝트 참여를 신청한 농가들이 스스로 노동력과 농지규모 등을 고려하여 각각 형편에 맞는 영농설계를 세울 수 있도록 권유하고 상담해 주었다.

정책을 들고 농민 속으로 들어가라

군에서는 장수군 소재 전가구에 대해 소득실태조사를 했다. 현장의 정확한 자료에 입각해서 정책을 세워야 하기 때문에 일부 주민을 대상으로 한 표본소득조사가 아니라, 전 가구 수에 대한 정확한 소득조사가 필요했다.

이를 위해 정책 실천에 앞서 선행적으로 전 농가를 대상으로 한 경영실태를 연 2회에 걸쳐 조사했다. 장수군 전체 6,334호를 대상으로 소득액, 부채, 가능노동력, 농지규모 등의 기초조사를 마치고 농가의 기초자료 및 영농계획 전반을 전산관리 했다. 조사에 동원된 인력은 공무원과 농협 직원, 운영위원을 포함한 244명, 기간은 8일이 걸렸다.

장수는 일부 주민설문조사를 통해 정책을 수립하는 일반 지역과는 달리 정책 수립 전인 정책개발 초기 단계에 조사를 했다. 구체적으로 소 몇 마리, 사과나무 몇 그루, 오미자밭 몇 평방미터, 노동 가능 인구, 실질 투입 가능 인구, 실질 노동 시간은 물론 소속작목반 실태 등 개별가구 소득 포트폴리오에 영향을 미칠 수 있는 환경요인에 대한 총체적인 소득실태조사였다.

담당 공무원들은 쉴 새 없이 마을과 마을을, 밭과 농장을, 사람과 사람을 찾아다녔다. 이 사정 저 사정 들어가면서 농업현장에서 고생도 했지만, 어느 지역의 공무원보다 많은 경험과 역량을 쌓을 수 있었다.

조사 내용을 바탕으로 주 소득 작목을 선택하도록 돕고, 시작부터 사후 관리까지 일관성을 잃지 않고 진행했다. 농민을 정책 안으로 불러들이는 것이 아니라 정책을 들고 농민을 찾아간 것이다.

핵심리더 1천 농가를 육성하라

장수는 스스로 자신의 사업을 경영할 줄 아는 농업인이 되어야만 지속적으로 안정된 소득을 유지할 수 있다고 교육했다. 그러나 농촌과 농업인은 지금까지 그렇게 살지 못했기 때문에 동시에 모든 농민이 한꺼번에 그 수준에 이를 수는 없다. 따라서 정책을 이끌고 갈 선도 농가가 필요하다고 여기고 군은 교육을 통해 핵심리더 1천 농가를 육성하는 것을 목표로 삼았다.

품목별 5농가 이상으로 작목반을 구성하라

장수의 농가를 움직이게 한 또 하나의 동력은 작목반이다. 이름에서는 농촌다움이 물씬 풍기지만 역할과 기능에서는 기업과도 같은 정교한 조직이다. 원래 작목반은 농촌에서 작목별로 5인 이상의 조직을 구성하고, 공동생산과 공동출하를 통해 농촌의 소득을 높이자는 목적으로 농협이 주관하여 만들었다.

장수도 먼저 같은 품목끼리 5농가 이상으로 작목반을 구성하도록 했다. 같은 품목의 작목반과 작목반을 결합하여 권역이 형성되면 각 권역을 결합하는 지역 체계를 구축하였다. 이로써 농가 상호 간에 노동력을 보완하고 영농정보를 공유할 수 있도록 했다.

작목반에는 두 가지의 원칙이 있다. 하나는 반드시 선도농가를 포함해야 한다는 것이다. 주요선택 특산물에 대한 지식과 경험이 순환되게 하려고 선택농업에 대한 비결을 가진 농가를 포함하게 한 것이다. 둘째는 5농가 이상으로 구성하는 것이다. 농업만으로 목표소득을 달성하려면 사실 농한기라는 것이 없이 일해도 어렵다. 특히 축산의 경우는 단 하루도 쉬기가 어렵다. 그래서 각 농가가 돌아가면서 각자의 일을 볼 수 있는 구조를 만들기 위해서는 최소한 5농가가 필요하다. 농가 간 노동순환이 가능하게 되면 휴농으로 인한 농업 손실을 줄일 수 있다.

작목반이 구성되어 활동이 활발해지면 원자재 공동구매로 생산비를 절감할 수 있고, 생산시기와 생산량을 조절하여 가격을 조절할 수 있게 된다. 일명 기획

생산이다. 여기에 재배기술 지도와 컨설팅 등을 효과적으로 추진할 수 있어서 행정적으로도 여러 이점이 있다.

구분하여 지원하라

장수군은 정책을 실행하기 전에 이미 5천만 원 이상의 소득을 올리고 있는 농가는 핵심리더로 양성했다. 이들을 기업형 농가로 분류하고 이 그룹에는 소프트웨어 즉, 생산 기반 시설은 지원하지 않고 경영운영을 지원하는 것을 원칙으로 했다. 예를 들면 유통구조개선, 저장시설문제, 신기술지도, 교육, 경영비 절감사업 등을 지원하기로 했다.

다음은 연소득 5천만 원 미만으로 목표액에 근접하고 있는 농가에 대한 지원이다. 기본적인 생산기반확충에 집중적으로 지원했다. 이들의 생산력을 높이기 위해서는 생산 기반을 조성하는 일이 먼저 필요하기 때문이다. 재배단지 조성사업, 일반 원예작물 재배시설, 축사신축 조성사업 등 농업지원금과 농가의 투자금을 합쳐서 최대한 효율적으로 추진했다.

마지막으로 소규모 영세 농업인에게는 사회복지 차원에서 공통사업을 만들어 지원했다. 이들은 대부분 농토가 아주 협소하거나 지속적인 노동이 불가능한 고령 인구의 세대들이다.

그래서 기초적인 생계유지형의 영농계획 위에 복지지원을 추가했다. 못자리 상토 上土 - 농사짓기에 좋은 땅 매트 보급, 지력 증진 사업, 중소형 농기계 무상 대여, 유기질비료 보급, 객토 客土 - 토지에 흙을 넣어 토질을 개선하는 일, 농작물 병해충제 지원, 농산물 출하박스 등을 지원했다.

소득을 보완할 수 있는 모델을 만들어라

장수의 전략은 경지면적이 좁은 상태에서도 높은 소득을 올리는 것이다. 소득 5천만 원을 달성하려면 어느 정도의 경지 기반을 갖추어야 하는지, 기반이 부족할 때는 어떻게 해야 하는지에 관한 문제 해결이 우선이었다. 장수는 농가별로 선택할 수 있는 모듈 200여 가지를 만들었다. 사과밭 00평방미터, 소 00마리 등 농가의 경제규모와 노동규모에 맞는 맞춤형 모듈을 만든 것이다. 군에서 먼저 소득모듈을 만들어서 농가에 제시했다는 특징이 있다.

장수군은 단일 작목으로 전업해도 목표달성이 가능한 농가는 단일 영농으로, 일반 규모의 경지 기반이 있는 농가는 복합 영농으로 분류해서 모델화했다.

단일 영농은 한우는 90두(비육우)이상을 사육, 사과는 재배농지가 1.2ha, 토마토는 0.5ha, 표고버섯은 2만 본 이상인 농가다. 단일 영농은 복합영농보다 시장 안정성은 떨어지지만, 전문성에서 앞설 수 있고, 장수군의 선택품목이 투기적인 상품이 아니므로 확실한 기반만 만들어 놓으면 오히려 승산이 높을 수 있다. 그래서 이들 농가에는 공동 유통과 마케팅을 지원했다.

복합 영농은 주작목과 부작목을 선별해서 함께 경영하는 것으로 한우+사과, 시설 토마토+한우, 상추+표고버섯 등 농지규모와 지역의 특성, 노동력, 기술 등을 고려하여 선택하도록 했다. 이를 작목 간 소득 보완 모델이라 한다. 예를 들면 농지를 0.6ha 가지고 있고 노동 인구가 2명인 농가가 현재 한우 30두로 3천만 원의 소득을 올리고 있다면, 추가로 2천만 원을 더 벌어야 목표를 달성하게 된다. 그러기 위해서는 현재의 한우 30두 외에 사과 400주(1천 평)를 재배하면 목표를 달성할 수 있게 된다는 것이다. 이들 농가에는 부채해결을 위한 재무 설계를 도와주고 시설을 현대화하는 데 지원했다.

10대 전략 작목 중심으로 기획생산 체계를 구축하라

5·3 프로젝트 참여농가를 전담하는 컨설턴트를 통해 10대 전략 작목 중심으로 기획생산 체계를 구축했다. 농업기술센터의 체계적이고 헌신적인 활동이 중심이 되었다. 농업기술센터에서는 장수군 10대 육성 작목을 정하여 농가가 빈틈없이 영농계획을 세울 수 있도록 밀착 컨설팅을 진행했다. 전담팀은 각 읍면 농업상담소에 두었다.

소득별로 활용 가능한 작목을 선정할 수 있도록 10대 전략 품목을 정해주는 것은 농가의 고민을 덜어주는 일이었다. 장수군이 특화작목으로 사과와 한우를 선정하여 추진하고 있지만, 가구마다 농지보유형태와 노동력 규모 등이 다르기 때문에 선택의 범위를 넓히기로 한 것이다. 오미자, 토마토, 쌈채소, 오이 등을 10대 전략작목으로 선정하였다.

그뿐만 아니라 연구 사업에도 공을 들였다. 품질 좋은 농산물을 생산하기 위한 재배기술의 연구와 보급, 안전한 농산물 생산을 위한 교육과 재료지원 등 농업인에게 실질적으로 필요한 정보와 기술을 아낌없이 제공했다. 게다가 생산비 절감대책 문제와 농산물을 어떻게 상품화할 것인지, 유통 전략은 어떻게 세울 것인지에 대해 농업인과 같은 강도로 고민하고 해결책을 도모했다.

순환농업으로 생산비를 절감하라

경종과 축산 간의 순환농업이 이뤄지면 생산비 절감 효과를 볼 수 있다. 순환농업은 농가 소득을 올리는 새로운 방안이다. 장수군은 생산비를 절감하여 소득을 높이는 순환농업을 실시하여 자생력을 키우고자 했다.

축산농가에서 배출되는 축분을 활용하여 퇴비를 자체 생산하기로 하고, 축분을 회수하여 퇴비화한 다음 그 유기농 퇴비를 농가에 공급했다.

주5일 근무제, 시테크를 도입하라

장수군은 작목반 구성목적에 '여유로운 생활을 즐기자'는 항목을 추가했다. 농업인도 직장인처럼 휴일을 즐길 수 있도록 하자는 시테크 개념을 도입한 것이다. 같은 작목의 농가끼리 노동력을 보완한다면 5가구 중 1가구에 휴일이나 휴가를 제공할 수 있다는 해법을 찾은 것이다.

그 결과 온 가족이 맘 놓고 친척 애경사에도 참석하고, 취미 활동을 즐기며, 몇 년씩 걸리는 교육프로그램에도 참여할 수 있게 되었다. 뿐만 아니라 아이가 있는 젊은 농업인들은 가족중심의 여행도 떠날 수도 있게 되었다. 이제 장수의 농업인은 하루 종일, 한 달 내내 밭에서, 농장에서 일해야 하는 일꾼이 아니다. 일할 때 열심히 일하고, 떠날 때 자유롭게 떠날 수 있는 광고 속의 주인공이 된 것이다.

5·3정책의 현재(2013년 3월)

참여 농가 중 68%가 목표 달성

5·3정책은 2007년부터 2016년까지 10년간의 장기 계획을 세우고, 목표달성 기간을 2014년까지 7개년으로 정했다. 2013년 3월 현재, 참여 농가 4,417가구 중 1,653(37.4%) 가구는 이미 목표를 달성했으며, 1,353(30.7%) 가구가 달성 가능 가구로 집계되었다. 나머지 1,411(31.9%) 가구는 사망자, 전출자, 고령, 건강 등의

이유로 인해 불가농가로 분류되었다.

달성 가구 중 30% 가 1억 이상

달성가구 1,653가구 중 1,116가구는 5천에서 1억 사이, 537가구는 1억 이상
의 소득을 올렸다. 작목별로는 사과 545(33.0%). 번식우 236(14.3%), 토마토
150(9.1%), 오미자 135(8.2%), 비육우 134(8.1%) 순이다.

영농형태별로 보면 겸업농보다 전업농이 4배 이상 많고, 연령별로 보면 50~60
대가 절반 이상을 차지한다.

달성 가능 가구 중 58%가 목표진입

달성 가능 1,353가구는 3~4천만 원대가 58%로 목표 진입 직전까지 왔다. 이들
중에는 쌀과 오미자 농가가 가장 많다.

이 그룹의 소득달성 방안은 현재 수준을 유지하면서 경영개선을 해야 하는 가
구와 면적 확대, 기술력 확보, 작목전환, 농외소득 증대 가구로 분류하여 지원하
는 것이다.

사후, 다시 밀착관리

5·3성과관리단은 조사된 내용을 바탕으로 다시 1:1 밀착 관리를 한다. 목표
달성농가는 억대 소득 모델로 설정하여 기업농으로 육성하며, 영세 농가에는 사
회복지 지원을, 고령 농가에는 노인복지나 텃밭 가꾸기 사업을, 노동력 상실농
가는 의료와 복지 지원을 한다.

기억을 더듬어 보니 그래서 장수였다

언젠가 장수 장군수를 포함하여 내로라하는 군수 10여 명이 연수를 간 적이 있었다. 처음에는 축제로 유명해진 지역의 군수 옆에 사람이 몰려들었으나, 1주일 쯤 지난 후에는 장수군수 쪽으로 몰렸다. 나중에 들은 얘기지만 그중 3개 지역에서는 이미 장수로 공무원 연수를 보낸 바 있고, 군수들 연수가 끝난 후에는 다른 군에서도 장수로 공무원 연수를 보냈다고 한다. 사람처럼 일도 마찬가지다. 한때 화제로 끝날 일이 있는가 하면, 속에 단단함을 간직하고 있어 절로 오래가는 일도 있다.

그 소식을 들었을 때 장수군수가 독일의 어느 민박집에서 했던 이야기가 생각이 났다. "우리는 농업지역이기 때문에 농업으로 승부를 걸어야 한다. 관광은 우리가 생각하는 것만큼 소득창출 효과가 크지 않다. 어설픈 관광은 농촌을 망친다. 설사 우리가 골프장과 승마장을 유치하더라도 장수군민인 우리가 벌어서 우리가 골프 치고 우리가 말을 타야 한다."

4. 순환정책

장수, 순환농업을 시작하다

2006년 봄, 대통령에게 장수군을 모델로 순환농업에 대해 보고하려고 준비 중이었다. 소의 축분을 퇴비로 이용해서 사과밭을 기름지게 한다는 내용이었다. 국내에서는 전문가들조차도 순환농업에 대해 잘 알지 못하고 있던 때였다. 당시에는 일본의 사례를 연구하여 일부 개인농장에서 시행하는 것 정도가 전부였다. 장수처럼 지자체 단위로 순환농업을 하는 곳은 처음이라서 특별히 대통령에게 보고하게 되었다.

순환농업이 농촌 지역의 미래 핵심 사업이라는 점은 이해가 되었지만, 현재로서는 실현 가능성이 낮다는 생각이 들었기 때문에 더욱 궁금했다. 장수군은 어떻게 전체의 군을 대상으로 순환농업을 가능하게 했을까?

지력회복, 축분으로 해결하다

장수는 순환농업을 하기 전에 이미 사과와 한우라는 두 가지 아이템을 핵심사업으로 정하고 추진하고 있었다. 농지가 적은 산악지형이라서 사과를 핵심작물로 선정했고, 사과와는 별도였지만 한우도 주력사업 품목이었다.

당시 장수군의 생각은 장수 상황이 순환농업을 해야만 하는 때라는 것이었다. 고도가 높은 곳일수록 부식력이 약해 일반 평지에 비해 기름진 땅을 만들기 어렵기 때문에 좋은 과실을 얻기 위해서는 인위적으로라도 지력을 회복시켜야 했다. 장수는 고민했다. 화학비료를 쓰면 되지만 그것은 단기적인 처방에 불과하고, 유기농 비료가 있어도 비용이 많이 들기 때문에 둘 다 어려운 일이었다.

그래서 장수는 과연 적은 비용으로 지력을 회복하고 유지하는 방법이 무엇일까를 고민하고 답을 찾았다. 바로 지역 내 자원을 활용하여 퇴비를 자체 생산하는 것이다. 그러면 지역 내에 있는 적당한 자원은 무엇인가? 한우였다.

그때, 때를 맞춘 듯이 한우 사업에서도 서서히 문제가 나타나기 시작했다. 우리나라는 유럽이나 호주와는 달리 넓은 초지가 없어서 좁은 공간에서 소를 사육해야 하기 때문에 모든 축산 농가가 축분해결 문제를 과제로 안고 있다. 장수는 고도가 높아 선선한 기후라서 다른 지역에 비해서는 축분 냄새가 덜 나는 편이다. 하지만 사육 두수가 늘어나다 보니 축분 문제가 대두하였고, 고민이 깊어지기 시작했다. 장수는 보다 적극적인 해결 방법이 필요하다는 것을 실감했고, 특히 '청정지역의 한우'라는 브랜드 가치를 유지하기 위해서라도 반드시 이 문제를 해결해야만 했다. 결론적으로 장수의 순환농업은 여건이 성숙되어서라기보다는 필요성에 의해 시작된 것이라고 볼 수 있다.

군수실 병풍 그림,
장수군 토양지질도였다

　지력 회복과 축분 처리라는 두 가지 문제 해결을 위해 공공에서 적극적으로 나섰다. 군에서 직접 나서서 추진하지 않았다면 아마 불가능했을 것이다. 군은 축분을 회수하여 퇴비화하고, 발효된 유기농 퇴비를 농가에 공급할 수 있는 시스템을 만들었다.

　여기서 그친 게 아니다. 군수실에는 병풍으로 만들어진 〈토양지질도〉가 있는데, 면별로 토양조사를 해서 산성도에 따라 색을 칠한 그림이다. 유명 화가의 비싼 산수화보다 더 값지다는 생각이 드는 '작품'이다. 이 토양 지질도는 순환농업의 기초 설계도이자 장수를 지속해서 관리해 나갈 안내도이기도 하다.

　장수군은 전 지역의 토양을 조사하고, 그 결과를 바탕으로 농가가 무엇을 해야 하는지 목표를 정해주었다. 그리고 농업인들 스스로 순환농업의 주체가 되도록 미리 모든 조치를 하고 교육했다. 토양조사표를 발급하는 업무는 군에서 담당하고 있으며, 유기농 비료도 저렴하게 공급하고 있다. 단, 조건이 있는데 자신의 토질 조사표를 가져오지 않으면 유기농 비료를 제값에 사야 한다. 자신의 땅에 관심을 두고 약화된 산성토양의 지력을 회복시키겠다는 목표를 가지고 있는 농가에 대해서는 보상차원에서 싸게 공급한다는 취지였다.

정책은 군에서, 땅은 스스로

　여기가 바로 순환농업의 주체가 달라지는 중요한 시점이다. 정책은 군에서 만들지만, 땅은 농민이 스스로 만들어 가도록 한 것이다. 군은 농민들이 직접 참여하도록 만드는 방법을 찾은 것이다. '농업인 스스로 땅에 대해 고민을 하도록 해야 한다. 그렇지 않으면 아무리 유기농 비료에 대해 강조하고 권유한다 하더라도 일시적으로 끝나기 쉽다.'

　끊임없이 토양에 관심을 두지 않으면 지력은 회복되기 어렵다. 장수의 순환농업은 농촌에서의 오랜 경험이 있고 농업인들의 형편과 심리를 잘 아는 지도자들이 있었기에 가능했다고 볼 수 있다.

　장수군은 또 하나의 야심에 찬 계획을 세우고 있다. '화학비료 제로선언'이다. 그동안 장수군은 지역의 토양에 맞는 유기농 비료를 연구했고, 지금도 진행 중이므로 머지않아 최적의 유기농 비료를 생산할 수 있을 것으로 보인다. 장수는 지속 가능한 땅을 만들기 위해 노력했고, 마지막까지 그 노력을 이어가려고 하는 것이다.

5. 농업경영회생사업
인적 순환, 자본 순환의 선순환사업

농업경영 실패자의 퇴출은
농촌인력자원의 상실이다

'땅은 거짓말을 하지 않는다.'는 말은 이미 옛말이다. 부동산 재테크에나 쓰이는 말이지 온 삶을 땅에 기대어 사는 농민들은 한 치 앞을 내다볼 수 없을 정도로 불안하다. 농사가 도박에 비유될 만큼 통제도 예측도 불가능한 상황이다. 농사 비용은 확정적으로 들어가지만, 수확과 수입은 불확실하기 때문이다.

기상이변으로 인한 자연재해뿐만 아니라, 수입 농산물 유입 등으로 인한 시장 충격도 고스란히 농민의 몫이다. 축산도 예외가 아니어서 어린 소를 들여와 비싼 사료를 먹여 키워 놓아도 구제역 등의 가축질병으로 피해를 당하거나, 시장 가가 폭락하여 사료비마저도 건지지 못하는 실정이 되어버린 적이 한두 번이 아니다. 그러다 보니 농업 관련 종사자 중 유일하게 큰 피해를 당하는 사람은 직접 농사를 짓는 농업인들이다.

농사의 실패는 농민들이 어리석거나 게을러서가 아니다. 위기 대처 능력에 한계가 있기 때문이다. 억대 농사꾼의 이야기는 그 희소성 때문에 화제가 되는 것일 뿐, 대부분 농업인은 작은 실패라도 겪게 되면 좀처럼 회복하기 힘든 상황이 된다. 농촌에서는 재기나 회생이 어려우므로 농업인들이 나락으로 떨어질 확률은 일반 산업 종사자들에 비해 높을 수밖에 없다.

한 번 실패한 농업경영인이 다시 일어서기가 거의 불가능한 것이 한국 농촌의 현실이다. 그래서 때로는 탈출구를 찾지 못하고 급격하게 폐인으로 전락하는 경우가 생긴다. 그들은 결국 농촌을 떠나지도 못하고 사회문제를 일으켜 농촌 활력의 발목을 잡기도 해서 악순환이 되풀이된다. 이런 심각한 상황이 연속되고 있음에도 불구하고 농업인을 다시 사회에 복원시키는 장치는 거의 찾아볼 수 없다.

수십 년 동안 농사에 전념해온 농업인은 이미 전문가이며, 인력이 부족한 농촌에서는 더 없이 귀한 존재다. 그 때문에 한 번의 실패로 물러난다는 것은 크나큰 농촌인력자원의 상실이다. '실패는 성공의 어머니', '실패해보지 않은 경영자는 경험이 풍부하지 않은 경영인이다.' 라는 실패에 대한 가치를 인정하는 어구는 존재하지만, 실패자에 대한 배려가 제도적으로는 마련되어 있지 않다. 실패 경험이 사회적 자산이 될 수 있도록 하는 방법은 없는 것일까?

실지로 우리 사회에는 실패자에 대한 배려가 거의 없다. 간혹 어려운 경영인이나 이웃을 지원하는 프로그램이 있기는 하지만 누가 얼마나 혜택을 받아 재활에 성공했는지는 알 길이 없다. 더구나 소외된 농촌에서의 신용불량자는 아무도 거들떠보지 않는다. 왜냐면 회생확률에 대한 확신이 없기 때문이다. '밑 빠진 독에 물 붓기, 한강에 돌 던지기'라는 생각들이 지배적인 상황이다 보니 위험을 감수할 장치가 없는 공공에서 회생정책을 만든다는 것은 엄두도 못 낼 일이다.

최근에는 농어촌공사와 농협을 통해 농업경영회생자금을 지원받을 수 있는 기회가 생기기도 했다. 하지만 대출금리와 대출기간 등의 부담은 물론 절차가 까다로워서 일반 농민이 개인적으로 접근하기에는 어려운 점이 많다. 주어진 조건에 만족해야만 지원할 수 있기 때문에 규모가 맞지 않거나 타당성이 부족하면 그림의 떡이다.

그런데 이를 위해 작은 지자체 장수군은 2004년 공약에 농업경영인 회생프로그램을 주요사업으로 채택하여 2006년 최초 실시 이후 지금까지 꾸준히 시행하고 있다. 지자체로서 전국 최초로 시행한 이 사업은 성공적으로 진행되고 있으며, 현재 농지은행의 모델이 되었다.

장수의 농업경영회생사업

장수가 지역을 활성화하기 위해서 선택한 것은 '순환'이었다. 농업경영인회생사업은 5·3 정책과는 별개의 사업이지만 소득정책에 인적자원 순환프로그램을 포함한 것이다. 이것이 바로 농업시장 실패자를 회복시켜 농촌사회를 건전하게 이끌겠다는 인적순환, 자본순환의 선순환 사업 '농업경영인회생제도'다.

가장 먼저 한 일은 농업경영회생기금을 만드는 것이었다

장수군에서는 2003년에 농가부채경감을 위한 기본 기획안을 수립하여 1년 후에는 예산 20억 원을 확보했다. 그후로 이 사업비 재원은 국가 보조 없이 순수 군비로 마련되었다. 2004년부터 2006년까지 모두 55억 원이라는 금액이 자치단체

출연금, 농협은행 장수군지부와 생산단체 등의 출연금, 기금운용으로 발생하는 수익금 등으로 조성되었다.

기초단체에서 불과 3, 4년 사이에 자치적으로 이와 같은 회생기금을 마련했다는 것은 감탄스러운 일이다. 농촌사업 대부분은 중앙정부의 단기적 금융대책에 의존하거나 국가보조금을 나눠 쓰는 형태다. 그래서 장수군 같은 경우는 드문 일일 뿐만 아니라 거의 불가능한 일이다.

농업인 회생 목적사업에 쓰일 기초 자금을 예산이 아니라 기금으로 확충했다는 것은 계획을 집행하는 자율성 측면에서 중요한 의미가 있다. 예산은 당해 연도에 지출하는 것을 원칙으로 하지만 기금은 계속 적립하여 운용하는 것이 가능하고 기금관리주체가 계획을 변경할 수도 있어 훨씬 탄력적이기 때문이다.

도덕적 해이를 막기 위해 엄격한 심사위원회를 만들었다

장수는 한국금융에 있어 가장 고질적인 문제점으로 지적되는 모럴해저드(도덕적 해이)를 막기 위해 아주 엄격한 심사위원회를 만들었다. 말 그대로 경영회생기금이기 때문에 누구에게 줄 것인가는 신중을 기해야 하는 문제다. 단순히 어려운 곳에 베푸는 시혜적인 복지사업이 아니라 빚으로 인해 회생할 수 없는 경영인에게 융자해줌으로써 다시 농업에 종사하도록 기회를 주는 것이다. 회생 가능성 여부에 관한 심의는 그래서 매우 중요한 과정이다.

전문 컨설팅단을 통해 회생 가능성에 대해 냉정하게 평가했다

장수군에서는 군, 읍, 면 단위에 엄격한 심의위원회를 만들고, 군 단위에 전문 컨설평가단을 구성하여 신청 적격 여부에 대한 사전 실사했다. 실사는 객관성과 공정성을 도모하기 위한 것으로, 실사 후에는 다양한 형태로 분류하여 유형에 따라 자금을 지급하였다.

농업경영회생사업 준비

장수군의 농업경영회생사업은 국내 최초다. 그 타이틀만큼이나 사업운용도 뛰어나서 우수시책으로 평가받고 있다. '과연 장수가 하면 무엇이 다른가'라는 궁금증이 생길 수밖에 없다. 장수는 준비단계에서부터 철저했다.

첫째는 민의 수렴과정이다. 2003년 1월, 군에서는 농가부채해소방안을 중심으로 농업경영회생제도 추진계획을 수립했다. 수립된 계획안은 주민공청회와 토론회 – 전문가 세미나 – 전문가 및 군 관계자 간담회 – 군 의회와 두 차례의 심도 있는 간담회를 했다. 계획을 세우고 의회에 조례안을 제출하기까지 꼬박 1년이 걸렸다. 5번의 공청회를 거친 후에야 조례안을 군 의회에 제출했다. 계획을 수립하기 전에도 주민과 전문가가 참여하여 의견수렴을 했으니 그것까지 포함하면 총 20회가 넘는 의견수렴절차가 있었다.

둘째는 사업 준비다. 농업경영회생지원제도는 금융기관이 새로운 대출제도를 만드는 것과 같다. 이 제도가 중앙정부 사업과 다른 점은 중앙은 금융정책이고, 장수는 생산프로그램이라는 점이다. 사업비 재원마련은 순수 군비로, 기금 재원 마련은 자치단체, 농협, 생산단체 등의 출연금과 기금운용으로 발생하는 수익금 등으로 했다. 이 프로그램을 차질 없이 운영하기 위해 장수군은 만반의 준비를 했다. 심사평가표, 심사평가위원 선정방법, 단계별 심사평가 운영방법, 담보확보방안, 대출조건, 회수방법, 대출지원 후 대상 경영컨설팅방법 등 책 몇 권 분량의 자료가 만들어졌다.

아직 지역에서는 단 한 차례도 시행된 적이 없는 제도이기 때문에 군에서는 아주 치밀하게 준비를 해야만 했다. 장수군 농가경영회생제도는 이처럼 철저한 준비 끝에 실행되었다.

장수, 시장실패자의 새로운 출발

무이자 융자로 자생력을 갖출 여유가 생기다

마련된 기금은 장수군 농업인을 대상으로 농가당 5천만 원을 무이자로 융자해 주고, 3년 거치 7년 상환 조건으로 지급되었다. 대출금리 3%대의 농협 회생자금에 비하면 농민들의 어깨가 훨씬 가벼워지는 조건이다. 이자 부담을 없앤다는 것은 파격이며, 반드시 되살리겠다는 의지의 표출이다. 농가의 결실은 투자 후 수개월이 지나야 얻을 수 있을 뿐만 아니라, 때에 따라서는 몇 년이 걸릴 수도 있기 때문에 소득발생이 더딘 편이다. 농업인은 생산에 필요한 자금을 무이자로 융자·지원받음으로써 부채를 상환할 수 있는 자생력을 갖추는 데 시간적인 여유가 생긴 셈이다.

첫째, 회생이 가능한 경우는 회생경영자금을 지원했다. 이 경우에는 자금지원에서 그치지 않고, 매주 회생 농가를 점검했다. 그리고 매년 회생농가를 분석한 후 피드백을 통해 합리적인 지원 수단을 취했다. 이 자료들은 차기 회생농가의 심사와 컨설팅에 의미 있게 활용되었다. 뿐만이 아니다. 대출 재원인 기금을 보호하기 위해 기존 금융기관의 강매절차를 차단하는 등 새로운 제도를 도입하여 안전장치를 확보했다.

둘째, 회생이 어려운 그룹 중 스스로 활동을 할 능력이 있으면 자활사업 참여자로 분류하여 자활사업장에 취업을 권고하였다.

셋째, 아무리 분석해도 회생이 어려운 회생불능으로 판정되면 기존 농업시설의 인도 처분을 도와줘서 미련 없이 사업을 정리하게 한 다음, 아무도 받아주지 않는 이들을 군에서 추진하는 군정 시책사업장, 공공사업장에 취업하도록 유도했다.

농업경영회생사업의 결과와 평가

궁금증과 호기심의 절정은 뒷이야기를 들을 때이거나 결과를 보기 직전이다. 회생자금을 받은 농업경영인들은 어떻게 되었을까? 2006년에 지원이 시작되었으니 1기 지원자는 올해로 7년 차가 되었다. 그들의 현재 모습이 궁금하다.

이 사업은 준비가 철저한 완성도 높은 정책이었기에 의미 있는 성과를 얻었다. 장수는 군비로 출연금을 확보해 2012년 현재 158명에 대해 78억 원을 지원하였다. 현재 전체 수혜자 중 36%가 5천만 원 이상 소득을 달성하였고, 60% 이상이 경영회생의 기틀을 마련하였다. 특히 이 사업의 성공적인 추진은 중앙정부의 농지은행제도를 탄생시키는데 결정적인 역할을 했다.

한우, 사과 등에서 선도농가의 회생이 시작되면서 각각의 작목반들이 활기를 찾기 시작했다. '위기농업인 심폐소생술'이라는 새로운 이름이 탄생하면서 농가부채 해결과 농촌 활성화라는 두 가지 과제를 동시에 해결한 제도라는 평가를 얻게 된 것이다.

장수군은 처음부터 이와 같은 순환구조를 만들어 지역 문제를 해결하고, 지역 경제 활성화라는 목표에 접근하려고 했다. 그래서 가장 먼저 집중했던 사업이 위험에 취약한 농업 경영인을 생태계에 복귀할 수 있도록 하는 것이었다. 이런 생태계 복귀 안전장치는 위기 농업인을 위한 제도이기는 하나, 사실은 모든 농업 경영인들이 두려움 없이 농업에 전념할 수 있도록 하는 사회적 기반을 만들어 준 것이나 다름없다. 소득정책 하나만으로는 지역 경제 정책이 성공했다고 할 수는 없다. 농업정책이 성공하기 위해서는 필연적으로 많은 우여곡절을 겪기 마련인데 공공정책이 바로 어려운 순간을 도와주었다.

현재 경제가 어려우므로 우리는 정부에 대한 기대가 크다. 우리 경제가 선순환의 순환경제체제를 유지하기 위해서는 성공한 사람들을 위한 제도와 더불어 실패한 사람들을 위한 제도도 반드시 필요하다는 것을 염두에 두었으면 한다. 시장 실패자를 경제생태계에 복귀시키는 '장수의 농업경영회생제도'라는 소중한 지역경험이 새로운 경제정책에 참고가 되길 바란다.

[6. 지역을 고민하다

단기적이면서도 획기적인 대안은 없다

지역에 대한 고민은 문제의 사안만 다를 뿐 어느 나라나 거의 비슷한 강도로 압박받는 과제다. 정치적, 산업적 분권이 잘 이루어져 있는 독일을 비롯한 몇 나라를 제외하고는 대부분의 유럽국가도 '지역의 경제적, 사회적, 문화적 낙후'에 대한 무거운 고민을 안고 있다. 그래서 EU에서도 핵심 사업으로 지역사업을 추진하고 있다.

고민은 우리가 더 심각하다. 사실 지방자치제의 역사가 이제 20년 정도이니 기대치를 낮춰서 봐야겠지만, 일부 지자체에서는 재정 상태를 고려하지 않고 인기에 영합하는 선심성 정책이나 지원 사업을 남발하여 사회적으로 물의를 일으켰다. 이 상태는 염려의 도를 넘어서서 지자체 자립을 위협하는 수위까지 왔다는 것을 암시해 주고 있다. 지자체 파산 우려의 경고음은 그리 길게 울려 주지는 않을 것이다. 지역은 정신을 바짝 차려야 한다.

그동안 특정 산업 및 특정 지역에 집중적으로 투자되었던 결과에 의한 격차는 아직까지도 균형발전의 발목을 잡고 있다. 그래서 각 지역마다 고민하는 형태와 내용이 다르다. 그럼에도 불구하고 지역 문제를 제대로 점검하지도 못한 채 하나의 우수 모델이 나타나면 우르르 달려들었다. 더군다나 지역에 대해 실질적인 고민을 시작한 지도 얼마 되지 않았기 때문에 단기간에 보여줄 수 있는 가시적 성과에 집중하게 되었다. 그러나 지속할 수 없는 사업은 우리의 예상보다 훨씬 빨리 주저앉고 만다는 것을 모르고 있었다.

필자는 지역을 연구하는 사람으로서 많은 해외사례를 살펴보았고, 직접 정책으로 만들어야 했기에 여러 지역을 방문하면서 정책 적용 대상을 물색했다. 잘 시행되고 있는 사업이라 할지라도 사회적, 정치적, 문화적 환경이 이질적인 부분이 많아서 우리에게 딱 맞는 모델은 좀처럼 찾아내기 어려웠다.

성장모델의 발굴과 사용은 상당한 지식과 시간, 경험과 분석능력을 필요로 할 뿐만 아니라 내재적 자원에 대한 세심한 조사 후에 이루어져야 한다. 그럼에도 불구하고 우리는 한때 외국의 성공 사례를 좇아 불나방처럼 달려들었다. 그러다가 성공이 눈앞에 있는 것처럼 호들갑을 떠는 데 시간을 허비하거나 시도하다가 중도에서 포기한 경험을 가지고 있다.

'하늘 아래 새로운 것이 없다'는 말처럼 지역낙후문제를 해결할 만한 새로운 정책을 찾아내기는 어렵다. 단기적이면서도 획기적인 대안은 없기 때문이다. 간혹 가능성을 가진 국가정책이 만들어진다 하더라도 지역이 자신들의 문제에 대해 깊게 오래 고민하는 과정이 없으면 그저 정책으로 끝날 뿐이다. 지방자치의 역사가 짧다는 것이 이유일 수도 있고, 단체장들이 바뀔 때마다 정책 방향이 달라지는 것도 이유가 될 수 있다. 임기 내에 무언가 결실을 봐야 하는 입장이다 보니 국내와 해외를 불문하고 한 지역이 화제에 오르면 서로 따라 하려고 앞을 다툰다. 시설이나 정책의 기반에 관심을 두기보다는 일시적으로 나타난 수치상의 결과에 치중하기 때문이다. 그래서 벤치마킹의 빛과 그림자가 생긴다.

장수는

장수는 자신들이 이미 가지고 있는 자산을 소중하게 다뤘다. 고원지대라는 지리적 특성을 살려 주요생산품목을 정하고, 그동안의 기술을 바탕으로 선진 비결을 도입해서 우수한 생산품을 만들어 냈다. 장수는 오랜 준비기간을 가지고 농가의 처지와 상황을 철저하게 조사했다. 그래서 맞춤 영농으로 소득을 올릴 수 있게 되었다. 그리고 생산력과 품질을 높이기 위한 곳에 예산을 집중 편성했으므로 선심성 지원이나 가시적 결과물에 집착한 지원은 나타나지 않았다. 장수는 다른 곳에서 성공모델을 찾지 않았으므로 스스로 모델이 된 것이다.

성공모델과 실패모델 – 유바리시 이야기

정책을 세우고 운영과정을 배우는 것은 중요한 일이다. 그러나 자신이 속한 지역 기반의 성격을 객관적으로 보지 못하면 헛일이다. 정책은 지역의 냉정한 평가와 세밀한 분석 뒤에 적용되어야 한다.

한국 지자체 초기부터 '지역 활성화'의 모델로 가장 많이 거론되었던 일본의 유바리시가 2006년 파산했다. 북해도의 작은 탄광 도시 유바리시는 탄광산업이 사양길에 접어들자 관광도시로의 변모를 시작했다. 테마파크를 조성하고 영화제를 통해서 사람들을 유인했고, 바로 뒤를 이어 스키장과 호텔 등 관광시설에 집중적으로 투자했다. 새 도시 탄생에 박수를 보내며 모두 부러워했다. 그러나 겉모습이 화려하게 변신하고 있는 사이에 내부는 곪아 들기 시작했다. 관광 적자, 지방채, 이중장부조작 등은 거대한 시설물 뒤로 모습을 감춘 채 괴물처럼 커졌다. 공기업 거품으로 인해 빚더미 위에 앉게 된 유바리시는 급기야 파산선 언을 하게 되었다. 우리가 모델로 극찬했던 유바리시는 결국 한때 잠시 화려했을 뿐이다.

유바리시의 사례는 우리에게 크게 두 가지의 교훈을 주었다. 첫째는 관광 상품으로 지역 경제를 살린다는 것이 얼마나 어려운 것인가에 대한 것이다. 둘째는 주도면밀한 계획 없이 고용창출을 빌미로 시설투자에만 집중한 단체장의 잘못된 선택에 대한 것이다.

유바리시는 내부자원을 활용할 방법 대신 외재적 사업을 우선하여 선택했다. 만약 유바리 시장이 외재적 사업의 위험성을 알았더라면 가늠할 수 없을 정도로 부채가 늘어나지는 않았을 것이다. 빚까지 얻어가며 무모하게 일을 키운 시장의 독선적인 선택이 도시를 파산에 이르게 한 것이다. 결과는 참담했다. 공무원 절반 이상이 쫓겨나고, 과도한 세금부담으로 시민들은 자신들의 터전을 떠날 수밖에 없는 불행한 상황이 되어버린 것이다.

우리는 어땠는가? 유바리시의 일시적인 성공에 도취하여 줄지어 견학을 가고, 성공사례 보고서를 쓰고, 마치 모범 답안을 찾은 것처럼 떠들었던 게 우리다. 그렇다면 현재 우리가 유바리시 파산을 통해 얻은 것은 무엇인가? 지자체도 망할 수 있다는 경각심이다. 외국의 사례를 국내에 접목할 때는 더 신중해야 한다. 경영자의 긴 안목과 투철한 철학 없이는 이상향으로 끝나기 십상이기 때문이다.

벤치마킹을 고려할 때는 유유히 흐르는 물살만 볼 것이 아니라 물살아래 옹기

종기 모여 있는 자갈들도 들여다보아야 한다. 지역이 가진 원재료의 성질을 객관적으로 파악할 수 있게 되었을 때, 공익이 무엇인지 고민할 줄 아는 단체장을 만났을 때 지역은 다시 만들어진다.

장수는

장수는 농촌이기에 농업에 집중했다. 경쟁시장에 내놓을만한 마땅한 산물조차 없는 형편이었지만, 가진 것을 놓고 오래 고민했다. 다른 지역에 관광의 붐이 일 때도 동요하지 않고 우직하리만큼 농사만 지었다. 그 결과 장수브랜드는 최고의 가치를 지니게 되었고, 장수는 부자 마을이 되었다. 오로지 농업소득만으로 많은 농민이 대한민국 중산층 수준에 이르게 된 것이다. 현재 장수는 주민만 부자가 된 것이 아니라, 장수군도 부채가 한 푼 없는 지역이 되어 있다. 철저하게 내재적 자원, 즉 내가 가진 것으로 내가 지역에서 할 수 있는 최선을 다한 결과다.

일촌일품운동과 장수

일촌일품 운동은 많이 알려진 일본의 지역 자생정책 중 하나다. 주민이 주체가 되어 지역당 1개의 향토자원을 선정한 후, 최고로 만들어 지역경제를 살리자는 운동으로 일본 오이타 현에서 시작되었다. 이 운동의 원칙은 '지역적이면서 세계적인 것'을 지향하는 것이다. 이 정책은 도시와 농촌의 격차를 없애는 수단으로 세계적인 반향을 일으켰고, 매년 세계대회를 개최함으로써 전 세계에 일본의 지역정책브랜드를 제대로 알리고 있다.

2007년에 일촌일품운동 세계대회가 오이타 현에서 열렸을 때, 한국은 한우, 복분자 등 지역의 특화자원을 소재로 한 '신활력사업'이라는 지역 정책사업을 발표했다. 한국의 지역 정책이 세계무대에서 발표된 것은 처음 있는 일이었다. 많은 사람들로부터 좋은 호응이 있었고, 이후에 '신활력사업'을 연구하기 위해 대통령 자문위원회의 정책연구실로 많은 외국의 학자들이 찾아왔다. 그러나 한국의 지역 정책이 세계인의 관심을 불러일으켰다는 것은 의미가 있었지만, 사실은 그때는 시작단계였기 때문에 성과를 제대로 설명해 주지 못하는 아쉬움이 있었다.

그후, 줄곧 완성된 형태의 자생적인 지역발전정책을 찾아야 한다는 것이 중요한 숙제로 남아 있었다. 현재 우리 지역들은 쉽게, 빨리 따라 할 수 있는 것을 쫓아가려 하면서도 대박을 꿈꾸는 경향이 있다. 동화 〈파랑새〉의 주인공처럼 현실의 문제를 직시하지 못하고, 미래는 행복할 것이라고 막연하게 생각한다. 이런 파랑새증후군을 치유할 수 있는 비법을 가진 건강한 농촌을 발견했다. 장수가 그 곳이다.

장수는

장수는 2004년 신활력사업으로 한우클러스터사업을 시작했다. 대부분은 전지역이 전·현직 공무원이 사업단을 맡는 것이 일반적이었으나, 장수는 과감히 최고의 축산전문가인 민간인을 영입했다. 현재 70여 개의 신활력사업 중 사업단을 그대로 유지하고 있는 곳은 장수군이 유일하다. 대부분 정부사업은 사업자금 투여가 끝남과 동시에 사업을 마무리하는 것이 일반적인데, 장수는 오히려 사업규모는 물론 사업영역까지도 확장시켰다. 뿐만이 아니다. 공공의 지원을 통해 시작한 사업이 이제는 자립화를 위해 '지방농업공사'로 거듭나려고 노력하고 있다. 새로운 특산자원의 선택, 정부의 지원, 그리고 독립적인 사업추진으로 이어지고 있다. '단계적인 지역 산업독립'이라는 중앙정부의 구상이 그대로 실현되는 곳, 그곳이 바로 장수다.

지역 정책, 라인보다 근력이다

전략은 목적에 따라 달라진다. 지역발전 전략도 마찬가지다. 한때는 기본적인 균형 맞추기 사업에 집중하던 시절이 있었고, 더 앞서 가는 마을이 되겠다고 치열하게 경쟁이 불붙던 때도 있었다. 그리고 이제는 지역 간 벽허물기를 거쳐 지자체 사이에도 '협력'의 바람이 불고 있다. 유럽의 경우에는 한 지역이 기업을 유치하려 하면 그 영향권에 놓여있는 인근 지역 지자체도 기업유치를 위한 사업에 자금을 지원하기도 한다.

지자체 협력사업은 부족한 것을 채우는 의미도 있지만 작은 것을 합쳐 큰 것을 이룬다는 의미가 더 크다고 볼 수 있다. 연계·협력을 진행하기 위해 선행되어야 할 일은 각 지자체의 능력 검증이다. 지역민의 의식과 지자체의 근력, 공무원들의 의욕이 기반을 이루어야 한다. 또한, 지역 전략이 경쟁구도 형태에서 상호협력 형태로 변화되어감에 따라 성공모델도 달라져야 하므로 더 신중한 검토와 검증 작업이 필요해졌다. 협력의 대상으로서의 준비가 필요하다는 것이다.

정책은 새 정부가 들어설 때마다 바뀌거나 변형되어 진행된다. 이제는 중앙에서 부족한 지역에 예산을 나눠주는 형식이 아니라, 지역에서 자발적으로 발 빠르게 세부 전략을 세워야만 지원받을 수 있는 경우가 많아졌다. 중앙으로부터 지원을 받더라도 주관과 원칙 없이 달려들었다가는 낭패를 보는 경우가 많다. 왜냐면 정부에서 100% 지원해주는 사업은 많지 않고, 사업마다 편차는 있지만 일단 지역에서 30 ~ 50%를 담당해야만 중앙정부 예산을 받는 매칭시스템이 늘어났기 때문이다. 그래서 지역이 준비되지 않았거나 지역에 맞지 않는 사업에 달려들면 이름값도 못하고 주저앉는 경우가 종종 생긴다. 이유는 방향성이 희미하거나 자체 능력 진단의 오류에 있다.

남들이 성공했다고 해서 나도 할 수 있는 건 아니다. 마을마다 가진 자산과 지역민들의 의식, 그동안 쌓아온 지자체의 능력이 다르다는 걸 알아야 한다. 이제 지역은 단순히 하고 싶은 일보다 할 수 있는 일을 선택해야 한다. 아무리 빼어난 국가정책이라 할지라도 정책이 접목될 기틀이 마련되어 있지 않으면 모래성과 같다. 이보다 더 맥 빠지는 일은 인기를 겨냥한 정부의 선심성 정책에 지자체가 동조하여 함께 춤추는 일이다. 어떤 단체장은 그런 풍토에 젖어서 무엇이 잘못되어 있는지조차 모른다. 그런 지자체는 결국 지역민들에게 돌아가야 할 비용이 증발됨으로써 그 지역은 기회도 의욕도 잃게 된다.

우리나라에는 좀처럼 제동이 걸리지 않는 우려되는 일들이 몇 가지 있다. 위에서 말했듯이 첫째는 위정자들의 선심성 지원 사업과 단체장들의 가시적 성과물에 대한 집착이다. 모두 '돈 먹는 하마'를 키우는 꼴인데도 그 행태는 해마다 어김없이 반복되고 있다. 둘째는 지자체 실시 후 해외 성공 사례를 찾아 벤치마킹하느라 여념이 없는 사람들이다. 우리는 전쟁의 폐허 위에서 기적을 경험한 나라이기 때문에 역사와 환경과 기질이 다르다. 우리나라는 어느 나라와도 비교

될 수 없는 나라이므로 우리는 스스로 모델이 되거나 우리 땅에서 모델을 찾아야 한다. 셋째는 '우는 아이에게 떡 하나 더 준다.'고 믿는 사람들이다. 못살겠다고 징징대면 뭔가 나오겠지 생각하는 사람들, 지역들이 있다. 오산이다. 이제는 나라에서도 가능성을 계산한 후 힘을 실어 준다. 그래서 지역은 자립할 수 있는 근력을 키워야만 한다.

장수는

장수의 정책은 목표 농가소득이라는 큰 기틀을 만들고, 각종 지원 사업들을 접목해 한 페이지에 하나의 그림으로 꽉 채워 완성도를 높였다. 유동성을 허락하되 그 틀 안에서 움직이게 했다. 그 안에서 장수군의 잔 근육들이 키워졌다고 볼 수 있다.

1. 사과이야기

사과의 역사

우리의 사과 사랑

재배기술과 저장시설의 발달로 사실상 계절과일의 경계가 무너졌다. 한겨울에도 딸기나 토마토를 구하는 일이 어렵지 않게 되었으니 제철이라는 실감을 놓칠 때가 많다. 외국 과일의 수입으로 국가의 경계마저도 느낄 수 없게 되었다.

이런 경계를 넘어서 아직 우리에게 가장 큰 사랑을 받고 있는 과일을 꼽으라면 단연 사과가 으뜸이다. 사과는 맛과 식감이 뛰어난 과일일 뿐만 아니라, 여러 음식에 응용되는 좋은 음식재료다. 다른 과일에 비해 저장성이 높고, 각 지방 특산물로 여러 곳에서 재배되며, 예로부터 제사상에도 빠지지 않고 쓰였다고 한다.

사과의 역사

사과의 역사는 인류의 역사와 시기가 같다고 볼 수 있다. 동서양을 통틀어 가장 오래된 과실은 올리브지만, 과수로서 재배한 최초의 나무는 사과나무라고 알려졌다. 그래서 사과는 역사나 신화에도 자주 등장하고, 인류사의 중요한 사건

장수사과

의 중심소재가 되기도 한다. 신에 관한 에덴동산의 사과, 과학에 관한 뉴턴의 사과, 자유에 관한 윌리엄 텔의 사과 등 주요 사건에 사과가 등장하는 이유는 사과가 오래전부터 인류 가까이에서 사랑받았기 때문이다.

사과의 원산지는 발칸반도로 알려져 있다. 사과는 4천 년 이상의 재배 역사를 가진 것으로 추정하고 있다. 17세기에는 미국에 전파되었고, 19세기 초까지는 영국이, 19세기 말에는 미국이 최대 생산지였다, 20세기에는 칠레 등 남미 각국에 전파되었고, 현재는 러시아가 세계 최대 생산국이다. 일본에는 1864년에 명치 개척사가 미국에서 국광, 홍옥 등의 품종을 도입하여 재배를 시도하였고, 우리나라는 1901년에 묘목이 들어와 재배가 시작되었으며, 1906년 일본으로부터 재차 국광, 홍옥을 도입했다.

능금이 사과가 아닐까

현재 불리고 있는 사과(沙果)는 중국식 표기인데, 외래종이 우리나라에 유입되면서 붙여진 이름이라고 한다. 과육의 조직이 성기고 아삭거리기 때문에 붙여진 이름이라는 설과 물 빠짐이 좋은 모래땅에서 잘 자라기 때문이라는 설이 있다. 우리나라에 유입된 지는 350년 정도이니 아주 오래된 과일은 아니다. 흔히 능금이 개량되기 전의 사과가 아닐까 하는 생각을 하는데 종류가 다른 것이라고 한다. 우리나라 재래종 야생 사과인 '능금(林禽)'은 발음이 임금과 비슷하다고 하여 '림금'이 '닝금'으로 다시 '능금'으로 변했다는 연구결과가 있다.

처음 사과를 먹다

우리의 기록을 보면 예로부터 재래종 능금을 재배하기는 했으나, 개량된 사과가 도입되어 경제적 재배를 하게 된 역사는 길지 않다. 1884년부터 외국 선교사를 통하여 각 지방에 몇 그루씩의 사과나무가 들어와 심었으나 성공하지 못했다. 대부분 관상용으로 재배되는 정도였다고 한다. 그 뒤 1901년에 윤병수가 미국 선교사를 통하여 사과 묘목을 들여와 원산 부근에 과수원을 조성면서부터 성과를 거두었다. 이것을 경제적 재배의 시작이라고 본다.

사과는 지금

우리나라는 사과 재배에 알맞은 기온인데다가 사과나무 재배가 가능한 유효 경사지가 많다. 그래서 전체 과수 재배면적의 약 40%를 차지할 만큼 사과가 풍성하다. 평지는 비옥하고 관리가 편하지만 과수 농업을 하기에는 땅값이 비싸다. 게다가 때때로 배수가 잘 안 되는 경우가 있기 때문에 대부분 경사지에서 재배한다. 그중에서도 기후와 토질을 골고루 갖춘 적지는 소백산맥 근처다. 이곳에서는 고급 브랜드의 명성을 얻은 질 좋은 사과가 생산되고 있다. 우리나라 사과는 계속되는 품질개량으로 생과로서의 가치도 우수하지만, 가공제품 개발 등 꾸준한 노력으로 대한민국 제1의 과일 자리를 놓치지 않고 있다.

장수사과의 등장
드디어 장수사과

향기로운 사과전쟁

가을이면 여러 지역에서 명품사과, 친환경 사과라는 이름으로 사과축제가 열린다. 대구, 밀양, 문경, 충주, 장수, 거창, 영주 등 유명 산지를 중심으로 전개되는 사과축제는 릴레이에 가까울 만큼 나라 곳곳에서 가을을 달군다. 우리나라 최초 농산물 브랜드로 등록한 청송사과를 비롯하여 각 지역 이름을 단 브랜드들은 서로 최고라는 자부심을 갖고 있다. 다들 근거가 있다. 생산량이나 당도에서, 때론 친환경 농법이나 사과재배 역사 등이 그 이유로 꼽힌다.

역사로 치자면 대구, 브랜드 획득 순으로 치자면 청송사과가 빠르다. 70년대 전국사과의 83%까지 생산했던 대구는 공업지대와 주거지역이 개발되면서 현재는 팔공산 산간지역 일부에서만 재배하고 있다. 대구사과와 맥을 같이 했던 경북능금조합은 TV 광고를 하는 유일한 음료 기업이다. 지금도 경북지역이 가장 큰 면적을 차지하고 있고, 영주와 안동이 최대 생산규모다. 경북지역 외에 사과재배 면적이 가장 넓은 지자체는 충주다. 충주는 서울시와 결연을 맺어 청계천에 사과나무를 심기도 하고, 충주의 가로수를 사과나무로 바꾸는 등 대대적인 마케팅을 하고 있다.

장수사과는 어떤가? 몇 년 전부터 품질인증으로 그 우수성이 알려지기 시작했고, 가격 면에서도 최고가를 기록하는 등 비록 후발 주자지만 명성에서는 뒤지지 않는다. 올해에는 농림축산식품부가 주관한 2013년도 FTA 기금 과실생산·유통지원사업 연차평가에서 장수 권역이 전국 56개 단지 중 최우수 등급을 받았다. 기후 변화로 인해 생산지가 남쪽에서 북쪽으로 이동하고 있다는 뉴스가 있지만, 장수사과는 끄떡없이 왕좌를 지키고 있다. 전체 생산량의 3% 정도밖에 되지 않는 장수사과가 어떻게 사과를 대표하는 브랜드가 되었을까?

장수사과의 일등 공신은 홍로다

첫째는 조생종 사과의 80%가 장수사과이기 때문이다. 추석이 이른 가을이라서 대부분의 사과는 수확시기가 늦지만, 조생종 수확기는 9월 초순이기 때문에 추석에 첫 사과 맛을 선보일 수 있다. TV 추석프로그램을 시청하다 보면 주인공이 갇혀있는 과일 창고나 과일가게 배경에는 어김없이 높이 쌓인 장수사과 박스가 등장한다. PPL(간접광고)을 하지 않은 경우인데도 빈번하게 화면에 노출되는 이유는 무엇일까? 추석은 1년 중 과일 박스를 가장 많이 볼 수 있는 시기이고, 판매 형태로 볼 때 박스를 가게 밖으로 진열해 놓고 팔기 때문에 유독 장수사과 상자가 눈에 잘 띄게 된다.

장수사과라는 브랜드는 오래된 것이 아니다. 하지만 인지도 면에서 보면 단연 우세하다. 가장 큰 이유는 한 해의 수확을 감사하는 추석 차례상의 주인공, 홍로가 있기 때문이다. 짧은 역사를 가진 장수사과가 가장 빠르게 전국브랜드로 등극한 배경에는 특정 시기의 출하를 선점한 것이 가장 주요한 원인이 되었다. 명절이라는 때를 맞춘 선물용, 제수용 홍로로 특별한 광고 없이도 시장진입이 가능하도록 세운 전략이 적중한 것이다.

현재는 홍로가 60%를 차지하고 있지만, 겨울내 장수사과를 먹을 수 있도록 일부는 중생종과 만생종으로의 전환을 유도하고 있다. 타 지역과 조생종의 경쟁이 붙은 이유도 있고, 장수군 내에 사과농가가 늘어나서 수확 시기별 안배가 필요했기 때문이다.

고원생물은 친환경이다

둘째는 장수가 가지고 있는 자연환경이다. 높은 산악지대에 있는 넓은 분지를 우리는 고원이라고 부른다. 북한에는 개마고원이 있고, 남쪽에는 유일하게 전북의 동부 산악지대 중 무진장 지역이 여기에 속해있다. 강원도는 산악지대가 많기는 하지만 고원은 존재하지 않는다. 경관이 좋은 산은 있지만 도시나 농촌을 형성할만한 분지 지형이 아니다. 그래서 산악지형 중에 문화를 생성하고 유지하는 유일한 지역이 바로 지리산과 덕유산, 그리고 마이산 사이에 있는 운봉고원과 진안고원이다. 바로 그 고원의 중간에 있는 곳이 장수이니, 이러한 청정 환경이 브랜드 가치를 높여주는 중요한 요소가 되었다.

장수고원은 기후 특성상 병충해 및 바이러스 발병률이 평지보다 현저히 낮아서 따로 친환경이라는 이름을 붙이지 않아도 자연적으로 친환경일 수밖에 없다. 이 점이 고랭지에서 생산되는 농산물의 특징이다. 특히 고원 지역의 큰 일교차는 과일의 맛을 깊게 하고, 과육의 식감을 좋게 만들기 때문에 자연환경만으로도 높은 경쟁력을 가질 수 있게 된 것이다.

사과클러스터의 힘

셋째는 생산에서 선별, 마케팅에 이르는 체계적인 관리다. 장수는 사과를 지역특산물로 집중적으로 육성하기 위해 2006년에 농업 관련 분야 최초의 클러스터 일정지역에 어떤 산업과 상호 연관관계가 있는 기업과 기관들이 모여 정보를 교류하고 새로운 기술을 창출하는 '산업집적지역'을 말한다 정책인 사과클러스터를 만들었다. 이전에도 사과를 집중 육성해야 한다는 말은

사과 따기 체험

있었지만, 구체적 정책으로 나타난 것은 아니었기 때문에 이 사과클러스터 사업은 그 의미가 크다.

사과클러스터 사업의 핵심은 민간중심이라는 것이다. 다른 지역에서는 대부분 퇴직공무원이나 현직 공무원이 직접 클러스터의 단장을 맡는 것이 상례다. 하지만 장수는 과감하게 민간 전문가를 단장으로 영입하고, 행정가가 아닌 현장인 입장에서 사업을 운영했다. 농민에게 필요한 사업에 집중하면서 그동안 농민에게 큰 부담이었던 농기계를 임대해 주는 사업을 비롯하여 사용이 어려운 농가에 직접 가서 농기계 영농을 대신해 주는 등의 사업을 펼침으로써, 생산 원가를 줄이는 데 도움을 주었다. 그뿐만 아니라 필요한 시설투자, 키 작은 사과나무 개발, 사과 시험포 조성 등 투자와 연구, 교육에 집중했다.

비 온 뒤에 땅이 더 굳는다

넷째는 유통과 마케팅이다. 장수는 마케팅 비용을 줄이기 위해 유통센터를 만들었다. 초기에는 운영상 어려움이 있었지만, 지금은 유통 사업에 있어 가장 중요한 역할을 하고 있다. 특히 유통을 전담하는 APC센터의 경우, 초기 사업의 어려움을 딛고 일어난 중요한 사례로 꼽히고 있어 타 지역의 본보기가 되고 있다.

현재 마케팅의 백미는 바로 '한우랑사과랑축제'다. 일단 행사장 판매액만 해도 10억이 넘는다. 소규모 영농을 하는 사과농가는 생산한 대부분의 사과를 축제기간에 찾아온 30만 명의 방문객들에게 판매하고 있다. 장수는 다른 지역과는 달리 사과 가공식품 산업이 그리 활발하지 않았다. 이유는 대부분을 생과로 다 소진할 수 있기 때문이었으나 현재는 과잉공급에 따른 소득안정 측면에서 다각도로 연구를 병행하고 있다.

축복의 땅, 꿈의 농촌, 그리고 사람

어느 지역이든 지역 특산물을 브랜드화하는 것이 쉬운 일이 아니다. 장수가 사과로서 제일이라는 명성을 얻기까지는 장수농업기술센터와 사과영농조합, 그리고 지역민들의 선택과 집념이 있었다. 특히 87년부터 장수에 정착해서 사과를 연구하고, 사과 농업인들에게 의지와 확신을 하게 해 준 고 송재득 선생의 역할도 컸다.

장수는 사과의 역사를 만든 사람들과 특산물을 만들기 위한 특화정책의 성공이 빚어낸 축복의 땅이다. 공부하는 농업인, 연구하는 공무원들이 일궈낸 꿈의 농촌이다. 이제 장수사과는 단순한 소득 작물이 아니라, 새 터전을 찾는 귀농인들에게 매우 매력적인 아이템이 되었다. 이 사실은 매우 중요하다. 귀농, 귀촌은 새로운 인적 자원을 조달하는 창구가 된다. 장수의 성장조건에 자연과 사람, 정책이 있었다면, 지속성을 갖기 위해서는 무엇보다 사람이 중요하다. 지금까지 일궈온 땅 위에 농부다운 정신으로 농부의 일을 맡아 할 사람, 사람이 자원이다.

아버지의 뒤를 이어 사과밭으로 들어온 2세대들은 농사 이외에도 유통과 교육 시장에서도 활발하게 활동하고 있다. 지금, 겨울을 온몸으로 버티고 있는 사과나무는 꽃을 피우기 위해 봄을 향해 가고 있다.

한바탕 잘 놀았다
농업기술센터 서병선 소장

그를 보면 한국농촌의 희망이 보인다

sbsapple. sunapples. 이렇게 밝고 상큼한 이름이 그의 인터넷 문패다. 오랫동안 사과와 함께한 흔적이요, 긴 호흡이 느껴지는 이름이다. 농업 현장에서 38년이란다. 농촌지도직으로 출발하여 농업관련사업 평가위원으로 활발하게 활약하고 있는 그는 장수농업정책의 산증인이라는 평가를 받고 있다.

서병선 소장을 보면 한국농촌의 희망을 읽을 수 있다고 한다. 왜냐하면, 우리가 FTA 논의를 하면서 비로소 알게 된 사실을, 그는 20년 전에 이미 깨쳤기 때문이다. 그의 변함없는 생각은 '농민들의 수준에 맞춘 농업정책'이어야만 실효성이 있다는 것이다. 그는 '관행 답습 영농의 시대는 가고, 전문기술 영농의 시대가 온다, 명품만이 살아남는다는 것'을 계속 언급해 왔다. 한국농업이 살아남는 길을 누구보다도 먼저 간파했다. 그리고 사회나 산업구조는 지속가능성의 유무가 가장 중요한 것이라는 것과 그 바탕에 순환이 전제되지 않으면 안 된다는 것도 그가 강조하는 내용이다.

학자처럼 땅을 이해하고, 농부처럼 해의 기운을 셈하는 사람

며칠 밤낮을 들어도 부족할 것 같은 장수 농업의 역사를 그에게서 듣기로 했다. 지난 얘기를 꺼내는 그의 얼굴은 놀이에 흠뻑 빠진 아이 얼굴처럼 간혹 붉은 빛을 띠었다. 감정이 절제된 찬찬한 목소리는 신뢰감을 주었다. 그의 이야기는 행정과 현장실무 경험이 한 곳에서 융해되어 나오기 때문에 더욱 실감이 났다.

서병선 장수군농업기술센터 소장

이야기는 30년 전의 장수에서 시작되었다. 장수는 두메산골이어서 가난하고 답답한 농촌이었다. 그런데 한국 농촌의 지루한 무채색 화면이 서서히 역동적으로 바뀌는 순간이 나타났다. 10년의 약속, '5·3프로젝트'다. 장수의 역사를 새롭게 만든 5·3농업정책 이야기 사이사이로 그의 모습이 간간이 보였다. 학자처럼 땅을 이해하고, 농부처럼 해의 기운을 셈하면서 농민들과 두런두런 얘기 나누는 그가 보였다.

전업 농부들은 뼛속까지 농부다

그는 말한다. 공무원은 농업인의 조력자이지 결코 지도자는 아니라고. 하지만 농부들 입장은 또 조금 다르다는 것을 서너 번 만나고 나서야 알게 되었다. 장수에서 만난 농부마다 소장님께 배운 것도 많고, 도움받은 일도 많다며 연신 감사 인사를 하는 것을 보았기 때문이다.

군에서 주는 행정적인 지원 말고, 그만이 농업인들에게 해줄 수 있는 특별한 것이 있지 않느냐고 물었다. 좋은 것을 보면 알고 싶어서 정보를 얻어다가 연구도 하고, 또 자신이 연구한 것이 아닐지라도 어떻게든지 알아 와서 농가에 전해주는 기쁨 정도라고 공치사를 피해 간다. "알려준 것보다 배운 게 더 많아요. 전업 농부들은요, 뼛속까지 농부에요. 철학이 없으면 농사 못 지어요."

친구같이, 형제같이 불쑥 찾아오다

그의 일터 장수농업기술센터는 교육이 많기로 유별나다. 소문처럼 늘 농민들로 북적이는 센터는 교육과 회의, 세미나 등으로 활기가 있다. 친구같이, 형제같이 불쑥 찾아와서 소장과 이런저런 얘기를 나누는 모습이 퍽 자연스러워 보였다. 종종 떼를 쓰기도 하고 툴툴 불평도 하는 사람도 있는 모양이다. 해줄 수 있는 것은 가능한 한 해주려고 노력하지만 안 되는 것을 요구하는 사람에게 그 이유를 이해시키는 일이 어려울 때도 있다고 한다.

"욕심 없는 사람이 어디 있겠어요? 자신만 잘 되겠다고 하는 사람 빼고 웬만한 고집 정도는 접을 줄도 알아요. 농부들도 이제는." 그 말이 내게는 이렇게 들렸다. 이쯤 되면 그것이 불평인지, 하소연인지, 그저 얼굴 한 번 보고 얘기하고 싶은 것인지 알 수 있다고.

답은 현장에 있다

그는 항상 현장에 있다. 거기에 답이 있다는 평범한 진리를 스스로 증명하고 있다. 장수의 사과, 토마토, 쌈채소, 오미자는 그가 현장에서 답을 찾아가는 과정 중에 농민들과 함께 만든 지역 브랜드들이다. 그가 근무하는 농업기술센터가 항상 교육받는 사람들로 북적인 이유도 거기에 있었다.

똑같은 주제의 강의라 해도 장수는 다른 지역에 비해 교육에 참가하는 인원이 훨씬 많다. 그는 형식적인 강의로 자신이나 농업인들의 시간을 낭비하지 않는다. 그래서 구색 맞추기식의 뻔한 강의는 찾아볼 수가 없다. 그의 역할은 시험연구, 선진기술보급, 농가경영교육에 그치지 않는다. 그는 안팎으로 뛸 수 있는 전천후 엔진을 달고 있는 것이 분명하다. 농업정책이 결정되고 목표가 설정되고 나면 그때부터는 해야 하는 일이 아니라, 이겨야 하는 싸움이라는 투지로 밀어붙인다. 적당한 일화가 있다.

2004년 한·칠레 FTA가 타결되자 우리나라 과수 농가에 비상이 걸렸다. 사과를 포함한 과수들이 가격경쟁력을 잃게 되자 정부가 지원금을 주는 국가공모사업을 추진했다. 1조 2천억을 지원하는데 준비된 지역에만 주겠다는 것이었다. 무주, 진안, 장수가 함께 사업계획을 만들었다. '전라북도 동부권 과수 경쟁력 사업'으로 묶어 농식품부 평가를 받았다.

발표 후 질의응답은 서 소장이 맡았다. 그때 평가장에서 소란스러운 일이 벌어졌다. 장수는 중앙에서 요구하지 않은 특별한 사업을 추가시켜 차별화 전략을 마련했는데, 그것에 대해 전문가들이 공격을 한 것이다. 지금까지 연구한 결과로 보아 다 실패했는데, 그걸 왜 시골 장수에서 하려고 하느냐는 것이었다.

이때, 서 소장의 발언이 문제가 되었다. "당신들은 거기까지밖에 못했다. 이웃 일본이나 유럽에서는 그런 프로젝트가 일반화해 있다. 그런데 왜 유독 우리나라에서만 안 되느냐."고 맞선 것이다. "학자들은 도대체 뭘 한 것이냐, 연구를 못 한 것 아니냐." 서 소장은 화가 나기도 했지만 적당한 쇼맨십도 필요하다고 생각했다. 양쪽의 얼굴이 붉으락푸르락해질 정도로 격정적인 순간이 지났다. 흥분이 가라앉고 나면 조금은 걱정도 되고, 책임자로 왔기 때문에 자신으로 인해 일이 엉망이 되지는 않을까 덜컥 겁이 나기도 했을 만한 상황인데 오히려 속이 후련해졌다.

30분 동안의 설전이 오가는 사이에 지원금은 점점 더 멀어졌을지 몰라도 서 소장의 신념은 더 확실해졌다. 평가받으러 온 놈이 난리를 쳤으니 모두 전북은 이미 물 건너갔다고 생각했을 것이 분명했다. 그러나 경상도, 충청도 다 떨어지고 오히려 전북만 선택되었다. 어디는 부지사까지 와서 로비할 정도로 지자체마다 열정을 보인 공모사업에 장수에서는 도청의 담당과장하고 서 소장 둘이 가서 성공시켰다.

소식을 듣는 순간 왈칵 눈물이 쏟아져서 화장실로 달려가 웃었다고 한다. 좋아서 울고 좋아서 웃던 그때의 일을 떠올리고는 웃으면서 말한다. "공직에 오래 있다 보니 감정을 표현하는 일이 점점 줄어들고 어려워지더라고요. 그런데 진짜 좋으니까 눈물도 나던데요? 눈물을 감추려고 화장실로 갔는데, 진짜 좋으니까 웃음도 절로 나더라고요."

군수님은 낮고 깊은 음을 내는 큰 북이다

그가 이룬 많은 업적 중의 최고봉은 장수군 부농정책인 5·3프로젝트다. 그리고 장재영 군수와의 조합은 가히 환상적이다. 그들의 조합은 듣는 이의 심장을 동일한 속도로 뛰게 하는 타악기 연주와도 같았다. 낮고 깊은 음을 내는 큰 북, 섬세한 리듬을 명확하게 연주하는 작은 북이 되어 장수 10년을 함께 행진했다.

장수 농업에서 그의 흔적을 찾는 일은 어렵지 않다. 농촌지도직으로 한 지역에서 25년을 훌쩍 넘었으니 마을 구석구석 그의 입김과 발길이 지나가지 않은 곳이 없기 때문이다. 아직도 그는 농업인이 지금 무엇을 필요로 하는가에 대한 내용을 바로 그 현장에서 매일 점검한다. 그러니 장수농업의 살아있는 증인이라는 칭호가 과장은 아닌 셈이다.

서 소장은 장수군 전 농가의 경영실태 기초조사와 소득작목 만들기 사업에서도 중추적인 역할을 했다. 그는 5·3을 통해 그동안 차곡차곡 쌓아두었던 본인의 재능과 역량을 발휘하여 화려하게 꽃피웠다.

공무원은 원칙, 농업인은 자기중심

때로는 철저하고 강한 기운 때문에 오해도 받고 공격도 받았다. 비교적 이른 나이에 윗자리에 앉게 된 것도 이유였고, 마을 사람들과도 인정론에 휩쓸리지 않으려 애를 썼던 것도 이유가 되었다. 농사짓는 친구들의 기대 아닌 기대를 모른 채 해야 했을 때, 나고 자란 곳의 어르신들에게 어쩔 수 없이 죄송스러운 마음을 가져야 할 때, 그들에게 표현하지는 못했지만 괴로웠다. 공무원들이 업무로든 업무 외적인 것으로든 주민들에게 이해받기란 결코 쉽지 않다. 군 정책에 대한 이해도 마찬가지다. '왜 나는 안 되느냐, 안 주느냐, 나중이냐.' 공무원은 원칙을 지켜야 하고, 주민은 자기중심으로 생각하기 때문에 생기는 어려움이다.

"그래도 시간이 지나고 나면 자연스럽게 해결되는 것도 있어요." 그가 말하는 자연스럽다는 말에는 다른 의미가 있다. 저절로 얻어진 것이 아니라 노력했더니 되더라는 것이다. 농부네 밭으로, 시험포로, 센터교육장으로, 다른 지역으로, 해외로. 부지런히 발품 팔며 살다보니 자연스럽게 되더라는 뜻이 아닐까? 그의 반어적 표현을 이해할 정도의 시간이 지나고 나니, 농업기술센터 소장으로서의 그보다 개인 서병선이 더 궁금해졌다.

학부모란에 딸의 이름을 적고 공부하다

그는 박사다. '농고를 졸업하고 학사, 석사, 박사가 되는 데 36년이 걸렸다.' 이 한 줄의 요약이 그의 생활을 대변해준다. 경제적 어려움과 농업기술직 공무원으로서의 바쁘고 고된 일정, 끈질긴 학구열, 자존심에 대한 모든 이야기를 함축하고 있다고 볼 수 있다. 석사 공부를 할 때의 일이다. 학부모란에 딸의 이름을 적고 "네가 학부모니까 학비 좀 대주렴." 갓 취직한 딸은 기꺼이 아버지의 학비를 마련해 드렸다.

서병선의 행복한 사과나무

그를 포함한 가족들이 하고자 하는 공부를 마치기까지 사과나무가 큰 몫을 했

사과밭

다. 그는 처음에 사과 공부가 하고 싶어서 1,500평 사과밭을 만들었다. 적은 봉급이라도 지금껏 잘 살아왔는데 왜 힘들게 농사를 지으려고 그러느냐는 아내를 설득했다. "공부하려고 그러지." 그렇게 시작한 사과농사가 그의 삶을 더 열정적으로 만들었다.

　잠시 투덜대던 그의 아내는 이제 서둘러 사과밭에 먼저 나간다. 서 소장이 자신의 밭에서 연구한 지 5년쯤 지나자 수익이 생기기 시작했고, 첫해 판매금액을 몽땅 아내 통장에 넣어주었더니 이제는 농장주 역할을 할 만큼 태도가 달라졌다. 덕분에 몇 해 동안 애들 대학교육도 시켰고, 서 소장도 사과 공부, 박사 공부를 할 수 있었다. 경제적인 도움도 되었지만, 사과나무를 사이에 두고 일하면서 가족끼리 대화할 수 있는 시간이 많아져서 행복했다.

한바탕 잘 놀았다

2년 후면 정년을 맞는다. 그에게 그동안의 공직생활은 어떤 의미로 남게 될까? "나는 한바탕 잘 놀았다." 한순간의 망설임도 없이 불쑥 그런 말이 튀어나왔다. "농업 전문 직종이 나에게 딱 맞아요. 한 지역에서 25~6년을 살다 보니 지역 실정도 잘 알고. 그래서 내가 하고 싶은 일을 기획하면 그것이 곧 지역의 일이 되곤 했어요. 도움이 되겠다고 생각한 대부분의 일을 정책화시켰고, 운이 좋게도 좋은 결실을 거두게 되었죠. 일부 실패한 것도 있어요. 미나리 같은 경우는 지금까지도 애정이 남아있고요." 말끝이 흐려진다는 것은 아쉬움이 많다는 얘기다.

그렇다고 모두가 부러워하는 장수를 만들겠다는 그의 포부가 조금이라도 상처받았을 리는 없다. 이내 신이 나는 현장이야기가 쏟아져 나왔다. "오미자의 경우 철재 파이프로 아치형 수형틀을 세우고, 토마토와 오이는 비닐온실에서 재배했어요. 전문가들이 연구한 것을 가져온 것이지만 우리 지역에서 성공을 거두었을 때의 즐거움은 말로 표현 못 해요. 그 어떤 놀이보다도 재미있지요. 난 상사를 잘 만난 행운이라고 할 수 있어요. 공무원이라는 테두리 안에서 나처럼 해보고 싶은 일을 이만큼 해본 사람은 드물기 때문이에요. 갈 사람 같으면 잘 살았다고 하겠지만 언제 갈지 모르니 이렇게 말해요. 나는 한바탕 신나게 잘 놀았다고."

누구 생각을 바꿀까?

일을 놀이처럼 즐긴 사람, 그는 일이 잘 풀리지 않을 때 어떻게 할까. 신나게 놀려고 하는데 같이 놀 사람이 부족하거나 방해가 되면 화를 낼까, 아님 포기를 할까? "직장 일에는 규칙과 장애물이 있잖아요. 나는 끝까지 파헤치는 성격이라서 장애물이 생기면 덮는다거나 돌아가지 않아요. 상관들이 볼 때는 성과가 빨리 안 나오니까 답답할 거예요."

그러면 아랫사람은 더 힘들어지게 마련인데 부하 직원이 일을 잘못했을 때는 어떻게 하나? "직원들한테 업무 가지고 책임 추궁을 하거나 화를 내는 일은 거의 없어요. 같이 고민하죠. 문제가 있는데 어떻게 했으면 좋겠냐. 나는 이랬으면 좋겠는데 너는 어떠냐. 누구 생각을 바꿀까. 동의하느냐 하는 식으로." 아니, 부처님도 아니고 누가 이렇게 할까 싶다. 왜 화를 안 내는가?

"업무로 화를 내면 직원들과 더 이상 소통할 수가 없게 돼요. 문을 아예 닫아버리거나 변명하거나 덮어버리게 되거든요. 내 식대로 맞추라고 하고, 내 맘대로 할 것 같으면 뭐하러 시키겠어요? 내가 다 해버리지." 듣고 보니 맞는 말이다. 그러나 말 없는 매가 더 무섭다고 직원들의 맘은 그다지 편치 않을 것이다. 상사가 무엇 하나 빠지는 것 없이 잘하면 아랫사람이 어지간히 잘 하지 않고서는 빛나기 어렵기 때문이다. 그걸 눈치 빠른 서 소장이 모를 리 없다. 혹시 화를 안 내는 것이 아니라 낼 필요가 없기 때문은 아닐까? 그가 만든 PT 자료를 보고 후배들이 고개를 내저으며 하는 말이 생각났다. "저희보다 잘하시니 꼼짝 못 해요."

쇠를 다루듯이 두들겨서

남자들 세계에서는 후배를 잘 키워서 그 능력에 합당한 자리에 앉혀주고픈 욕구가 있다. 공무원 조직에서도 계보라고 오해받을만한 관계가 있을 법도 한데 서 소장 성향으로 봐서는 드러나는 라인을 만들 것 같지는 않다. 조심스럽게 물었는데 거침없이 대답해서 조금은 당황스러웠다. "똑똑한 후배를 보면 탐이 나요. 그러나 똑똑한 사람보다도 의욕 있는 사람을 더 좋아해요. 사람을 대할 때 늘 공평할 순 없잖아요? 잘 따르고 열심히 하려는 후배에게 더 정이 가는 법이지요.

인지상정인 거죠." 속마음을 감추지 않는 그의 진솔함이 좋았고 편했다.

여러 번 그를 만났지만 한결같이 과장하거나 꾸미지 않고, 상대가 이해할만한 수준으로 자상하게 얘기해주어서 무장해제당하는 기분이 들곤 했지만 나쁘지 않았다. "때로는 젊은 친구들에게 업무 외적인 일로는 꾸지람을 할 때도 있어요. 기분은 나쁘겠지만 직장상사가 아니라 선배 입장에서 하는 거니까, 혼나면서라도 배워야 하는 거니까 싫어할 소린 줄 알면서도 하지요. 대신 기대가 있는 사람한테는 업무량도 많이 주고 어려운 일도 맡겨요. 일은 처리 능력이 되는 사람에게 맡겨야 하니까." 흙으로 그릇을 빚듯이 어루만지는 것이 아니라 쇠를 다루듯이 두들겨서 아름답고 견고한 그릇을 만든다는 그만의 애정 방법이다.

"대신 문제점을 찾고 대안을 찾을 때까지 기다려 주는 편이에요. 상사들은 바로 결과가 나오지 않으니까 왜 일을 챙기지 않느냐며 우유부단하다고 여기기도 하겠지요. 그러나 그것은 내 나름의 사람관리법이에요."

그는 아팠다

그렇게 공들여 키운 후배들 소식을 물으니 그의 표정이 잠시 어두워졌다. "다들 훌륭한 지역 인재가 되었지요. 고생은 많았어도 맡은 분야에서는 최고의 전문가라고 인정받을 만해요." 그런데 그의 말과 표정은 서로 어긋나 있었다. 무슨 이유가 있는 것 같아서 대답을 기다리며 그를 다시 바라봤다. 허탈감 때문이라고 했다. 지금까지도 아프다고 했다.

"오랫동안 애정을 가지고 관리했던 직원이 어느 날 갑자기 다른 지역으로 떠난다고 했을 때, 그 마음을 어떻게 표현해야 할지 모르겠어요. 고향에 가서 부모님을 모시겠다는데 무슨 이유로 붙잡겠어요?" 다른 지역 출신들이 장수에 와서 근무하다가 어느 정도 경력이 쌓일 때쯤이면 고향에 가고 싶어질 나이가 된다. 다른 이유도 아니고 연로하신 부모님 때문이라고 하니까 말리지도 못한 모양이다.

좀처럼 감정을 내보이지 않던 그가 마치 실연이나 당한 사람처럼 그 때의 황망한 표정을 감추지 못했다. "나라도 그럴 수 있겠다 싶어서 이해는 하지만 가슴이 아파요. 서운해요. 네댓 명을 그렇게 떠나보내고 나니 이제는 그런 친구가 보여도 저 친구를 또 키워야 하나 말아야 하나 망설여지곤 해요. 저러다 중앙으로, 고향으로 가버리면 어떡하지 하는 생각이 먼저 들거든요."

고도의 기술력을 키우는 일, 특히 현장에서 익힌 기술, 진단, 처방 등의 능력을 갖추는 일은 쉽지 않아서 일정한 훈련을 마치고 나면 외부 강의도 생기고 할 일이 많아진단다. "장수에서 열 농가 컨설팅하는 것보다 다른 지역에 가서 백 농가 교육하는 것이 장수군 입장에서는 더 효율적인 PR이고, 가치 있는 일이라고 여겨서 교육받을 기회만 생기면 가라 권유하면서 성장시켰는데, 그 사람이 떠나고 나면 후유증도 크고 상처도 오래가요. 그 빈자리를 채우려면 꼬박 10년은 걸리거든요." 그답지 않게 서운함을 넘어 배신감마저 들었다는 원색적인 표현을 할 만큼 그의 아픔은 커 보였다. 사람을 잃은 몇 번의 경험이 아직도 그를 망설이게 하고 있다. 서 소장의 가슴을 다시 데우는 데는 얼마만큼의 시간이 필요할까?

남이 알아주지 않더라도

잠시 어두워졌던 분위기를 바꾸어 보려고 장수가 해낸 공모사업에 관한 얘기를 꺼냈다. 오랫동안 공직생활을 하다 보면 늘 좋은 일만 있는 것은 아니라서 간혹 힘든 시기도 있기 마련이다. 그렇지만 '뉴타운 조성사업' 같은 공모사업에 선정되었을 때의 보람과 자긍심이 나머지 어려움을 견디는 버팀목이 되어 주었다. 그때 군수님은 여러 관계자를 만나고, 서 소장은 실무인 PT 제작과 현장설명 등을 맡았는데, 예상보다 좋은 점수를 받았다.

"준비할 때는 힘든 줄도 모르고 했는데 성공을 거두고 나니 왈칵 눈물이 쏟아지더라고요. 열심히 노력해서 얻은 성과라서 자긍심도 생겼어요." 벌써 몇 년이 지난 얘기인데도 특수한 사업들을 유치했을 때의 감격이 생생한 모양이다. 그의 눈가가 경련이 일듯이 희미하게 떨렸다. "남들이 알아주든 말든 나는 내 역할을 다 한 것이니까, 게다가 결과가 좋으니까 더 좋았어요."

심심하지는 않지만 외로울 때가 있다

이렇게 기쁜 소식이 생기면 그는 어떻게 할까? 누구에게 맨 먼저 알릴까? "기쁜 소식이 생기면 가족에게, 직장동료에게, 친한 친구들한테 자랑하고도 싶은데 알려본 적이 없어요. 내 안에서 웅얼웅얼하고 말아요." 남자라고 다 그렇지는 않다. 자기자랑이 쑥스러우면 그저 덤덤하게라도 소식을 전하면 되는데 아무에게도 알리지 못한다니….

"공무원의 근무여건과 환경에 익숙해졌기 때문에 그런지도 모르겠어요. 난 일찍부터 간부가 되어 혼자 사무실에 있는 시간이 많았어요. 그래서 혼자 근무하는 방법을 터득한 거죠. 심심하지는 않지만 외로워요. 가장 외로울 때는 주변의 소식들이 전혀 안 들릴 때에요. 나에게 이야기해주는 사람이 없더라고요. 그렇다고 정보원 심어놓고 물어볼 수도 없고. 가끔은 외부에서 역으로 듣기도 해요. 좋은 이야기는 들어오는데 정작 듣고 싶은 이야기는 안 들려오니 때때로 쓸쓸하게 느껴져요."

공모사업은 신나는 소재였는데 떠나보낸 후배 얘기에 대한 여운 때문인지 그가 다시 쓸쓸하고 외로운 감성으로 들어가 버렸다. 우리는 그 분위기에서 빠져나오려고 굳이 애쓰지 않았다.

장수를, 농업을 떠날 수는 없어

55년생. 일하는 재미도 알고, 술맛도 알고, 사람 속도 어지간히 읽어낼 나이가 되었다. 그가 즐겨 읊조린다는 시를 보고 그리움이 많다는 것을 알게 되었다. 그것이 일찍 부모를 여읜 탓인지도 모른다.

그는 퇴직 후의 삶을 제2의 삶이라고 규정하지 않고, 현재의 연속 선상에 그려넣고 있다. "전업 농업인은 아니지만 장수를, 농업을 떠날 수는 없어요. 이 일을 마치면 토마토 전문가, 사과 전문가를 키우려고 계획하고 있어요. 농가 문제점을 진단하고 처방해줄 수 있는 사람으로 훈련시키고 싶어요. 쉽지 않겠지만 가능한 일이고 전망도 있는 일이지요. 전국적으로 권위 있는 강사를 배출한다면 장수군 홍보에도 효과적인 일이 될 거예요."

후배들, 일한 대가 스스로 찾았으면

인터뷰를 마무리 하면서 후배들에게 전할 말을 부탁했다. 그는 늘 후배들에게 미안한 마음이라고 했다. 그 말을 듣는 순간 '서 소장님, 사람은 좋은데 일을 너무 많이 시킨다.'는 누군가의 폭로가 떠올랐다. 후에 알게 된 사실인데 그 폭로자는 실제로 엄청나게 많은 일을 무지무지 잘하고 있는 유능한 사람이었다. 흉인지 칭찬인지 본인들만이 알 일이다.

"한편으로는 승진이 늦을 수도 있고, 쉬지 않고 근무해야 하는 경우도 있고, 열심히 일하는데 누가 알아주지 않는다는 생각이 들 수도 있어요. 그럼에도 불구하고 후배들이 긍정적인 사고로 열심히 일하고, 일한 대가는 스스로 찾았으면 좋겠어요. 내가 화장실 가서 웃는 것처럼 말예요. 그게 바로 자긍심이거든요. 남들이 봤을 때는 군에서 잘하고 군수님이 잘해서 그렇다고들 하지만, 나는 또 내 나름대로 한 역할이 있으니까. 혼자 잘해서 되는 일은 없으니까. 자신의 역할에 대해서만 자긍심을 느끼라고 얘기하고 싶어요."

그는 직원들을 꾸짖지도 않지만 칭찬에도 인색한 편이다. 그러나 눈으로는 다 보고, 가슴으로는 다 느끼고 있다. 보고, 느끼고, 안다는 것은 애정이 있다는 다른 표현이다.

오늘도 즐겁고, 여전히 바쁘다

그는 이 책에 공무원들의 이야기보다는 농업인들 삶의 모습이 실리길 바랐다. 공무원은 밖으로 드러나지 않는 조력자의 역할만으로도 충분하기 때문이라며 대단할 것 없는 자신의 이야기가 쓰이는 것을 쑥스러워했다.

그는 농업현장에서의 숙련된 경험으로 장수의 농업 발전에 이바지했고, 행정가로서 탁월하다는 주위의 평가조차도 군수님과 직원들, 농업인들의 공으로 돌렸다. 몇 번의 만남으로 그의 속마음까지야 다 읽을 수는 없지만, 빈말이 아니라는 것쯤은 알 수 있다.

나는 오늘 그를 넉넉하고 자신감 있는 사람, 생각은 따뜻하나 판단은 냉정한 사람으로 저장하게 되었다. 상관을 잘 만나 한바탕 잘 놀았다고 자신이 행운아라며 해맑게 웃는 sbsapple. sunapples. 그는 전문농업인 양성에 대한 꿈으로 오늘도 즐겁고, 여전히 바쁘다.

장수군 농업기술센터

장수군농업기술센터

　사과시험포장과 순환농업시스템, 토양분석실, 미생물배양실, 농산물가공실, 버섯종균배양실, 농기계사업단 등 지역순환농업연구소의 시설을 갖추고 완벽한 첨단기술 농업을 실천하고 있다. 지역순환농업연구소는 이러한 시설을 이용해 토양 검정, 농경지에 사용하는 지하수 검사, 중금속과 농약 잔류독성 분석 등을 무상으로 처리해주고 있다. 장수군 농업기술센터는 차별화된 농업정책으로 지역농업의 경쟁력을 높임은 물론 건강한 자연환경을 지속해서 보존해 지역 주민 모두가 살기 좋은 농촌, 세계 최고의 농업 · 건강 중심도시 장수를 만들어가는 데 앞장서고 있다.

스타 농부를 만나다
홍로원 김재홍

나는 농업 CEO다

농부들로부터 교수님이라고 불릴 때 가장 보람을 느낀다는 그의 직업은 농부다. 농부라기보다는 농업 경영인이라고 소개하는 것이 더 어울릴 듯싶다. 그는 농업이 농작물 생산으로 그칠 것이 아니라 기업처럼 이윤을 극대화할 수 있도록 효과적으로 경영되어야 한다고 주장한다. 자신을 농업 CEO라고 부르는 연 매출 6억의 스타 농부, 김재홍씨 부부를 만났다.

그저 웃는 모습이 복스러운 인상 좋은 이 아저씨가 초등학교 숙제인 '촌락의 문제점을 극복한 사례'의 주인공이다. 어린이들에게 활력 있고 넉넉한 농촌, 농업을 해도 잘 살 수 있는 농부의 모습을 알리는 사람이 된 것이다. 억대 소득을 올리는 농부는 여럿이다. 그러므로 그의 유명세는 부자 농부이기 때문이 아니다. 개당 만원을 웃도는 사과, 청와대 납품, 신지식 농업인 등도 그의 이력일 뿐이다. 아니나 다를까 인사가 끝나자마자 업적이나 자랑은 생략하고, 자신의 농사에 대해 간단하게 요약해 주었다. "그냥 농사는 재미없고, 배워서 짓는 잘 된 농사라야 재미있어요. 그냥 파는 것은 재미없고, 판매 전략을 세워 성공했을 때라야 재미있어요." 지금 김재홍씨는 빛났던 과거사를 늘어놓을 시간이 없는 듯했다. 곧장 교육장 이야기를 꺼낸다. 그에게는 농업교육이 농장일, 사과를 파는 일만큼이나 의미 있는 일이기 때문이다.

그의 농장 홍로원은 이미 성공했다. 번듯한 교육장도 마련했고, 제자들도 제법 생겼다. 하지만 이것이 완성은 아니란다. 그의 꿈은 부농이 되는 것이 아닌 모

김재홍 홍로원 대표

양이다. 교수라는 명예도 꼭짓점이 아닌 과정인 모양이다. 그가 장수 땅에 그리고 싶은 그림은 무엇일까? 궁금함을 참고 과거 속으로 들어가 그의 흔적을 찾아본다.

알고 있는 것은 나누어야 옳다

김재홍씨는 질기다는 말을 들을 만큼 배우는 일에 집착하는 농사꾼이다. 사과 농사를 지을 때는 배움에 배움을 더하고, 교육장에서는 가르침에 가르침을 더한다. 이 정도 일궜으면 즐기면서 누릴 법도 한데 그에게는 도무지 정지 신호가 통하지 않는다. 전문가들은 홍로원의 성공 요인으로 김재홍씨의 재배기술과 시장전략을 꼽는다. 재배기술에 대한 집념은 오늘의 그를 만든 양질의 토양인 것이 분명하다. 그는 농고를 졸업한 후 농림개발연구소에서 근무하면서 처음 사과재배기술을 배웠다고 한다. 장수에 정착하여 지금의 농원을 만들 때까지 신기술을 받아들이는 일에 모든 열정을 바쳤고, 어지간히 성공도 했으니까 이제는 기술을 알리는 일도 할 수 있다고 한다. "알고 있는 것은 나누어야 옳다. 나누다 보면 언젠가는 내 지식이 바닥날 것이다. 그러므로 나는 더 배울 것이다. 나누는 일에 게을러지면 더 이상 배울 수가 없다. 그러므로 나는 끝까지 나눌 것이다."

내 농사보다 제자농사가 더 잘 돼

나이 들면 내 얼굴, 내 인상이 자신의 책임이라 했던가. 김 대표의 넉넉한 인상은 오늘 아낌없이 주고도 내일 더 줄 것이 있는 여유로움에서 오는 게 아닌가 싶다. 본인은 그렇다 치고 남의 일, 바깥 일로 더 분주하니 집안에서는 불평이 생길 수밖에 없다. 자신의 농장은 아내와 아들에게 맡겨 두고 남의 농장 돌아다니며 진단하고, 고민하고, 처방하니 의사 아닌 의사 노릇이다. 그것이 불만이었던 아내가 거들고 나선다. "남의 농사가 더 잘 돼요." 자신의 농사보다 잘된 제자들의 농사를 바라보는 심정이 어떠냐고 물었다. "마냥 좋기만 하겠어요? 나도 농분데요." 하하하! 각자 다른 생각을 하며 웃었다. 그의 웃는 얼굴은 선생으로서의 자긍심과 농부로서의 자존심이 섞여서 묘한 화사함을 내뿜었다.

홍로원의 교육생들은 모두 자신의 사과밭을 일구고 있다. 그들이 김 대표를 동경하는 이유는 거의 비슷하다. 많은 돈을 벌고 있는 성공한 영농인이기 때문이다. 그리고 자신이 하고 싶은 일을 펼칠 수 있는 용기를 가졌기 때문이다. 우리는 흔히 돈을 버는 일만큼 잘 쓰는 일도 중요하다고 말한다. 그 말속에는 성공한 사람들에게 특별한 가치를 기대하고 요구하는 심리가 들어있다. 사실 성공 후의 삶을 어떻게 사느냐에 따라 평가는 비판과 존경으로 나뉜다. 때로는 공의로움이 기준이 되기도 한다.

그는 환원에 대해 이야기했다. 장수에서 태어나지는 않았지만 자신은 엄연한 장수사람이고, 장수에서 받은 것이 너무나 크다고, 그래서 돌려주는 것이 옳다고. 그래서 시작한 것이 현장교육사업이다. 우리 농업의 이론과 기술 수준은 이미 보편화해 있을 만큼 향상되었으나, 밭마다 환경이 달라서 똑같이 적용하는 것이 불가능하다는 것에 초점을 맞춘 것이라 한다. 현장교육은 팀원들의 농장을 차례로 순회하며 직접 문제점을 찾아 해결해 나가는 방식으로 진행된다. 실제로 돈을 버는 공부를 하게 되어 보람 있었다는 말 한마디에 또 힘이 생긴다는 이 사람. "교육생의 그 해 농사가 내 것보다 잘되더라." 벌써 두 번째 듣는 말이다. 진짜 선생이 맞나 보다.

내 것이든 남의 것이든 사과밭만큼 아름다운 것을 보지 못했다

김 대표는 농사짓는 일 외에는 재미있는 것이 없단다. 정말 그런 것 같다. 대화 소재를 바꿔 놓으면 어느새 사과 이야기로 돌아와 있다. 30년 가까이 해 온 일이고, 명성도 그만하면 족할 터인데 초보 농군처럼 사과이야기에만 흥분한다. 살면서 별다른 취미도 없었고, 물질에 대한 애착도 그다지 없단다. 내 것이든 남의 것이든 사과밭만큼 아름다운 것을 보지 못했단다. 초기엔 일구더기에 빠져 살다 보니 농지를 늘리는 일만큼 즐거운 것이 없었고, 어느 정도 소유욕을 채우고 나니 오히려 소유 개념이 없어지더란다. 오히려 자신을 따르고 기대하는 사람들에게 또 뭔가 획기적인 일을 해줘야겠다는 생각으로 사니까 사고 칠 구상을 할 때가 가장 즐겁다고.

그가 장수사과 1세대라 하여 원로라 부르는 이도 있지만, 그는 30년 전과 다를 바 없이 현장에서 진두지휘한다. 손이 많이 가는 것이 사과농사라서 아내 없이는 할 수 없는 일이라는 때늦은 공치사를 하는데 아내는 못들은척 한다. 그가 맘 편히 바깥일을 할 수 있었던 것은 농원관리를 도맡아주는 아내가 있었기 때문이다. 뿐만 아니라 현재 그의 곁에는 벤처영농인의 길을 닦고 있는 둘째 아들이 판매관리를 하고 있으니 더 든든하다. 좌청룡, 우백호를 거느린 셈이다.

아들은 아마도 아버지의 사업을 이해하는 것보다 아버지의 사과나무를 이해하는 데 더 많은 시간이 걸릴 것이다. 방법이나 기술을 터득하는 것보다 삶을 이해하기가 더 어렵기 때문이다.

같은 방향을 걷고 있는 아버지와 아들이지만 부자를 바라보는 아내의 시선은 다르다. 아들에겐 고맙고, 남편에겐 불만인 게 분명해 보인다. 그는 사과농장의 여러 작업이 섬세한 손끝에서 이루어지기 때문에 농가마다 여자들의 공이 크다고 말하면서도 어쩔 수 없다는 표정이다. 그것을 아내가 모를 리 없다.

그는 바보다, 그의 아내는 더 바보다

그는 사과만 알고 아내는 모르는 바보다. 여행에 관한 얘기다. 남편은 다녀왔
다 하고 아내는 그게 무슨 여행이냐고 한다. 알고 보니 해외연수를 다녀온 모양
이다. 그녀의 불만을 이해하는 것은 어려운 일이 아니다. 그녀의 도시 생활에 대
한 동경과 문화 욕구를 김 대표는 전혀 알지 못한다. 사과만 알고 그녀를 모르는
그는 바보다. 그의 아내는 더 바보다. 그녀에게는 농한기가 따로 없다. 한겨울에
도 출타 중인 남편의 빈자리를 메우며 홍로원 교육장에 머문다. 그러니 남편의
명성 딱 절반은 아내의 몫이어야 계산이 맞다. 그는 여자들끼리 맞장구치는 얘
기를 수다처럼 흘러들으며 서툴게 웃어넘기려 한다. 아내가 그를 향해 강편치를
날렸다. "집에서는 빵점, 밖에서는 백점!" 고자질하듯 그의 아내가 알려 준다. 교
육생들이 붙여준 별명이 '예예!'란다. 재미있다.

그의 새 꿈은 경관 농업이다

미래에 대해 물었다. 미리 준비나 해 놓은 듯 바로 갈 곳이 있다고 답한다. 그의
새 꿈은 경관 농업이다. 자신의 사과밭 주변에 사과테마파크를 만들어 볼거리와
먹거리, 체험과 휴식, 관광과 판매를 한 곳에 묶는 구상이다. 농산물만이 아니라
농촌 전체를 팔겠다는 야무진 꿈이다. "경관 농업이야말로 내 것이 아닌 지역농
업이다." 그가 만든 테마파크는 어떨까? 최고의 사과를 만들어냈으니 최고의 공
간을 연출할 것이라는 기대를 하게 된다. 농부가 경영인이 되었고, 경영인이 교
육자가 되었다. 이 농부, 이제는 예술가의 꿈을 꾸고 있다.

아버지와 아들
부자농원 전수용

전수용 대표를 만나다

앙상한 겨울 가지에서도 사과꽃 향기를 맡는다는 사과농장 농부들은 눈이 채 녹기도 전인데 벌써 사과밭에 나가 있다. 열매의 품질이 나무를 전정하는 것에서부터 시작되기 때문이다. 장수의 겨울 풍경 중에 인상적인 것은 건장한 남자들이 삼삼오오 사과밭에 모여 전정하는 모습이다. 방한복 허리춤에 굵은 벨트를 차고 전정 작업에 필요한 공구를 최신 무기처럼 꽂고서 사다리에 올라가 일하는 모습은 마치 영화 속에 나오는 특수요원들처럼 보인다. 일꾼을 사기도 하고 더러는 서로 품앗이를 한다. 방문하기로 연락이 된 부자농원도 며칠 동안 계속 전정 작업 중이라고 했다.

부자농원의 대표 전수용씨는 장수사과의 전설이라고 불리는 송재득 선생의 제자로 30년 넘게 장수에서 사과농원을 운영하고 있다. 아들 대호씨는 얼마 전 농업기술센터에서 주관한 대한민국 대표과실 선발대회에서 수상한 청년 농부라고 소개받은 적이 있다. 농장의 이름대로 아버지와 아들이 함께 일하는 과수원이라서 2세대의 이야기를 들을 수 있다는 생각에 방문을 앞둔 전날부터 마음이 설레었다.

똑, 똑, 가지 꺾는 소리뿐 / 이 과수원은 너무도 조용합니다

장수는 땅이 넓지는 않지만 산이 많아서 농가를 찾아갈 때마다 구불구불 산비탈이 자주 나타나 한참을 가야 했다. 부자농원은 야트막한 산 사이에 아늑하게

부자농원의 아들 전대호 씨

자리 잡고 있었다. 사과밭을 지나 농가로 들어가는 길에서 가슴이 잔잔해지는 평온을 느꼈다. 어느 시인이 읊었던 시 한 구절이 떠올랐다. '똑, 똑, 가지 꺾는 소리뿐/ 이 과수원은 너무도 조용합니다./ 혹시 이런 곳에서 몸에 배인 병이나 씻어 버리며/ 도깨비가 될 때까지 살고 싶지는 않으십니까.'

전수용 대표는 아들 대호 씨가 보이지 않자 큰소리로 아들을 불렀다. 쩌렁쩌렁한 목청소리는 메아리가 되어 언덕을 한 바퀴 돌아 제자리로 돌아왔다. 몇 번을 불러도 답이 없자 뭐라 중얼중얼 하셨다. 먼저 들어가 계시라고 하고 과수원

어딘가에 있을 대호 씨를 찾아 나섰다. 아직 바닥이 다 녹지 않은 경사진 길이라서 걸음이 조심스러웠다. 멀리까지 뻗쳐있는 사과나무들이 어림잡아 4천주 가까이 되어 보이는 농장규모에 감탄하며 걷다가 사과나무 사이에 있는 그를 발견했다.

농업기술센터에서 얼굴을 한번 마주했던 터라 마치 오래 알고 지내던 사이처럼 반갑게 손을 흔들며 왔다는 신호를 보냈다. 그는 보드복 차림에 선글라스를 끼고 귀에는 이어폰을 꽂은 채 사과나무를 돌보다가 꾸벅 인사를 했다. 마치 설원에서 한바탕 스키를 즐기고 나오는 사람처럼 겨울바람을 맞은 두 볼이 발그레하다. "작업하는 것이 아니라 운동하는 것 같아요. 폼 나는데요? 음악도 들으면서. 전정 작업하는 거죠?" "전정은 나무의 영양생장(수세)과 생식생장(결실성) 간의 균형을 잡는 작업이에요. 이렇게 해서 나무의 세력을 안정시켜야 결실성이 높아지거든요." 그가 전문가답게 설명하면서 약간은 어색한 듯 쑥스럽게 웃었다.

스승을 말하다

"큰 말이 없으면 작은 말이 큰 말 노릇 한다고 하지만 내가 어찌 몇 시간 만에 그분에 대해 다 말할 수 있겠는가?" 송재득 선생에 대해 듣고자 한다는 말을 꺼내자마자 전수용 씨의 눈길이 아직 겨울에 머물러 있는 창밖을 향했다. 단호하고 강해보이는 첫인상과는 달리 스승의 얘기를 할 때는 아련하게 눈이 깊어졌다. 60이 넘은 지 오랜데도 아직 그분의 뜻을 다 헤아리지 못한다면서 송재득 선생을 '오늘날의 장수사과 역사 깊숙이 있는 분'이라고 설명했다.

장수사과 1세대라고 불리는 초로의 농부가 한없이 겸손해하며 꺼내놓는 스승

의 이야기에 분위기가 경건해졌다. "여러 방면에서 무한한 능력을 갖추신 분이
지요. 겉보다는 내적인 부분이 성숙한 분이셨어요. 선견지명이 있으셨고요." 송
선생은 제자들을 이끌고 불모지 장수를 찾아와 기후와 지세를 살피고 나서 "사
과는 한지형이므로 차가운 여기가 적지다. 여기다 사과밭을 일구자."고 했단다.
장수지역은 유일하게 고도가 높은 곳이라서 온난화가 몰려와도 3~40년은 끄떡
없으니 사과농사 짓기에 이보다 나은 땅은 없다면서 장수에 살기로 한 것이다.

"스승과 우리 8명은 험한 산을 과수원으로 개간하고, 일생을 사과연구에 열정
을 바치며 신이 나게 일했다. 그러나 선생님은 건강을 과신한 탓에 몸을 미리 살
피지 못하고 병을 얻게 되어 그만 생을 마감하시게 되었다. 다급하게 병원으로
모셨는데 그 연세가 될 때까지 병원에는 방문한 흔적조차 없었다. 죽음의 징조
가 오는데도 "나도 이제 누군가가 면회 오겠네."하고 웃으며 그렇게 의연하게 죽
음을 맞이하셨다."

소중한 사람이 떠난 후에도 여전히 그 땅 위에 봄이면 사과꽃이 피고, 가을이
면 가지마다 열매가 탐스럽게 익어가는 걸 보니 그분이 아주 떠난 것은 아니라
는 생각이 든다고 전 대표는 말했다. 해가 지나고 또 지나도 그분의 말씀은 살아
있어 이렇게 다시 가슴을 울리고 있다면서 생전에 스승이 하신 말씀을 나지막하
게 읊조렸다. "남이 알아주지 않아도 화나지 않으니 그것도 자연이다. 순리를 따
라야 한다." 이어서 전수용 대표는 마치 어제의 일인 것처럼 스승과의 이야기를
풀어놓았다. 아래는 그에게서 전해 들은 내용이다.

송재득 선생과의 인연

●● 송재득 선생은 전국 사과밭을 컨설팅하러 다니는 지도자였다. 예전에는

돈도 있고 땅도 넉넉한 사람들이 과수원을 운영했는데, 전문성이 없다 보니 선생 같은 분을 모셔다가 강의도 듣고 농장경영에 도움을 받았다. 송 선생과 전 대표가 인연이 닿았던 것은 회장단들이 경영하는 경기도 이천 일원에서 사과밭을 관리할 때였다.

그곳에서 처음 만나 배우기 시작했고, 함께 전국을 돌아다니며 전정을 하게 되었다. 송 선생이 이끄는 그룹은 일 잘하기로 이미 알려졌어서 자가용을 타고 와서 데려갈 정도로 좋은 대우를 받았다. 입소문만으로도 전지작업 요청이 쇄도할 만큼 유명세를 치르고 있을 즈음에 장수 엄재우 씨의 농장에 일하러 왔다가 장수가 사과농사 짓기에 최적지임을 간파하고 8명의 제자와 함께 터를 잡게 되었다. 나무의 형태나 자라는 모양이 다른 지역과 사뭇 달라서 그 이유를 분석해 본 결과, 기후 조건이라는 결론을 내렸다.

키부츠 농업에 관심이 있던 그들은 3만 평의 땅을 사서 제비뽑기로 8명의 몫으로 나누고, 공동으로 생산하고 출하하기로 약속한 후, 협업농장인 거연농장의 문패를 달았다. 장수의 사과나무는 국광과 홍옥으로 시작해서 송 선생이 왜성 사과(키 작은 사과나무)에 대한 연구를 하고 보급했으며, 지금과 같은 방추형에 이르게 되었고, 거듭 기술을 발전시켜 최고의 품질을 자랑하는 브랜드를 확보하게 되었다. ●●

전 대표는 거연농장의 역사가 고스란히 담겨있는 이야기 한 편을 쉬지 않고 단숨에 이어갔다. "농지는 만드는 것이고, 지세를 읽을 줄 알면 땅은 변한다고 하시면서 골짜기를 연결해서 평지로 만들자고 하신 선생님의 말씀대로 우리는 그 일을 해냈어요." 장수는 작은 땅들만 있어서 그 방법 밖에는 달리 수가 없었다. 그나마 장비가 좋아졌으니 가능했지 처음에 산에 올라 장수를 발아래로 굽어보며 말씀하실 때는 걱정이 없었던 것은 아니었다. 선생은 제자들의 마음을 읽고 "장수는 사과로 이름을 떨칠 것이다." 하며 용기를 북돋아 주었다.

전 대표는 장수의 사과농가가 고소득을 올릴 수 있게 되기까지 송 선생이 이바지한 것이 많다고 강조했다. 즙을 짜기 위해 건강원이 생기고, 모임이 많아지다 보니 식당들도 활기를 찾게 되고, 이 모두가 그때부터 태동하기 시작한 것이나 마찬가지라며 자랑스러운 표정을 짓는다. "지금 장수를 보세요. 골짝마다 사과밭이요, 저장소예요. 믿을 수 없이 감동적이지 않습니까?"

송 선생은 술자리 건배로 '나눔의 세상을 살자.'고 하셨단다. 나누면 나눌수록 풍요로워지는 것이 바로 농민의 삶이라고 하며 늘 나누기를 권유하셨다. "곁에서 듣고 배웠으나, 살다 보니 그 한마디도 제대로 실천하기가 어려웠던 게 사실이고, 떠나시고 나니 그 말씀이 더욱 깊게 가슴에 새겨지더라." 얕은 한숨을 내쉬는 전 대표의 모습에서 회한과 그리움을 읽을 수 있었다. 나이가 들면 앞으로 살아갈 날들보다는 과거의 시간에 더 오래 머무르게 되는 일이 잦아지듯이 오늘 전수용 씨가 그렇다. 스승의 생각에서 좀처럼 빠져나오지 못하는 전 대표에게 개인적인 질문을 꺼냈다. 잠시 생각에 젖었다가 두루마리를 풀듯이 자신의 역사를 슬슬 풀어놓았다.

전수용 씨의 스토리

전수용 대표는 경남 합천이 고향이다. 태산을 넘지 않으면 바깥세상으로 나가지 못할 정도의 산골짜기 깊은 마을에서 공부하겠다는 핑계로 서울로 상경했다. 좀 더 솔직하게 표현하자면 가출이다. 그는 서울에 올라와 마포 직업소년학교에

서 기숙했다. 우방국 지원물자인 밀가루와 분유가루를 끓여 먹으면서 공부보다
는 딴짓을 더 많이 했다. 그 시절에 환경이 불우한 청소년들이 그랬듯이 질이 좋
지 않은 삶을 살았었고, 미래가 불투명한 상태가 연속되자 어떻게든 사람이 되
어보겠다는 결심으로 군에 지원했다. 철원에서 헌병으로 근무하면서 개과천선
하리라 마음을 다잡고 보니 자신은 절로 들어가야 할 사람이 아닌가 하는 생각
이 들었다. 그때 지금의 아내를 만났다. 보초를 서고 있다가 앞에 지나가는 아가
씨 걸음에 맞춰 호루라기를 부는 수작으로 걸음을 멈춰 세웠다. 친척을 따라 비
무장지대에 농사를 지으러 온 처녀였는데 어쩌다 보니 아내가 되었다.

그 이후 그의 인생이 다른 궤도에 접어들기 시작했다. 아내가 고향에 내려가서
농사를 짓자고 졸랐고, 내려간 지 45일 만에 2천 평을 개간했다. 두 자루의 삽이
숟가락만 해질 때까지 밤낮을 가리지 않고 일했다. 그러나 깨농사, 수박농사를 1
년 내내 지어봐야 당구 한 게임해서 이긴 것만 못하자 슬슬 회의가 들기 시작했
다. 평생을 이렇게 살아야 한다면 답답해서 어쩌나 하는 고민도 했지만, 자신만
믿고 따라와서 고생하는 아내도 있고, 아직은 실패한 삶이 아니라는 생각이 들
었다. '설령 앞으로 실패한다 치더라도 이런 고뇌 없이는 절에도 가지 못하는 인
생이 될 것이다. 이 모두는 과정일 뿐이다.' 라는 생각을 하게 되었다. 나물 먹고
물 마시고 하늘 보고 누우니 가슴이 편해졌다.

평온이 찾아오고 얼마간의 시간이 지난 어느 날, 대전 친척 집에 갔는데 친척
뻘 되는 아주머니께서 보육원 사과밭에서 농사 한번 지어 보겠느냐고 물으셨다.
그래서 2년 동안 주경야독하면서 열심히 일했고, 농사도 제법 잘 되는 듯싶었다.
그러나 주변에서 계속 염려하는 소리를 듣게 되었다. 그러자 공부를 더 해야겠
다는 오기가 생겼다.

우리나라 하우스농사의 시초라고 할 수 있는 사람을 찾아 나섰다. 수소문 끝에 대통령상을 받은 사람이 있다는 정보를 얻어냈다. 그는 비닐이 귀한 시기라서 문종이에 기름을 먹여서 비닐 대신 사용했다는 기발한 발상의 소유자였다. 근처의 사과밭을 뒤지다가 구봉농원 가서 꼬치꼬치 물으니까 제일농약사에 가서 선병문이라는 사람을 만나보라고 알려 주었다. 호기심 반, 설레는 마음 반으로 선병문 씨를 찾아갔다.

그때 한참 사과꽃이 필 때였는데 대뜸 "꽃이 많이 피었지요? 농약이나 갖다 치세요." 하면서 농사를 모르니 좀 가르쳐 달라는 부탁을 무색하게 만들었다. 꾹 참고 있던 못된 성질이 불쑥 올라와 바로 멱살잡이를 하면서 "갈래 안 갈래, 아는 게 다냐? 그게 아는 거냐?" 소리를 버럭 지르고 말았다. 모셔왔다고 얘기하고 싶지만, 사실은 강제로 끌고 온 것이나 마찬가지였다. 실용농업의 대가인 선병문 선생을 완력으로 스승 삼은 셈이다.

술도 마시며 친밀해지고 나서야 제대로 지도를 받게 되었다. 2년 후의 결과는 사과를 살 사람들이 와서 따갈 정도로 대성공이었다. 밭이 시내에 있었던 이유도 있었지만, 사과의 맛이 좋다는 평을 들었기 때문에 그후 자신감이 더 붙었다.

유혹은 어딘가에서 숨어 있다가 귀신처럼 빈틈을 찾아 비집고 들어온다더니 딱 그랬다. 돈 모으는 맛을 알게 되니 돈 되는 일이라면 솔깃해졌다. 누가 함바집에서 식사를 맡아달라고 해서 뚝뚝 땀 흘리며 열심히 일했다. 조금만 더 고생하면 내 일을 할 수 있다는 기대감에 힘든 줄 모르고 했다. 그러나 결과는 건축주에게 속아서 그동안 벌어놓은 돈 다 날리고 두 손 두 발 다 들고 나오게 되었다. 겁도 두려움도 없이 살던 시절도 있었지만 성실하게 번 돈을 잃고 나자 눈앞이 캄캄했다. 어쩔 수 없이 다시 선병문 씨를 찾아가서 "밥 묵을 일자리 하나 알려 주소." 했다. 그때 소개받아 간 농장에서 송재득 선생을 만나게 되었다.

아름다운 상상이 세상을 더 아름답게 만든다

여러 번 들었던 이야기일 텐데도 아들 대호 씨는 흐트러짐 없이 아버지 말씀을 듣고 있었다. 대부분의 옛날 얘기들은 불행하거나 고생에 찌든 궁상스러운 내용이라서 젊은이들이 반복해서 듣기 싫어하는데 대호 씨는 오히려 경건한 표정이다. 어른들 앞이라 말을 아껴서인지 나이답지 않게 과묵해 보여서 말을 붙이기가 쉽지 않았다. 한때는 강한 성격의 아버지와 의견 대립도 없진 않았지만 지나고 보니 이해가 되더라고 했던 말이 생각났다.

"아버지께서 함께 열심히 일하시니 좋아요. 그러나 성과에 대해서는 저도 인정하지만, 목표 설정이…." 그 아버지에 그 아들이라는 생각이 들어서 피식 웃음이 새어 나왔다. "아버지 그늘 아래서 배운 것이 많아요. 어떤 교육보다도 정확하고 현장성이 있어요." 잠시 장난기가 발동해서 전 대표에게 아들한테 배운 것은 없느냐고 물었다. "판매, 유통은 나보다 나아. 그것뿐이지 아직은 내가 … 그러나 상상력은 아들이 더 풍부하죠." 대호 씨가 곁눈질로 힐끗 아버지를 보면서 모처럼 얼굴에 미소를 올려놓는다. 부자 사이에 꽃봉오리가 맺혔다.

한 번의 실수로 일 년 가슴앓이하는 것이 농사

군에서 5·3정책에 대한 얘기를 듣고 왔었기 때문에 농가에서 체감할 수 있는 지원은 어떤 것이 있었는지 알고 싶었다. 시선을 대호 씨한테 먼저 옮겼다. 대호 씨는 한 치의 머뭇거림도 없이 사과클러스터 사업단을 첫 번째로 꼽았다.

●● 학업을 마치고 내려와서 과수원을 재정비하느라 일부 오래된 나무를 뽑아

내고 새로 사과나무를 심게 되었다. 그때 비용면에서 지원도 받았고, 어린나무가 자라서 열매를 수확하기까지는 수익이 줄어들기 때문에 직장엘 다녀야 했는데 그 직장이 사업단이었다. 그곳에서 일하면서 품질지도 관리사 자격을 얻었고, 사과농사에 대해 더 전문적으로 고민하고 공부하게 되었다. 후에는 군의 도움으로 연수도 다녀왔다. "밭을 만들 때 자금을 지원해 주는 것도 필요하지만, 저의 경우는 교육을 받도록 지원해 주는 것이 더 큰 도움이 되었어요." ••

그 말을 듣는 순간 소득수준에 따라 지원정책을 달리하는 5 · 3프로젝트의 구분지원 내용이 떠올랐다. 필요한 곳에 필요한 것을 필요한 만큼 주는 것, 그것이 5 · 3정책의 섬세함이었다.

물론 대호 씨의 경우에는 아버지가 닦아놓은 기반 위에서 시작했기 때문에 초기 부담이 적어서 그런 생각이 들었겠지만, 그가 교육의 중요성을 강조하는 데에는 나름의 이유가 있었다. "농수산대학을 다니면서 배운 것도 있어요. 하지만 한 가지 작목을 선택해서 원하는 결과를 얻으려고 하면 알아야 할 것들이 너무 많아요. 이론과 현장이 다른 경우도 있고요. 양쪽 모두를 체계적으로 공부하지 않으면 목표달성은 어렵게 되지요. 실수는 한 번이지만 농사는 최소한 1년 이상 가슴앓이를 해야 하거든요." 전 대표가 사과나무만 잘 키운 것이 아니라 자식농사도 잘 지었구나, 참 든든하겠다는 생각에 부러움이 앞섰다.

장수로 와주셔서 감사합니다

대호 씨 어머니도 장수사랑이 대단하신 분으로 알려졌다. 우연히 인터넷을 검색하다가 관련된 일화를 발견했다. 2년 전 사과교육장 개장일에 있었던 일이다.

전수용씨 가족들과 함께

장수에 살기로 결심하고 이사를 했지만 모든 것이 낯설고 어색하기만 한 귀농인
들도 함께 한 자리였다. 한 귀농인에게 대호 씨 어머니께서 술을 한 잔 따라주시
면서 인사를 했다. "장수로 와주셔서 감사합니다." 짧게 나눈 인사였지만 귀농인
에게는 따뜻하고 인상 깊게 새겨졌다.

정치인도 아니고 공무원도 아닌 평범한 아주머니께서 그렇게 맞아주신 것에
대해 크게 감명을 받은 귀농인이 카페에 사연을 올려서 이야기가 알려지게 되었
다. 귀농인에게는 그 어떤 환영인사보다도 가슴이 뭉클했을 것이다. 평생 잊지

못할 분이라며 그는 마지막에 이런 다짐의 글을 써놓았다. "이런 분처럼 귀농하는 사람을 대해 주면 얼마나 좋을까? 마음속으로 약속했다. 전대호 어머니를 실망시켜 드리지 않기로….."

아버지와 아들

"어른들이 하신 고생이 표시가 안 날 때 속상하죠." 대호 씨는 농업인 나이로 계산하면 청년이 분명한데 부모님 영향을 받아서인지 생각이 바짝 여물었다. 부모님이 겪으신 고생을 알고 있고, 함께 일하면서 농업철학과 인생철학을 새겨들었으니 속은 벌써 철두철미한 농군이었다.

▶▶ 전수용 씨를 만나고 몇 달 후, 아들 대호 씨의 페이스북에서 아버님이 편찮으셔서 병원에 계시다는 소식을 접했다. 빨리 쾌유하셔서 그 겨울 농장을 울리던 쩌렁쩌렁한 목소리로, 이 가을 사과가 익어가는 과수원에서 "대호야!" 부르는 소리가 두 겹 세 겹의 메아리로 다시 울리길 기원한다.

▶▶ 탈고를 앞두고 있던 10월, 전수용 씨가 사과밭을 떠나셨다. 다시 뵙겠다고 인사를 하고서는 생전에 한 번 더 찾아뵙지 못한 미안함이 오래 남을 것 같다. 삼가 고인의 명복을 빌며, 그의 아들 대호 씨가 아버지의 뜻을 이어받아 장수사과의 빛나는 주인공이 되길 기원한다.

장수사과시험포에서

아랫글은 다음 블로그 〈쟈스민 향기〉에서 옮겨온 장수사과 시험포 분양체험 후기다.
글과 사진을 흔쾌히 허락해 주셔서 감사하다.

오늘은 장수사과시험포에 사과를 따러 가는 날이다. 아침 일찍 일어나 찰밥을 찌고, 훈제오리 한 마리와 아이들이 좋아할 만한 먹거리들을 챙겨서 아들네와 같이 갔다. 손자 손녀도 기분이 좋은지 차 속에서 계속 노래를 흥얼거린다. 장수사과나무는 1년 단위로 도시소비자에게 인터넷 사이트(www.myapple.go.kr)를 통해 분양한다. 직접 가서 열매솎기, 주말관찰, 수확체험 등을 할 수 있다. 시간이 안 되는 사람은 가을에 수확날짜를 맞춰 방문하여 사과를 수확하면 된다.

우리와 아들네는 만월(주당 10만 원)과 후지(주당 7만 원)을 각각 한 그루씩 신청하여 분양에 성공했다. 오전 10시부터 전국에서 동시에 신청하지만, 시작 5분 만에 완료될 정도로 인기가 높기 때문에 공고가 뜨면 서둘러야 한다.

이른 아침이어서 그런지 장수- 통영 간 고속도로는 앞이 안 보일 정도로 안개가 많이 끼어 있었다. 장수로 가는 길은 터널이 무려 11개나 되었다. 사과를 딴다는 들뜬 기분 때문에 교통상황은 크게 문제 되지 않았다. 장수읍에 들어서니 여기저기에 장수임을 알리는 한우와 사과 모형이 눈에 들어왔다. 장수사과시험포를 운영하는 장수농업기술센터 안내판은 쉽게 눈에 띄어서 찾는 데는 어렵지 않다.

새로 신축한 장수농업기술센터

8시 30분에 도착했다. 우리가 집으로 갈 때쯤이면 사과 따러 오는 차들로 길이 많이 밀리기 때문에 아침도 거르고 서둘러 출발했다. 그 덕에 우리가 첫 번째 방문객이다. 오늘 우리가 수확할 사과

품종은 만월이다. 우리 번호는 5-5-19, 5-5-20... 5열이 만월이다. 직원과 아르바이트생들이 분양자들의 수확을 돕기 위해 준비하는 동안 시험포를 둘러보았다.

사과따기에 적합한 기구와 사과를 담을 상자　애기사과

이곳에서 놓아먹이는 오리와 닭들은 사과를 먹고 산다고 한다. 좋은 환경에서 좋은 먹이를 먹고 자라니 고기 육질이 부드러워 정말 맛있을 것 같다. 이곳에서 드라마 〈아가씨를 부탁해〉를 촬영했다고 한다.

바로 그 사과나무

드디어 아르바이트생이 하나 따라 붙었고, 우리는 사과를 따러 갔다. 손자랑 손녀도 앞을 다투며 따라 나섰다. 풀잎에 이슬이 많아서 옷이 젖을까 염려되어서 안고 가려고 해도 우리 손자는 내 손을 뿌리치고 그냥 앞서 걸어갔다. 처음으로 사과를 따 보는 우리 손녀, 입이 귀에 걸렸다.
장수사과나무는 키가 그리 크지 않기 때문에 따기 쉬워서 아이들이 체험하기에 안성맞춤이었다. 손으로 따는 게 제일 안전하게 수확하는 방법이고, 높은 곳에 있는 사과는 도구를 이용해서 뚝~~. 수확한 사과를 플라스틱 상자에 담았다. 모두 땄더니 아들네는 두 상자, 우리는 이렇게 한 상자 반이다. 애초 시험포로 오는 차 속에서 어느 나무에 사과가 많이 달렸을까 상상하면서 19번은 우리, 20번은 아들네 것이라고 정하고 왔었다. 말은 하지 않았지만 모두 자신들의 나무에 열매가 많이 달려있기를 기대했을 것이다. 따고 보니 아들네가 더 많다. 이것을 보고 복불복이라 하나? 수확한 사과를 종이사과박스에 담았더니 세 박스씩 나왔다. 우리 것이 양이 적어 보였는지 시험포 측에서 조금 채워 주었다. 넓디넓은 사과밭은 푸른 가을 햇살에 빨갛게 제 몸을 드러낸 사과 향기로 가득했다.

수확 후, 넉넉해진 마음으로 사과밭을 나왔다. 아점을 먹으러 가까운 장수 방화동 계곡으로 이동했다. 장수 방화동 휴양림 입장료는 성인 2,000원이다. 시원한 물이 흐르는 계곡 옆에 준비해 온 자리를 깔고 늦은 아침을 먹었다. 얼마 전까지 시원하게 흘렀을 물살이 이제는 차갑게 느껴졌다. 계절의 순환 앞에서는 그 질서를 어느 누구도 거스를 수가 없다는 느낌을 새삼 받았다. 이번 주만 지나면 그렇게 기승을 부리던 늦더위도 한풀 꺾일 거란 생각을 하며 물소리를 감상했다.

집으로 돌아와 사과를 저장하기 위해 꼭지를 자르고, 수건으로 닦아서 다마살이 (크기별로 고르는 것)를 하였다. 이렇게 며칠 상온에서 숙성시킨 후 냉장고로 들어가야 맛이 제대로 난다. 몇 개 깎아 먹어 보니 사각거림이 과연 으뜸이다. 과즙도 많고, 새콤달콤 너무 맛이 있다. 아이들을 위한다고 잡은 행사에 어쩌면 내가 더 신이 났는지도 모른다. 몸은 조금 피곤해도 잘 다녀왔다는 생각이 든다.

도농체험현장 1번지-장수사과시험포

장수사과시험포는 장수군의 특산품인 사과나무 분양사업을 통해 농촌문화체험을 활성화하고 도농교류를 통한 장수사과 홍보를 극대화하기 위한 사업이다. 군은 그동안 장수사과 사이버팜

사과시험포 〈사과수확체험〉

사과시험포

(http://www.jsapple.org/)을 통한 사과나무 분양으로 기존 농산물 거래방식에서 탈피, 사이버 공간에서의 직접거래와 사과 수확체험 등 체험기회 제공 확대로 청정장수의 브랜드화에 노력해 왔다. 장수사과시험포는 농가 교육의 장으로도 활용되고 있으며 지자체 경영수익사업의 한 예로 벤치마킹 대상지로 부상하고 있다.

2. 한우이야기

한우의 역사

일소는 사라졌다

벌건 황토밭에서 쟁기와 써레를 끌던 소는 사라졌다. 꿀렁꿀렁 흙길을 걷던 소 달구지도 사진과 영화 속에만 있다. 소가 할 일이 없어진 농촌에는 우사에서 나란히 사료를 먹고 자라는 소들만 있다.

그러나 추억의 장면이 사라졌다고 아쉬워할 일만은 아니다. 소의 역할이 달라진 것일 뿐, 아직도 우리의 배를 불리고, 몸을 따뜻하게 하고, 자식을 공부시키는 소다. 농부들은 소가 아프면 밤새 걱정하고, 놀다가도 소밥을 주러 종종걸음으로 달려오고, 송아지를 낳으면 기특해서 눈물겹다. 단지 키우던 소를 내다 팔 때 정을 떼는 일이 예전보다 조금 쉬워졌을 뿐이다.

소의 사육 목적은 시대에 따라 달라

한우의 역사를 살펴보면 일소만 있었던 것은 아니다. 문헌상으로는 기원 전후에 한민족의 생활영역 전역에 걸쳐 소 사육이 일반화되었다고 알려졌다. 주로

장수 한우

제물로 사용되거나, 수레 등을 끄는 만용 輓用 : 짐을 끄는 용도 이나 태용 馱用 : 짐을 싣고 나르는 용도
으로 쓰였다. 일부는 식용으로 이용되기도 했다.

　그 후 농경이 본격화하면서 사육 목적이 바뀌게 되어 농경용 역우 役牛 : 노역이나 농사에
사용하는 소 인 한우로 변화되었다. 이후에는 무역품(우황)으로도 쓰이고, 고기와 가
죽을 이용하여 의식(衣食)을 해결하기도 했다. 소의 부산물로 약재를 만들어 활

용한 기록도 있다. 불고기의 전신인 맥적이 고구려의 음식으로 기록된 것을 보면 귀하긴 했지만 음식재료로 쓰인 역사가 오래다.

먹지 말라고 하지만

소는 오래전부터 재화로 쓰일 만큼 귀중한 것으로 취급됐다. 고구려에서는 소와 말을 죽인 자를 노비로 삼았고, 고려 시대에도 남의 마소를 훔칠 경우 엄격한 법이 적용됐다. 조선왕조실록에는 농경과 관련된 소의 이야기가 자주 나오는데, 경작에 중요한 역할을 담당하기 때문에 사용가치가 커서 따로 식용을 위해 사육되지는 않았다고 한다.

그렇다고 쇠고기를 먹지 않았던 것은 아니다. 소에 관한 자료 가운데 도살금지에 관한 것이 가장 많았던 것을 보면 그만큼 쇠고기에 대한 수요가 많았음을 뜻하기도 한다. 식용을 위한 쇠고기를 파는 정육점인 '현방'은 국가로부터 허가를 받은 공식 가게로서 시전에 속한다. 서울에 현방을 23곳이나 두었으면서도 밀도살을 금지한 것으로 보아 상당한 쇠고기 수요가 있었다는 것을 짐작할 수 있다.

왜 황우만 남았을까

우리가 기억하는 한우의 이미지는 선한 눈 껌벅거리면서 낮고 깊은 소리로 울던 누렁이다. 영화 〈워낭소리〉에 등장한 소처럼 농부의 가장 친한 벗이며, 자가용이었던 황소 말이다. 우리의 토종 소로는 얼룩빼기 칡소, 검은 소도 있었다. 유독 황소만이 많이 남아있게 된 이유는 일본에 있다고 한다. 일제강점기 때의 수탈 품목 중에 가축도 있었는데, 한우 750만 마리를 가져가서 군수물자로 활용했다는 사실이 적힌 책자가 일본에서 발견되었다.

한우와 소가죽은 일본으로 반출되는 품목 중에 쌀, 콩 다음으로 중요한 것이었다. 칡소나 흑소보다는 황소 가죽의 질이 좋다고 알려져서 황소는 가죽으로 가져가고, 칡소는 산 채로 가져가서 일본 화우를 개량하는 데 쓰였다고 한다. 우리 땅에서 칡소와 흑소가 거의 멸종상태에 이르게 된 것은 일본이 계속적으로 더 많은 칡소를 수탈해 갔기 때문이다. 그 후, 흑소나 칡소 외에도 여러 품종이 사육되기도 했지만, 열성인 품종들은 멸종되고 현재의 황우만 남아있다.

계속적인 개량사업으로 수입육과 겨루다

우리 한우가 수입육과의 경쟁에서 뒤지지 않는 첫 번째 이유는 유전적인 우수성 때문이다. 둘째는 수십 년 이상 지속된 육질 고급화를 위한 품종개량에 있다. 소비자가 선호하는 고유의 맛과 풍미를 보유할 수 있도록 지속적으로 노력했기 때문이다.

80년대 이후 한우 개량사업은 활기를 띠었다. 우수종 모우를 선발하고 암소개량을 추진했다. 87년에는 최초로 보증종 모우를 생산하고 농가에 보급했다. 그 후 농협과 농촌진흥청에서 황우를 중심으로 한 개량사업을 전격 실시함으로써 소의 크기는 물론 식용으로서의 육질도 향상되었다. 그 결과로 현재는 200여 개의 지역 브랜드를 갖는 고급육 시장을 형성하게 되었다.

장수한우,
고원에 우뚝 서다

한우 차별화와 지역브랜드

지역축산업의 대명사는 단연 한우다. 광역브랜드에서부터 지역브랜드에 이르기까지 200여 개가 넘는 한우브랜드 사업체가 있지만, 국민축산물로 꼽히는 돼지나 닭은 대부분 기업브랜드이지 지역브랜드는 몇 개 되지 않는다.

한우가 이렇게 많은 지역브랜드를 가지고 경쟁하게 된 이유는 2001년 수입자유화로 수입육이 증가한 것과 무관하지 않다. 그에 대한 대응으로 지역이 한우의 우수성을 내세운 차별화 정책으로 시장경쟁력을 갖고자 노력했기 때문이다. 다른 이유로는 지자체 실시 이후에 집단으로 한우를 사육하게 됨으로써 판로를 개척하려는 방법을 모색했기 때문에 나타난 현상이라고 볼 수 있다.

명품 자리를 두고 치르는 치열한 경쟁

한우 축산의 최대 지역은 경주를 비롯한 경북지역이다. 특히 경북 산업 지역인 안동과 영주에는 한우 거리를 따로 형성할 만큼 사업이 활성화되어 있다. 축산은 비교적 비옥한 농지가 적은 지역에서 대체 산업으로 발달하는데, 경북이 바로 이런 경우에 속한다.

널리 알려진 강원도 횡성한우는 옛날부터 큰 우시장을 형성하고 있었고, 수도권에서 가깝다는 지리적 위치 때문에 지역브랜드화에 비교적 쉽게 진입한 사례다. 지금 한우 시장은 브랜드를 지닌 지역들이 저마다 정착, 입증, 인증, 선정 등의 문구로 자신들이 최고의 명품 한우임을 내세우는 치열한 경쟁 상태에 있다.

한우유전자뱅크

드디어 장수한우

이미 막강한 위치를 점령한 굵직한 브랜드를 제치고 국내 최고의 품질을 인정받으며 왕관을 거머쥔 한우가 있다. 해발 650m의 고지대의 청정 환경에서 항생제 없이 키워진 장수 한우다. 1979년 한우계통 번식지구로 선정된 장수는 1993년에 고급육 생산사업장을 만들어 전국 최초로 *한우계열화사업을 시작했다. 1998

년에는 품질인증을 받았고, 2005년에 상표등록인증, 2006년 한우능력평가대회 대상, 명품한우 인증, 2007~2009년 친환경 축산물 인증을 비롯하여 여러 가지 상을 휩쓸면서 안전한 축산물로 최고의 명예를 얻었다.

한우계열화사업이란?

한우계열화사업은 수탁사업자, 위탁사업자, 판매사업자로 구성되어 있다. 수탁사업이란 개인, 축협, 지자체 등이 수탁사업자가 되어 한우를 사들여 위탁농가에 사양비를 주고 출하 때까지 관리를 맡기는 방식으로 이루어진다.

장수는 축협에서 기른 소가 낳은 혈통 좋은 송아지를 팔지 않고 농가에 보급하여 기르게 함으로써 농가는 위탁소득을 얻고, 군은 장수한우의 우수한 품질을 관리하고 유지했다.

위탁업자인 축산 농가는 사양시설은 갖추고 있는데 소가 부족하거나, 축산을 하고 싶은데 초기비용이 부담스러운 경우에 계열화 사업에 동참해서 종잣돈을 마련하거나 목장을 키워 나갔다. 장수군에서는 이들 농가에 송아지와 함께 사료와 사양기술을 보급하고 믿을 수 있는 판매업자를 연결하여 유통을 안정시킴으로써 장수한우의 브랜드화에 크게 이바지했다.

장수에 한우유전자뱅크가 있다?

2004년, 정부에서 1년에 30억 원씩 지원하는 신활력사업을 실시할 때 장수는 한우를 택했다. 낙후지역 70개를 선정해서 지역이 자율적으로 추진조직을 만들어 사업품목을 선정하고, 집행하도록 하는 것이 '신활력사업'이었다. 지금 우리가 알고 있는 지역특화 브랜드의 대부분은 바로 이 신활력사업으로 만들어진 것들이다.

　장수는 이 사업에도 사과클러스터처럼 한우클러스터사업단장으로 오랫동안 축산 업무를 담당했던 젊은 민간전문가를 영입했다. 2005년 장수한우클러스터사업단이 출범하게 됨으로써 연계 협력은 활기를 띠게 되었고, 다시 또 국내 최초라는 기록을 만든 한우유전자뱅크를 설립하게 되었다.

비가 갠 뒤 땅이 더 단단해진다

　장수한우의 성공 요인을 꼽자면 축산업에 적합한 천혜의 자연환경과 더불어 군의 정책사업을 신뢰하고 따라준 지역민들의 꾸준한 노력이다. 정부지원금을 받아 일을 하다 보면 오해와 갈등이 생기기도 하는데, 단체장이 축산전문가라서 축산농가에만 유리한 사업을 한다는 오해와 축사의 축분과 악취는 어떻게 처리할 것이냐 등의 원망과 우려가 있었다.

　장수의 위대한 힘은 이 부분에서 두각을 나타냈다. 한우로 중심축을 만들면 순환농업이 가능해지고, 장기적으로 보면 다른 품목의 농가에도 이롭다는 꾸준한 교육과 설득이 불협화음을 잠재운 것이다. 비 온 후 땅이 더욱 단단해지는 것처럼 장수는 갈등과 마찰 후에 더 강한 힘으로 새로운 일들을 시작하게 되었다. 상호 이해와 뜨거운 학구열이 없었다면 오늘의 명성은 이렇게 빨리 얻어질 수 없었을 것이다. 정책의 핵심을 이해한 농가에서는 공부하는 열풍이 불었고, 한우사업단은 본격적으로 달리기 시작했다.

한우클러스터사업단에서는

　한우클러스터 사업단은 브랜드규약을 만들어서 과감하게 관련 사업들을 펼

쳤다. 국내 최초로 생산이력시스템을 도입해서 전 농가를 관리 지도했으며, T.M.R사료 Total Mixed Ration : 완전 혼합사료 를 자체 개발하여 저렴하게 공급했다. 유전자뱅크를 통해 우량 정액을 농가에 무상으로 공급했고, 전 두수에 브루셀라 채혈 검사를 하는 등 질병 관리까지도 맡았다.

한우유전자뱅크에서 순수 장수한우를

유전자뱅크(조성 : 2007년~2010년)는 장수한우라는 브랜드를 장기적으로 유지하기 위하여 우수 형질의 송아지 생성에 필요한 번식우를 개량하고, 부족한 밑소 소를 기를 때 밑바탕이 되는 소, 비육용 송아지나 번식용 암소 등 를 확보하고자 하는 목적으로 군에서 주도한 국내 최초의 한우 유전자 개발 연구 사업단이다. 뱅크 설립 당시에는 가축 유전자에 대한 연구는 국가적인 과제라 여겨서 지역에서는 관심조차 없었고, 또한 관심이 있었다 하더라도 감히 사업추진에 대한 꿈도 꾸지 못했다.

그런데 장수군에서는 축산에 관련한 국가정책의 미지근한 속도를 앞질러서 현 실정에 맞는 독자적인 사업체계를 구축한 것이다. 다른 지역과의 차별화는 여기에서 시작된 것이나 다름없다. 군 스스로 장수한우 유전자원에 대한 탄탄한 기반을 세움으로써 청정지역이라는 환경만을 강조할 때보다는 훨씬 더 강력한 배경을 갖게 되었기 때문이다. 이는 농축산물 수입개방과 지역브랜드들의 불꽃같은 경쟁으로부터 장수를 더욱 빛나게 했다.

장수한우가 먹는 T.M.R사료

T.M.R사료 사업장은 맞춤형 사료 보급으로 한우 품질의 고급화에 크게 이바지했다. 완전혼합사료는 선진 낙농국에서는 오래전부터 이용되고 있으며, 우리

조사료 생산

나라에서는 86년에 경기도 일원을 중심으로 한동안 번성하다가 제조자나 농민의 이해부족으로 주춤해진 상태였다. 장수는 민간이 운영하는 사료 공장에 의지하지 않고 20년 전부터 꾸준히 TMR(완전혼합사료)을 개발해왔으며, 2010년에는 사료 공장을 건립하여 월 1천 톤에 가까운 사료를 생산하고 있다.

대부분의 공장이 수입되는 사료를 배정받아 사용하지만, 장수군은 청보리와 볏짚 등의 조사료 粗—: 지방·단백질·전분 등의 함량이 적고 섬유질이 18% 이상 되는 사료. 청초, 건초 따위 를 직접 생산

조달한다. 이 때문에 육질 고급화를 이루었을 뿐만 아니라, 20%나 저렴하게 농가에 공급함으로써 사료비 절감 효과로 농가 소득향상에 일조하고 있다. 장수군은 계속해서 사료 곡물 3모작 등에 관한 연구를 하고 있으며, 풀사료 생산기반을 확충하고 지원하여 농가경영비를 최소화시키고자 심혈을 기울이고 있다.

차별화된 마케팅으로 승부하다

빠질 수 없는 것이 유통문제다. 농산물 유통은 생산과 소비를 연결하는 기능뿐만이 아니라 배분 활동 기능과 정보전달 기능도 가지고 있다. 장수는 효율적이면서도 개성 있는 마케팅을 선택했다. 다들 사용하고 있는 식상한 광고 형태가 아니라 직접 소비자에게 접근하는 식당형 매장(용인 장수한우프라자)을 디자인한 것이다.

여러 지역브랜드가 경쟁적으로 홍보관 형태의 안테나샵(판매보다 상품·고객·지역의 정보 수집이 목적인 점포)을 만들었으나 대부분 단기적, 형식적으로 운영하고 곧 문을 닫았다. 장수가 다르다는 것은 이런 것을 말한다. 서울이 아닌 수도권에 유통망을 만들어 생산자와 소비자를 중간지점에서 만나게 했다. 그리고 생산지에서 먹는 효과를 얻을 수 있도록 우수하고 신선한 상품을 제공했다. 동시에 지역 특산물을 함께 공급함으로써 새로운 형태의 시장을 형성했다는 호평을 받고 있다.

농업지방공사를 향하여

장수는 그동안 직접 경험하여 쌓아온 역량을 바탕으로 한 단계 더 도약하려 한다. 새롭게 추진하는 작업은 유전자연구소와 TMR사료공장을 중심으로 한 한우클러스터 관련 사업을 '공사화'하는 것이다. 이 또한 전례가 없는 일로 장수가 만드는 또 하나의 최초 기록이 될 것이다.

지자체에서 기존의 역량과 시설을 한곳에 모아 공사를 설립하는 일은 국내에서는 처음 있는 일이다. 보통은 시설투자와 동시에 공사가 설립되는데 장수는 이미 그 배경을 모두 갖추고 시작한다는 점이 다르다. 장수군에서 10여 년 동안 추진했던 사업을 계속해서 이어간다는 이점도 있고, 안정적인 상태에서 성과를 내고 있는 시설 등이 있기 때문에 장수군 농업지방공사 설립은 타 지자체의 부실한 공사와는 엄연히 구분된다.

이제 장수 한우는 지방공사라는 견고한 조직으로 무장하여 대한민국 한우 역사의 새로운 장을 열게 될 것이다. 주변의 톱니바퀴들만 질서정연하게 돌아간다면 장수 한우가 세계무대에 오를 날도 멀지 않았다.

한우유전자뱅크에 저장된 꿈
장수한우사업단장 성영수

첫 만남은 빈손

한 줄짜리 좌우명도 없이 그저 흘러가듯 산단다. 친구들이 '이놈은 욕심도 없다'고 핀잔을 주어도 털털거리며 웃기만 한다. 인터뷰하러 왔다는데도 별로 할 말이 없다며 슬쩍 피하더니 마지못해 대답하는 것도 시큰둥하고 마디가 짧다. "복잡하게 따져가며 살 거 뭐 있나요? 생각 없이 주어진 대로 살아도 다 살아지잖아요." 간단하게 점심을 하면서 나눈 반주 한 잔에 풀어진 것인지, 원래 저렇게 낙천적인 것인지 도무지 분간이 안 되는 인물이다. "술이 맛있어서 마시나, 사람이 좋아서 마시지요." 한우클러스터 사업단을 맡은 그의 활동영역에 관한 얘기를 듣고자 왔다가 밥만 먹고 가게 되었다. 정식 질문에는 으레 딴소리라 다음을 기약해야 했다.

오, 바비큐 파리~~

봄맞이가 아직은 이르게 느껴지는 쌀쌀한 주말에 그의 갑작스러운 초대를 받았다. "이리로 올래요? 고기 한 점 하게요." 정식 인터뷰는 부담스러워 하더니 손님에게 고기라도 먹여 보내겠다는 생각을 한 모양이었다. 점심이 든든했던 터라 고기 생각은 없었지만, 시골 마당에 펼쳐진 바비큐 파티라는 말에 혹해서 달려갔다. 숯 피우는 연기보다도 마을 밖으로 새어나온 사내들의 우렁찬 웃음소리가 먼저 반기고 있었다. 덕분에 집을 찾는 수고는 덜었다.

아직 고기도 익지 않았는데 술잔은 이미 몇 바퀴를 돈 것 같았다. 마당에 둘러

성영수 장수한우사업단장

서있는 예닐곱 명의 사내들로부터 성영수 단장의 어릴 적 친구라고 번갈아가며 소개를 받았다. 특별히 약속을 한 것이 아니라 지나치며 한잔 할까 했던 말이 동창회를 해도 될 만큼 이렇게 커져 버렸단다. 서로 흉을 보기도 했다가 추켜세우기도 했다가 웃을 일도 아닌 말 한마디에 노래 제창하듯 한꺼번에 웃었다. 리액션이 정말 훌륭한 친구들이다. 남자들의 가볍고 유쾌한 수다에 빠져 들다 보니 덩달아 즐거워졌다. 벌겋게 달아오른 숯불에서 두껍게 썬 돼지고기가 먹기 좋을 만큼 익자 웃음 대신 젓가락이 오갔다. "이거 먹어라. 잘 익었다." 성 단장이 친구네 앞마당에서 김치 찢은 손가락 빨며 술을 마신다. 맛있다. 정말 맛있는 인생이다.

나, 사표 쓴다

그는 현재 장수한우 클러스터사업단 책임자다. 2005년, 민간조직으로 한우사업단이 구성될 때 장재영 군수의 제의로 오래 몸담았던 축협을 떠나 사업단에 합류했다. "와서 일할래?" "네. 가겠습니다." 이들이 나눈 대화는 짧고 명쾌했다. 사람들은 22년이나 다니던 직장을 그만두고 미래가 불확실한 곳으로 이직하는 것을 의아해하기도 하고, 애써 만류하기도 했다. 당시 축협에서의 직책이 상무였으니, 주변의 염려는 당연한 것이었다. 그는 대답을 미리 해놓고 아내에게 어떻게 설명할지에 대해서는 사흘을 고민했다. 그 사이에 군청에서 '신활력사업'을 해야 하는데 왜 안 오느냐는 연락을 받고 바로 아내에게 전화했다. "나, 사표 쓴다."

간이축사를 만들다

장 군수와 성 단장은 도대체 어떤 관계이기에 이런 일들을 흔쾌히 결정할 수 있었는지 궁금했다. "군수님은 개인적인 욕심 없고, 주민을 위해 일하는 사람인 줄 알고 있으니까 다른 걱정은 할 필요가 없었어요. 게다가 섣부른 일은 하시지 않을 거니까요." 그의 말은 사람에 대한 믿음으로 꽉 차 있었다.

장 군수와 성 단장은 장수축협에서 같이 근무했다. 장 군수가 축협장으로 있을 때 축협 직원들은 꽤 고생했다. 축협장은 아침 7시면 사무실이 아닌 목장으로 출근했다. 축사를 만들기 위해 산에 있는 바위를 캐내는 작업을 했는데 성 쌓듯이 쌓아놓은 돌무더기를 본 직원들은 크게 놀랐다. 당시 축협에서는 소 두수를 늘려놓아야 대형유통센터와의 거래가 가능했기 때문에 축사를 늘려야 했고, 축사를 새로 짓기 전에 있던 소를 옮길 간이 축사가 필요했던 것이다.

휴일에도 직원들에게 도시락 싸들고 나오라고 해서 공사장에서나 할 법한 고된 일을 시켰으니 누가 좋다고 했겠는가. 그 일을 근무 시간 외에 따로 매달려서 했으니 얼마나 고단했을지는 짐작이 된다. 간이 축사를 짓기 위한 나무를 지어 나르면서 더러는 다음 축협장 선거에서는 떨어졌으면 좋겠다고 수근거리기도 했다. 그때 성 단장은 깊은 뜻이 있겠지 싶어서 묵묵히 시키는 일을 했고, 그것이 두 사람 서로의 신뢰를 싹트게 했다. "목표 없이 그러는 것이라면, 그게 미친 짓이었겠지요."

시간이 흐르고 완성된 축사에 소들이 늘어났다. 계획대로 식품부가 까다롭다고 소문난 프랑스 기업 까르푸에 소를 최고 가격에 납품하게 되었다. 속사정이 어려웠던 축협에 힘찬 기운이 돌기 시작하자 월급에 상여금까지 받게 된 직원들 입에서 '이 양반이 최고지.' 하는 소리가 저절로 나왔다.

성 단장은 그때의 일을 회상하며 동네 개구쟁이들이 짓는 천진난만한 미소를 지어 보였다. '내 그럴 줄 알았지.' 하는 속마음이 여과 없이 그대로 나타났다. 지나고 나면 고생했던 순간들만 기억에 오래 남는다고들 한다. 그 사이에 목장 책임자가 여러 번 바뀌었고, 장수축협은 무진장축협으로 통합되었지만, 그들이 손수 지었던 나무 간이 축사는 지금도 그 자리에 남아있다. 성 단장은 어려운 일을 겪을 때마다 그 시절을 떠올리면서 초심을 기억하게 된다고 한다.

남자들끼리 통하다

장수한우가 까르푸 납품이라는 어려운 진입에 성공하여 오늘의 명성을 얻기까지 장수 출신이 아닌 한 사람의 큰 역할이 있었다. 용인에 있는 장수한우 프라자의 대표 선창규 씨에 관한 얘기다.

성 단장과 장 군수가 축협에서 일할 때 선 대표를 처음 만났다. 선 대표는 당시 이름 난 유통업자로 국내에 있는 좋은 소를 물색하러 다니던 중에 장수홍보물을 보고 찾아왔다. "처음 볼 때는 사기꾼인 줄 알았어요. 유통업자들은 대개 그렇게 보이잖아요." 지금은 뗄래도 뗄 수 없는 밀접한 관계지만 우직한 시골 사람들 눈에 서울서 온 유통업자는 그런 오해를 받기 십상이다. 성 단장은 그런 선입견이 미안했던지 머리를 만지며 뒷말을 이었다. "조합장과 축산유통에 관해 얘기하는 것을 들어보니 첫인상은 지워지고 반쯤은 괜찮아지더라구요. 그런데 얼마 지나지 않아 선 대표가 조합장한테 반하고, 조합장도 그를 믿는 듯 보였어요. 왜 남자들끼리 통하는 것 있잖아요." 시간이 지나고 사람을 겪어보고 나서야 역시 장 군수의 눈이 정확했다는 걸 알았다고 한다. 선 대표가 적극적으로 까르푸 납품을 도와줘서 축협은 활기를 얻었고, 나중엔 수도권에다 유통센터도 열게 되었단다. "생각해 봐요. 한 해 매출액이 소만 34억이고, 기타 장수특산물도 판매하니까 농민들한테는 얼마나 힘이 되겠어요? 그것도 국내 거래 최고가에."

편한 팔자보다 일복 많은 팔자가 좋다

보통 때 같으면 길게 말하지 않는 그가 한우이야기만 나오면 줄줄이 말도 많아지고 웃음도 헤퍼진다. 때를 놓칠세라 사업단 일을 시작하고 나서 개인적으로 겪어야 했던 어려움이나 후회는 없었는지 물었다. 또 없다는 대답을 할까봐 연봉이나 새로운 일에 대한 부담감, 탈 없이 승진한 동료들 소식, 책임자로서의 애로점 등을 일일이 짚어주었다.

"돈 생각이나 편할 생각 했으면 못 왔지요. 근데 사업단 일은 엄청 재미있었어요." 이런 대답을 짐작은 했었지만 이렇게 빨리 그가 흥분할 줄은 몰랐다. 끼어들 틈도 주지 않고 혼자서 한참을 얘기했다. "소 키워 가지고 대회에 나가서 상을 받을 때는 세상이 다 내 것 같아요. 그 기분이 어찌 돈으로 계산 되간디요?" 이제껏 등받이에 몸을 기댄 채 대충 얘기하던 그가 자세를 바꾸더니 흥이 올라 제스처까지 동원했다. 전국한우능력평가대회에서 대통령상을 받았던 얘기다. "암소 개량하고 TMR 섬유질 완전배합사료 먹이고 … 우리 유전자뱅크에서 사육된 소가 … 기분이 찢어질 만큼 좋았다."는 얘길 하면서 다시 기분을 찢고 있는 그가 오늘은 유난히 진지해 보였다. "축협은 조직화되어 있어서 안정적이긴 하지만 할 일이 한정되어 있고, 클러스터사업단은 오히려 새로 해야 할 일이 많아서 재미있어요." 이런 걸 팔자라고 해야 하나 ….

장수한우의 미래를 말하다

축산업 계획은 30년 본단다. 일본 화우는 60년이나 걸려 완성했지만 우리는 훨씬 앞당길 수 있다고 한다. 씨수소는 국가사업으로 개량되니까 다들 암소만 개량하는데, 장수는 장수만의 종모우를 만든다는 야심에 찬 계획이 있다. 나아가

지방공사로 가는 길이 순수 장수한우의 미래다. 그러나 대부분의 지방공사가 실패를 했기 때문에 장수도 그렇게 되지 않을까 염려하는 사람들이 있다.

"장수는 달라요. 이미 사업 기반이 닦여져 있잖아요. 유전자뱅크, TMR공장, 이미 진행 중인 중장기 계획 등…" 장수가 유전자뱅크에 저장했던 것은 수정란뿐만이 아니다. 전체 농업 소득의 46%가 축산소득인 장수군의 미래가 함께 저장된 것이다.

나에게도 욕심은 있다

"축협 전무가 된 후배한테는 밥 한 번 얻어먹어야지요. 내가 거기 있었으면 아직 제 차례 안 됐을 테니까. 하하!" 식사 한 끼로 많은 일이 해결되는 이 남자, 말만 그러는 것인지 속까지 그러는 것인지 요즘 말로 표현하자면 참 쿨하다. "세상일 자로 재봐야 뭐하겠어요. 욕심이 많으면 그만큼 행복해지기 어렵잖아요." 그런 그에게도 딱 한 가지 욕심은 있다면서 자신과 같이 일하고 있는 유전자뱅크와 TMR사료공장 식구들에 관한 꿈 얘기를 풀어 놓았다.

성 단장은 그동안 한우유전자연구소에서 한우가공품마케팅에 이르기까지 한우클러스터사업을 총괄해왔다. 그의 가장 큰 목적은 장수군을 일본 화우를 능가하는 최고 품질의 한우 생산지로 만드는 것이고, 작게는 그가 데리고 일하는 직원들에 대한 약속을 지키는 것이다.

한우관리사란 이름을 붙여주마

성 단장은 직원들에게 지금은 적은 월급에 직급도 없는 비정규직으로 일하고 있지만, 반드시 좋은 날이 올 것이라는 희망을 주면서도 늘 고생하는 직원들이

한우유전자뱅크

마음에 걸린다고 했다. 이제 그들은 현장에서는 따라올 사람이 없을 만큼 전문가가 되었고, 20대에 와서 40을 바라보는 나이가 되었다. 장수는 이들에게 '한우관리사'란 이름을 붙여줄 계획이라고 한다.

유전자뱅크를 방문했을 때 그 직원들을 만났었다. 사무실에서 일하다가도 수시로 작업복 차림에 긴 장화를 신고 우사를 들락거리며 분주하게 일하는 모습을 보았다. 일도 일이지만 성 단장을 깍듯이 모시는 그들의 태도가 인상적이어서 장난치듯 성 단장을 툭 건드렸다. "존경심일까요, 무서움일까요?" "잘못한 일에 대해서는 호되게 야단을 치지만 풀어줄 때는 화끈하게 풀어주는 게 사나이 세계 잖아요. 작은 조직이지만 지나치게 관대하면 조직에 틈이 생기고, 통제가 불가능해지기 때문에 그런 상황이 생기지 않도록 신경 쓰고 있어요." 화끈하게 풀어주는 방법이 궁금했지만 그냥 접었다. "내가 화내면 다들 삥인 줄 알아요." 버럭했다가도 금세 풀리는 성격이니 그럴 만하겠다.

고기 대신 찌개를 먹여야 하는 아비 마음

성 단장에게 그들은 자식과 같아서 자신이 바람막이가 되어주어야 한다고 생각했다. 함께 일하는 공무원들에게 무시당하는 것 같을 때는 너무 화가 나고, 일하다 다쳐서 그만두게 되는 직원을 보낼 때면 며칠씩 우울했다. 회식조차 맘 놓고 시켜주지 못할 때는 속이 상할 정도로 미안하다면서 상한 마음 들키지 않으려고 고개를 돌려버렸다.

"처음에는 고깃집에 가서 맘 놓고 먹어보라 했더니, 육체노동을 하는 친구들이라 그런지 젊어서 그런지 엄청나게 먹더라고요. 이러다 내 월급이 바닥날 것 같아서 다음부터는 찌개로 대체했어요." 말하며 씁쓸하게 웃었다. 그 씁쓸함이 그대로 전해져 왔다. 표현하지 않지만, 가슴 한쪽이 조용히 저려오는 것이다. 우리는 이런 사람을 인간적인 매력을 가진 리더라고 부른다.

매운 성질

"아, 내가 진짜 화날 때 있어요." 차를 한 모금 마시더니 갑자기 생각났다는 듯이 말을 꺼냈다. 겉만 알고 속은 모르면서 인기 발언으로 좌중을 흔들려고 하는 사람을 보면 딱하지만 가르쳐줄 수도 없고 속만 탄단다. "농가 중에는 더러 막무가내로 떼쓰면서 달라고 하는 곳도 있어요. 그런 떼가 먹히니까 버릇 돼서 자꾸 더 그러는데 나는 절대 안 봐줘요. 욕먹어도 할 수 없는 일이에요."

이 사람, 언제나 유쾌한 사람이라 좋은 게 좋다고 할 줄 알았는데 성질 매울 때도 있네. 맞다. 엉킨 실타래를 애써 풀려고 할 게 아니라, 처음부터 엉키지 않게 만드는 것이 더 중요한 일이니까. 양면성을 다 가지고 있다는 것은 그가 어떤 상황에서든지 냉정하게 판단하고 행동할 수 있다는 의미니 오히려 큰일에 더 강할 것이라는 믿음이 생겼다.

나이 50이 넘었어도

분위기를 바꿀 겸 다른 자랑거리는 없느냐고, 신 나는 얘기하나 더 듣자고 했다. 반쯤만 기대했는데 이번엔 전혀 주저하지 않았다. "석사학위 받으려고 영어시험 치러서 합격했는디…." 그는 한경대 장수캠퍼스에서 학사학위를 받고, 한경대 대학원에서 석사과정을 마쳤다. 자신이 앞서서 가주면 누군가 따라올 사람이 또 있지 않겠느냐 싶어서 택한 길이었다.

그가 지금까지 해왔던 일을 그대로 쓰면 '농업지방공사를 통한 한우사업발전방향'이란 주제로 논문을 완성할 수 있을 거라며 자신 있게 말한다. 나이 50이 넘어서 꾸는 부푼 꿈이다. 좌우명도 욕심도 없다더니 엉큼한 사람이구나…. 라는 생각하다가 박수 칠 타이밍을 놓쳐 버렸다.

오미자술 로비로 대학문을 열다

한경대 장수캠퍼스는 장수를 일본 화우의 품질을 뛰어넘는 한우의 메카로 만들기 위한 의지들을 모아 개설하게 되었다. 경기도 안성에 있는 한경대학 교수들이 직접 장수에 내려와 농업인과 공무원들을 교육한다. 성 단장과 서병선 소장이 찾아가서 오미자술 로비로 성공한 결과라는 후문을 들었다고 했더니 껄껄껄 뒤로 넘어간다.

"촌놈들 배우겠다는데 좀 도와주십시오." 했단다. 어렵게 부탁하러 간 자리에서 맨정신에 그렇게 떼를 썼을 리 만무했다. 취해서 그런 것은 아니라고 손사래를 치면서 아이들이 변명하듯이 털어놓았다. "총장님을 만나서 많이 마시긴 했지만 그게 어디 술 힘이겠어요? 사나이 열정이 통한 것이지." 실무 조건상 몇 가지 어려운 점은 있었지만 잘 해결돼서 시골 마을에 대학문이 열리고, 첫해에는 장 군수를 포함하여 24명이 입학했고, 현재까지 재학생과 졸업생이 총 80여 명이나 된다.

성 단장은 145학점을 이수하는 동안 결석도 하지 않고 성실하게 다닌 모양이다. 결석하는 사람에게 일일이 전화를 걸고, 수고하신 교수님들께 식사 대접도 하고, 리더가 되기 위해서는 공부해야 한다고 주변 사람들을 독려하기도 하면서 주경야독을 실천한 것이다. 1등으로 졸업했다는 말에 놀란 척이라도 할 걸…. 눈치 없이 다른 얘길 먼저 꺼내버렸다.

소는 누가 키우나

그가 집을 짓는다. 오래전부터 짓고 싶었던 비둘기 집을 이제야 짓는다. 후배에게 800만 원에 터를 사고, 그 후배는 각시한테 욕먹고, 친구는 돌 가져다 맘껏 쓰라 하고, 그 돌은 고인돌같이 넓고, 다 술 마시다 얻은 횡재다.

그는 아직 창문도 달지 않은 집에 사람들부터 초대했다. "이쁜 집 지어 놓을 테니 와서 고기 굽시다." 고기 굽자는 말을 듣는 순간 한우사업단 직원들의 얼굴이 파노라마처럼 스쳐 지나갔다. 그들이 첫 손님으로 찾아와 이번엔 찌개 대신 고기를 실컷 먹게 될 것이다. 집도 완성되고, 장수 농업지방공사도 세우고 나면 무얼 하려나?

그도 지난해부터 자신의 소를 키우고 있다. "이제껏 배운 것이 축산이니 직장 그만두고 나면 소 키워서 먹고 사는 것이 제일 만만하겠죠." 후문에 소는 모두 그의 아내가 키운다는 소릴 들었다.

성영수 마인드맵

그동안의 인터뷰를 정리하면서 지금까지 적당한 거리에서 바라본 성 단장을 다시 떠올려보니 '그는 언제나 유쾌한 사람이었다'로 간단하게 정리가 되었다. 그 한 줄을 제목으로 사람 성영수의 마인드맵을 그려본다.

그는 일처리가 시원시원해서 변명도 하지 않고, 후회할 일은 시작하지도 않는다. 항상 누군가와 같이 있으며, 항상 새로운 일을 꾸미는 재미로 살기 때문에 휴일을 빼고는 약속이 없는 날이 없을 정도로 사람을 좋아한다. 사람들 앞에서는 누구를 칭찬하지도 않고, 누구를 걱정하지도 않아서 털털하다거나 무심하다는 소리를 듣기도 한다.

하지만 직원들을 배려하고, 그들의 고민을 곱씹어 생각하는 아비의 가슴을 지니고 있다. 그래서 속이 깊다는 말도 듣고, 가슴이 따뜻하다는 말도 듣는다. 그는 술을 마시면서 동시에 사람을 마신다. 취해서 쓰러지기 전까지는 항상 '어떤 소를 어떻게 키워야 하는가'를 고민한다. 고민의 대상은 소지만, 관심의 대상은 소와 함께 하는 사람들이다.

대표적인 개량 선도 농가
장수하늘소농장 소순배

　번암면에 있는 소순배 씨의 장수하늘소농장은 지대가 높다는 장수읍보다 조금 더 높은 곳에 있었다. 올라가는 길 주변으로 축사가 드문드문 보였는데, 겨울이라 그런지 냄새도 없고 정갈해서 도시 근교에 있는 작은 물류창고처럼 보였다. 갑자기 전화 한 통으로 약속을 잡고 오는 길이라서 실례가 되면 어쩌나 걱정했는데 반갑게 맞아 주었다.

베테랑이 안 보인다

　오랜만인지 싱글벙글 소순배 씨가 차근차근 서병선 소장과 반갑게 인사를 나누었다. "장수에 관한 책을 쓰는데 한우 농가 베테랑 농업인을 만나고 싶다고 해서 모시고 왔네. 여기가 맞나?" "한우 농가는 맞는데 베테랑은 안 보이네요." 서로 소개를 하기도 전에 유쾌한 웃음이 먼저 터졌다. 장수농업의 보고寶庫인 서 소장이 간단하게 한우클러스터에 대해 설명하면서 인터뷰를 열어 주었다. "신활력사업이라고 들어 보셨죠? 사업을 진행하는 데 군이 클러스터를 만들라는 규정은 없지만 우리는 공무원이 아니라 민간인을 단장으로 모시고 사업단을 만들었어요." 한우 농가들이 클러스터사업단의 활동에 힘입어 빠르고도 안정되게 성장할 수 있었다는 사실을 이곳에서 확인할 수 있게 될 것 같은 기대가 생겼다.

회장님 호칭 별로예요

　서로 소개가 끝나자 그의 아내가 귀한 음식을 내왔다. 가을에 따서 저장해 놓

소순배씨와 아내

았다는 홍시가 눈길을 사로잡았고, 동시에 '어머나!'하는 짧은 탄성과 함께 누가 먼저랄 것도 없이 홍시에 손을 뻗쳤다. 방문 목적은 잠시 미뤄두고 우리는 홍시 삼매경에 빠졌다. 집에서 키운 감나무에서 수확한 것이라 상품성은 없었지만 2월에 먹는 홍시 맛은 기가 막혔다. 채신없이 홍시 한입 입에 물고 말문을 열었다. "회장님은요…." 첫 마디에 제동이 걸렸다. "난, 회장이라는 호칭을 별로 좋아하지 않아요." 회장이면 좋은 거 아니냐고, 그럼 뭐라고 부르면 좋겠냐고, 그럼 순배 씨라고 부르겠다고 했다. "회장이 되어 좋았던 것은 많은 사람을 만날 수 있었던 것, 소장님 같은 분들하고 대화한 것, 이제까지 몰랐던 것들을 배우는 것이었지 그것을 명예라고 생각해본 적은 없었어요. 선거에 나갈 사람들이야 이름을 알려 야 하니까 필요할지 모르지만, 우리 같은 농사꾼들한테는 그런 직함이 별 소용없 어요. 오히려 끌어내리려고 하는 사람들이 있어서 가끔 마음 상할 때가 있었죠."

소 키우는 일이 더 쉽다

소순배 씨 농장은 품종개량 또는 가축개량을 목적으로 하는 육종농가로 그의 농장은 씨수소를 생산하는 전국의 60 농가 중 하나다. 축산은 다른 농사에 비해 품이 덜 드는 편이라서 상대적으로 쉽지만, 육종농가다 보니 부수적인 일이 많 아서 어렵다고 한다. "컴퓨터로 정리해 가면서 해야 하는 일이 많아서 밖에서 하 는 일보다 그게 더 힘들어요." 아니나 다를까 거실 곳곳에 서류가 쌓여있는 걸 보 니 마치 직원을 두세 명 두고 있는 사무실 같아 보였다.

순배 씨처럼 오랫동안 축산에 종사한 사람, 특히 웬만큼 나이가 든 사람들에게 는 소를 사육하는 노동보다는 까다로운 서류 작성이 더 어려울지도 모른다. 축 산농가라고 하면 그저 고기소를 키우는 줄로만 알고 있었는데 농가 형태도 꽤나 다양하고 복잡한 모양이다.

억! 소리를 듣다

"2010년과 작년에 두 마리가 후보 종우로 올라가서 한 마리당 천만 원씩 받았 어요." 1등급은 5천만 원, 중등급은 4천, 하등급은 3천씩 일시불로 받는다고 한다. 정액을 팔게 되면 정액 판매대금의 10%를 받게 되는데 많이 받는 농가는 1년에 4천만 원씩 받아가고, 최고 1억까지도 받아가더란다. 조금 받는 농가는 300만 원을 받기도 하는데 그것은 정액수와 질에 따라 달라진다고 한다.

현재 순배 씨는 200마리 정도 키우고 있는데 씨수소만 있는 것이 아니고 비육우 질 좋은 고기를 얻기 위하여 살이 찌도록 기르는 소 도 함께 한다. 시설을 잘 갖추고, 사육 기술만 철저히 익히면 혼자서도 200마리를 감당할 수 있는 일이라면서 믿지 않을까 봐 덧붙인다. "혼자서 주사도 놓고, 송아지도 받고…."

소 장관(壯觀)이죠? 소 장관(長官)님!

지난해 한우랑사과랑축제 때 한우 3백 마리를 잡았다는데 들은 정보가 맞는지 물어보았다. 3백 마리가 모자란다면서 축제 자랑을 시작했다. 작년 축제 때 그 규모와 진행에 감동받은 부분이 있어서 거들었다. "한우 판매부터 식당운영까지 아주 장관(壯觀)이던데요." 묵묵히 있던 서 소장이 "소 장관(壯觀)이죠? 소 장관(長官)님!" 한다. 서 소장의 재치 있는 입담 덕분에 모두 한바탕 다시 웃었다.

"축제 현장에서 일하던 사람들 누구예요? 그렇게 사람 많고 복잡한데도 지친 기색 없이 즐겁게 일하던데요?" "군 공무원들하고 우리 회원들이에요. 여자들에게는 일당으로 9만 원정도 지급해요. 축제는 3일이지만 집행부에서는 6일 정도 고생하는데 불평하는 사람이 없어요." 순배 씨는 돈 벌었다는 자랑보다 사람 자랑에 더 신이 났다. "축제 주인공은 진짜 우리 농부들이잖아요. 돈 벌어 봐요. 힘은 들어도 고생이라는 생각이 안 들고 되레 신이 나요." 장수축제는 농부들의 위대한 축제라는 주변의 평가가 맞는 것 같다.

장수에서 생산되는 농산물을 주제로 열리는 장수축제, 대한민국에 이런 축제는 없을 것이라며 순배 씨는 자랑을 접지 못한다. 줄을 서서 고기를 고르고, 줄을 서서 계산하고, 빈 테이블 기다리느라 고생 좀 했다며 슬쩍 찬물을 끼얹으려다가 오히려 당하고 말았다. "그래야 더 맛있는 거 아녜요? 그래도 우리는 회전율이 높은 편이에요. 서산 쪽에 광어축제에 갔었는데 회 뜨는 데만 두 시간 걸렸어요." 끝나지 않을 것 같은 축제 이야기를 어떻게 접어야 하나….

순배 씨 스토리 하나

한우를 키운 지는 20년이 훌쩍 넘었다. 학업을 마치고 서울로 올라가 살다가 부모님 때문에 내려오게 되었다. 아버지는 어려서 고아가 되어 척박한 장수에서 농사지으며 어렵게 살았다. 과거 농촌 생활이 그랬듯이 빠듯한 살림에 6남매를 온 힘을 다해 키워 모두 타지로 보냈다. 부모님 건강이 안 좋아지자 형제 중 누군가는 내려와야 했다. 그즈음에 순배 씨는 아버지보다 젊으신 이웃 어른이 돌아가신 것을 보고 장수로 내려와야겠다고 결심했다.

그때가 86년이다. 장수에 가면 무엇을 할까 고민하면서 이천에 있는 소 농장에 들러 소 키우는 것을 보고 축산을 염두에 두었다. 내려와서는 제법 씩씩하게 일을 시작했다. 그러나 개인적으로 많은 노력을 했음에도 불구하고 IMF 때까지 한우 파동을 서너 번씩 겪어야 했다. 시련이 닥칠 때마다 심하게 갈등을 했다. 나뿐만 아니라 입만 열면 모두 못살겠다는 한탄이 저절로 나올 만큼 어렵고 힘들었다.

그때 축산을 그만둔 농가도 생겼고, 아예 장수를 떠난 농가도 있었다. 그러나 고향에 가서 제대로 소를 키워보겠다는 처음의 결심을 버릴 수가 없었다. 위기와 갈등의 순간들이 지나가자 회복 가능한 기회의 시간이 왔다. 축산업에 강한 의지를 보여 왔던 장수축협과 장수군의 도움이 컸다. 현재는 남부럽지 않을 정도로 안정된 소득 궤도에 진입했고, 키우고 있는 소의 우수성에 대해 자부심을 느끼고 있다.

순배 씨네 소 이야기

첫 소 이야기가 궁금했다. 초짜 농부가 겪어야 했을 좌충우돌 재미난 이야기가 기대되었다. "한 마리는 아버지가 키우던 것이고, 두 마리는 근처 선후배에게 사 와서 세 마리를 애지중지 키웠는데 금세 번져서 12마리가 되었어요. 소를 보러 가는 일이 그렇게 즐거울 수가 없었어요. 이 맛이구나 하는 생각이 절로 들더라구요." 그는 얼굴에 있던 오래된 주름을 펴면서 행복감이 묻어나는 미소를 지었다. 옆에 있던 우리들의 표정도 덩달아 환해졌다. "밥때가 되기를 기다렸다가 먹이를 주고, 자려고 누우면 올망졸망한 송아지들이 생각났어요. 말 못하는 것들이 아프면 내 입맛도 없어지고, 새벽같이 일어나 달려나가서 등이라도 한 번 쓸어주어야 겨우 마음이 달래졌어요." 누가 이 대목부터 들었다면 자식 얘기하는 줄 알았을 것이다. 순배 씨는 정작 자신의 아이 분만은 보지 못했지만, 여자가 엄마가 되는 고통과 감격을 소를 키우면서 짐작하게 되었다고 아내에게 슬쩍 미안한 눈빛을 보냈다. "송아지를 낳을 때 진통하는 어미 소의 분만을 보면서 얼마나 긴장하고 감격했는지 등줄기에는 줄줄 땀이 흐르고, 얼굴에는 땀과 눈물이 범벅되어 흘렀어요."

순배 씨 스토리 둘

어미소가 갓 태어난 송아지를 정성껏 핥듯 불어난 12마리 소를 정성껏 보살폈다. 소가 잘 자라주니 농장 규모를 조금씩 키워가도 되겠다는 자신감이 붙었다.

2차로 소를 사들이려고 작정한 것은 1998년쯤이다. 그때는 전국적으로 소 사업이 내리막길이어서 다들 팔지도 사지도 못하고 망설였다. IMF를 지나면서 통장에 천만 원정도 모아두었던 것을 챙겨 들고 남원 장에 가서 4~50만 원 하는 송아지를 22마리 사왔다. 조금 더 있으면 30만 원대에 살 수 있는데 왜 서둘러 사느냐며 주변에서 다들 미쳤다고 했다. 이 정도 값이면 지금 사도 괜찮다며 오히려 친구에게 사라고 권유했는데도 30만 원대로 내려가면 사겠다고 버텼다. 저러다 못 사지 싶었는데, 진짜로 그 친구는 한 마리도 못 사고 소값이 많이 올라버렸다.

네가 1000이면 나는 200

서울에서 내려올 때는 50마리만 키우면서 여유 있게 전원생활을 해야겠다고 생각했는데 그렇게 안 되더란다. "옆에서 100마리 키우는 거 보면 나도 사람인지라 저절로 욕심이 생기더라구요. 그럼 나는 150마리, 200마리 키워야겠다는 생각이 들더라니까요." 그러다 보니 지금은 최종 목표치 200마리를 사람을 두고 키우고 있다고 한다. 소 한 마리를 키우면 얼마의 소득이 생기냐는 질문에 간단명료하게 대답해 주었다. "암송아지를 45만 원에 사와 키워서 송아지를 낳고 나면 어미 소가 되지요. 송아지는 키우고 어미 소를 팔면 350~400만 원 받아요." 그렇다면 사료비와 인건비를 제하고 나머지는 순수소득이다. 게다가 곱하기 200이라… 늘 이렇게 좋은 시절이기야 하겠는가마는 혹독한 시련 후에라도 이런 재미가 있으니 다행 아닌가! 오해가 생길까 봐 그가 덧붙였다. "사료 값이 비싸서 다들 힘들어해요. 난 풀사료를 먹이니까 좀 낫지만요. 게다가 등급별로 소 값이 다르기도 하고요."

농사도 경영해야 한다

농협은 농가들의 사랑방이다. 사료를 사러 나갔다가 커피도 나눠 마시고, 근황 얘기로 수다도 떨고, 서로 정보도 주고받는 귀한 장소이다. 저마다 사육 노하우를 가지고 있고, 시장에 대해 분석도 하고 있기 때문에 귀담아들을 얘깃거리가 많단다. "한 번은 소를 팔려고 한다 했더니, 지금 소값이 싸니까 팔지 말라는 쪽이 우세했는데 나는 과감하게 팔았어요." 팔고 나니 소값이 더 떨어져서 그들은 후회의 한숨을 쉬고, 순배 씨는 안도의 한숨을 쉬었다고 한다.

한 치 앞을 내다볼 수 없는 것이 농산물 가격이라서 농업인들의 시름이 깊어질 수밖에 없지만, 농업도 경영이라고 생각하면 결단력도 필요하다고 귀띔을 해 주었다. 동네에 같은 수의 소를 키우는 세 농가가 있는데, 4천을 버는 농가가 있는가 하면 적자를 내는 농가도 있다고 한다. 농사는 기르는 것만이 다가 아니라 경영한다는 마인드를 가지고 계획하고 실행해야 한다고 힘을 주어 말한다.

계산은 쉬운데…

"송아지를 낳았을 때 어미 소도 송아지도 팔지 말고 좀 더 기르라고 말하는데도 보통은 사료비 걱정된다면서 하나를 팔아버려요. 어미는 사료 100만 원 어치를 먹여서 비육시키면 300만 원 이상을 받을 수 있기 때문에 최소한 100만 원이 남고, 송아지는 송아지대로 키울 수 있는데 100만 원에 팔아버리니 손해잖아요?" 사료를 먹여도 사료값보다 많이 남는다는 계산이 나온 후부터 순배 씨는 따로 소를 사지 않았다고 한다. 남들에게 미친 사람 소리를 들어가면서도 자신의 소신대로 농장을 경영해 온 덕에 이제는 남들이 부러워할 만큼 살게 된 것인지도 모른다면서 웃었다. "미쳐야 잘 사는 것인가요?"

농부의 아내는 연골이 다 닳았다

그의 아내가 고로쇠 물을 내왔다. 귀한 음식으로 몸을 호강시키느라 잠시 휴식했다. 그의 아내는 관절이 좋지 않아서 요즘엔 힘든 일을 못 한다. 고생한 티가 전혀 안 나는 고운 얼굴이라서 일 때문에 관절이 나빠졌을 거라는 생각이 안 드는데 아닌 모양이다. "지금은 일을 안 하지만 옛날에는 많이 했어요. 수박농사를 3천 평 정도 지었는데 둘이서 하느라 엄청 힘들었어요. 사과도 했었구요. 지금은 그 땅에다 옥수수를 키워서 사료로 쓰고 있어요." 그의 아내는 장수가 고향으로 두 연골이 다 닳을 만큼 농부의 아내로 열심히 살았다. 그 고마움에 이제는 업고 다닐 거라며 미안한 얼굴로 아내를 보는 그의 눈길이 한없이 깊고 따뜻해 보였다.

"지금은 축사 일을 남편이 다 해요. 나는 동네 친구들과 어울리기도 하고, 한우농가 부인회 모임에도 나가고 그래요." 그동안 고생한 대가치고는 별것 아닌데도 그의 아내는 남편을 따뜻하게 바라보았다. 이 부부는 부족하지도 유난스럽지도 않게 살고 있을 거라는 느낌이 들었다. 소 키우는 일밖에 할 줄 모르는 순배 씨는 건강이 최고니까 취미 생활 좀 하자는 아내 말대로 이제는 승마도 하고 골프도 하려고 한다. 슬쩍 눈치를 보더니 "돈이 있어서 그러는 게 아니고, 장수는 여가를 즐길 조건이 참 좋아요. 영화관, 수영장, 승마장, 골프장을 다 갖추고 있으니 맘만 먹으면 할 수 있는 일들이 많거든요." 도시에서는 주거비나 교통비 지출이 많고, 모든 음식재료를 사서 먹어야 하기 때문에 같은 수입일지라도 농촌이 더 여유롭다는 것은 다 아는 일이다. 문제는 문화시설인데 장수는 기본적인 문화 욕구를 해결할 수 있도록 여건이 조성되어 있다는 것이다. 다른 지역에서 모두 부러워한다면서 은근한 마을 자랑에 어깨가 슬쩍 올라갔다.

순배 씨 스토리 셋

장수라면 와서 살고 싶은 생각이 든다고 하자 장소보다는 사람들이 훨씬 좋다고, 시골 인심 옛말이라고들 하지만 그래도 사람 사는 것 같이 살 수 있는 곳은 시골이라고 예찬을 한다. "시골은 돈이 많이 안 나오는 지역이라서 딱히 부자라고는 할 수 없지만 농사지어서 친척들과 나눠 먹는 재미가 있어서 좋아요." 순배 씨도 논농사를 조금 짓고 있는데 4형제들에게 쌀을 대주고 있다. 돈으로 치자면 얼마 안 되는 것이지만 차에 한 가마씩 실어주고 나면 큰일이나 한 듯 가슴이 꽉 차오른단다. "10만 원으로 술 사봐야 생색도 안 나는데, 쌀은 그 의미가 다르잖아요." 형제간에도 욕심을 부리기 시작하면 금세 관계가 허물어진다면서 형 얘기를 들려주었다.

형은 내가 94년에 집을 새로 짓겠다고 했더니 선뜻 1천만 원을 내주었다. 냇가에서 빨래하는 아내를 보고는 곧바로 남원에 가서 세탁기를 사 오셨다. 아무리 형제라곤 하지만 그리 쉬운 일은 아니다. 그때 받은 감동은 생각만으로도 아직까지 가슴이 뜨겁다. 욕심부리지 않고 살다 보면 자신이 행복해져서 더 이익인 것 같다. 형 사업이 어려워졌을 때는 내가 2천만 원을 보냈다. 받을 때보다 줄 때가 더 좋았다.

두 배가 갔으니 손해 본 것이라면서 농담을 했더니 "금액은 그랬어도 마음은 형이 더 컸을 거예요." 한다. 동화 속에 나오는 의좋은 형제 이야기를 다시 듣는 것 같았다. 그의 큰 형은 시골 땅 16필지를 순배 씨 명의로 이전해 주었단다. "그건 누구에게도 쉽지 않은 일이에요. 만약 형이 지금이라도 내려오신다고 하면, 이 집은 형에게 주고 난 축사 옆에다 조그맣게 지어서 살면 돼요." 죽을 때 돈 가져가는 거 아니니까 편하게 살다가 갈 거라고, 아등바등 살 거 뭐 있느냐고, 주변에 보면 없던 사람이 돈이 생기면 꼭 탈이 나더라고 한다. 먹고 살 만하면 아프거나 죽거나 하니까, 없는 사람은 없는 대로 살아야 한단다. 그의 아내도 남 주기를 좋아해서 좀처럼 반대하는 일이 없고, 오히려 혼자 사시는 어르신들에게 참쌀 농사 지은 것을 나눠주기도 한단다. 그는 이런 것을 시골 재미라고 표현했다. "5년 전에 세상을 떠난 친구 집에 명절이 되기 전에 집사람이 쌀 한 포대를 꼭 가져다 줘요. 내가 가면 친구 생각나서 친구의 아내가 자꾸 우니까 내가 못 가요." 마음 편해지려고 보낸 것은 아니었는데 결과적으로 자신의 마음이 편해지고 더 행복해졌다고 한다. 사랑도 그렇듯이 나눠보지 못한 사람은 결코 모를 것.

삑 하고 문 여는 소리가 들리더니 마을 회관에 마실 나가셨던 순배 씨 어머님이 들어오셨다. 88세라는 연세가 믿기기않을 정도로 곱고 건강하셨다. 아버지는 참 인자하신 분으로 어머니를 많이 아끼셔서 일을 안 시키셨는데 자신은 아내를 고생시켰다면서 다시 미안해하는 그를 아내가 감싼다. "나만 고생한 거 아니고 같이 한 건데요 뭐. 아버님은 새벽에 일어나셔서 어머니 씻으시고 며느리 밥하라고 한 솥 가득히 물을 데워 놓으셨어요. 저도 사랑받았지요." 옛일은 다 추억이라면서 모두 조용히 웃었다.

소 100두면 대농가, 순배 씨는 200두

배추, 수박, 사과, 양봉까지 해봤지만 제일 나은 것은 소농사라고 한다. 염소를 키운 적도 있었는데, 한 번 뛰쳐나가면 온 산을 다 뒤져야 하고, 끌려오기 싫어하는 녀석을 끌고 오려면 힘이 다 빠진다며 고개를 젓는다. 소 키우는 것은 크게 힘들지 않은데 조사료 만드는 일은 보통 일이 아니라고 한다. 남들처럼 받아서 하면 그 수고를 덜 수는 있지만, 직접 만들면 절반 정도 싸기 때문에 순배 씨네는 남원에다 사료용 농사를 짓고 있다.

풀사료를 수확할 때는 군에서 작업비를 지원해주기도 해서 여러모로 경제적이다. 군에서 받고 있는 다른 지원에 대해서도 말해 주었다. "엄청 많죠. 그 중 최고는 톱밥 지원이고, 소 출하할 때도 도움이 크죠. 대농가들은 지원이 그 정도지만 영세 농가들은 축사 짓는 것과 퇴비지원도 해주고 있어요." 5·3프로젝트 기준으로 100두를 키우면 대농가로 분류한다고 하니 순배 씨는 200두, 대농가가 맞다.

갈등의 씨앗 축분냄새, 축산농가의 고민 사료값

장수 축사는 냄새가 없다는 말을 들었는데, 그 이유 중 하나가 군에서 지원하는 톱밥과 미생물 사료다. 축사의 고약한 냄새는 미생물 발효가 큰 원인으로 다른 지역은 사서 써야 하지만 장수에서는 발효가 끝난 미생물을 탱크에 저장해 놓고 일주일에 두 번씩 맘대로 가져다 쓰게 하고 있다. 통만 가져가면 맘껏 받아올 수 있기 때문에 넉넉히 사용할 수 있다. "발효 사료도 하루 300그램 정도 사용하면 냄새가 안 나는데, 다른 지역에서는 그것도 부담이라서 하지 못해요. 나는 하루에 두 포대씩 쓰고 있어요." 소한테 투자 좀 하라고 말은 하고 있지만, 돈이 들어가는 일이라 실상 그렇게 쉬운 일은 아니란다.

일부 지자체에서는 단체장이 다음 선거 때 표를 의식하고 있어서 떼로 몰려가면 사료값 지원혜택을 주기도 하는 모양이다. 그것은 단체장이 축산을 잘 모르기 때문에 줘야 할 것과 주지 말아야 할 것을 구분하지 못하는 것이라며 순배 씨 목소리에 힘이 들어갔다. "우리 군수님은 소 박사여서 엄청 철저해요. 표 생각하면 일부 농가의 요구도 들어줘야 하는데, 아니라고 생각한 것은 절대 안 해주죠."

군민들이 순환농업을 이해하기 전까지 축분 문제는 한때 주민 갈등의 불씨였다. 소가 사람보다 많이 살고 있으니 냄새 또한 엄청날 것인데 어떻게 극복하고 있는지 궁금했다. "나는 직접 제조한 퇴비를 만들어 사용하고 있어요. 그리고 장수는 동물 복지 차원에서 축사 개폐율을 높여서 짓기를 권유하지요, 바를 열어 놓으면 퇴비에 수분이 빠지니까 보슬보슬해져요." 이와 같은 노력으로 축사의 냄새도 줄이고, 축분을 걷어다가 지력을 다지는 데 사용하기 때문에 지역 내 순환농업이 가능하다는 말이 한층 이해되었다.

비싼 몸값 장수한우

장수한우가 높은 가격에 소를 출하할 수 있었던 것은 용인에 있는 장수한우 프라자의 도움이 컸다고 한다. "작은 지자체에서 큰돈 30억을 투자해서 만들었지만, 나중에는 300억의 이익을 가져다줄 수 있는 사업이에요." 그곳을 통해 소를 출하하는 대농가들은 현재 1년에 평균 2억 원을 더 받는다고 한다. 많이 받는 농가의 경우 한 마리당 120~150만 원 정도 더 받으니까 200마리면 2~3억은 된다는 얘기다.

용인한우플라자를 통해 유통하는 소 일부는 거기에서 팔고, 남은 것은 롯데마트로 들어간다. 한우플라자 운영자와 장수군, 롯데마트 3자 간 협약으로 약정을 맺었다. 첫 번째 조건이 1등급 이상 등급의 한우는 무조건 서울 가락동 축산물공판장 경매가(당일 거래가격) 최고시세에 4%를 더 준다는 것이다. 단 무항생제, HACCP 인정이라는 조건을 충족시켜주어야 한다. 그것을 군에서 보증해 주어야 하는데 농가를 믿지 못해서가 아니라, 직접 농가를 관리 못 하니까 군에서 관리해주라는 조건이 붙은 것이다. 그 조건을 충족한 농가들을 군에서 관리해서 유통업자에게 연결해준다. 군에서는 무항생제 진단, 처방을 관리팀에 위탁하고 있다. "나는 축협에 안 내고 거의 군 사업단을 통해 용인한우플라자에 보낸다.

104% 받고 판다고 하면 사람들이 정말 부러워한다. 우리 브랜드도 스스로 올라간다. 대한민국에서 그렇게 주는 데가 없다."

월세 받으며 편히 살라고?

큰 규모의 농장을 운영하고 있고, 지역에서 일도 맡아 해봤으니 다른 계획은 없느냐고 물어보았다. 그렇지 않아도 최근에 전주에서 부동산하는 동생이 '키우고 있는 소 팔고, 전주에 원룸 건물 하나 사서 월세 받으며 편히 사는 게 어떠냐'고 하더란다. 한 달 수입이 얼마나 되느냐 물으니 6백만 원쯤이라고 하길래 소 키우는 게 훨씬 낫다고, 그걸로 어떻게 먹고 사느냐면서 동생을 한 방에 보내버렸단다. 순배 씨의 소득이 얼마나 될까? 농가소득은 아무도 정확하게 알 수 없다는 특급비밀이므로 돌아서 가기로 했다.

순배 씨는 소를 일 년에 4~50마리가량 판다. 26~27개월 정도면 등급을 알 수 있는데 80% 이상 1등급을 받는 베테랑 농부다. 소의 등급은 한우클러스터사업단에서 무료로 검사를 해주는데 적중률이 80% 정도로 꽤 높은 편이다. 사료 회사에서도 해주긴 하지만 군에서 하는 것이 적중률이 더 높을 뿐 아니라 소의 상태를 보고 더 키울 것인지 이대로 팔 것인지를 컨설팅해주기 때문에 한우 농가들은 군을 더 신뢰하고 의지한다. "사료를 싸게 공급해주는 것도 중요하지만, 출하 시에 높은 가격을 받을 수 있도록 지원해 주는 것이 더 중요해요." 깊이 고민하고 오래 연구한 사람이라서 그런지 그의 말은 분명하고 확신에 차 있다.

공부해서 소 준다

그가 속해있는 한우협회는 회원이 600명 정도 되고, 공부하는 연구회가 따로 있는데 40명 정도 모여서 축산 관련 정보도 교환하고 새로운 소식들을 나눈다고 한다. 장수라는 지역은 어딜 가도 공부한다는 얘기가 빠지지 않는다는 사실에 여러 번 놀랐다. 다른 지역에도 유사 조직들이 있지만, 장수가 지원도 많고 소를 비싸게 팔아주니까 다들 장수로 와야겠다고 축사 하나 사달라고 한단다.

공부는 얼마나 해야 순배 씨처럼 소를 잘 키울 수 있느냐는 물음에 겸손 섞인 목소리로 공부는 안 한다고 하면서 웃어넘기려 한다. 서 소장이 대신 답해주었다. "장수는 교육이 많은 편이데 소순배 씨는 각종 교육에 한 번도 빠지지 않는 열정의 소유자예요. 그런 열정이 없으면 선도농가가 될 수 없죠." 순배씨가 배시시 웃었다.

오래 살기 위해 돈을 쓴다고?

돈을 벌기 위해 일할 때는 힘들었지만 재미있게 일해서 돈이 생기니까 더없이 행복하다는 순배 씨는 벌긴 벌었는데 돈이 없단다. 그럼 다 어디다 쓴 거냐고. 아들, 딸 밑으로 들어갔다고. 정말 없느냐고. 집에는 없고 은행에 있다고. 박장대소. "아까도 말했지만, 돈이 많으면 돈 대신 안 좋은 일이 생긴다니까요?"

주변 얘기 말고 본인이 겪은 일이 있으면 들려 달라고 했다. 잠시 생각하더니 혼자 웃는다. "몇 년 전 겨울, 대야의 물이 꽁꽁 얼 정도로 추웠는데 무릉 고개로 등산을 간 적이 있었어요. 정상까지 갔더니 오후 5시가 되었고, 내려오는 길을 잃었는데 이러다 죽겠구나 싶어서 온 힘을 다해 걸어 내려왔어요. 암자를 발견하고는 스님에게 차로 좀 데려다 달라고 도움을 청했는데 들어주지 않더라고요. 아마 땡중이었나 봐요." 긴장감이 느껴지는 장면인데 우리는 모두 웃음보를 터뜨리고 말았다. "두 시간 동안 무슨 정신으로 내려왔는지 모를 정도로 두려웠어요. 근데 더 무서웠던 것은 식당에 들어와서 부터였어요. 난로를 끼고 있었는데도 한기가 가시지 않고 몸이 계속 더 떨려오는데 저체온증이 그렇게 무서운 것인지 몰랐어요." 쩔뚝거리며 산에서 내려와 겁먹은 목소리로 사위에게 전화해서 데리러 오라고 한 것까지는 흔히 들을 수 있는 평범한 얘기였다. 다음 얘기에 우리는 쓰러졌다. "그때 만약 산에서 못 걸었다면 죽었지. 돈을 좀 더 써야겠어요, 오래 살려면."

잘 되었으니 남의 탓

많이 벌어서 부자가 아니라 부자처럼 쓰면 부자가 된다고 말하는 그는 올해 50두 정도 출하할 예정인데 사료비를 빼고 나면 얼마나 될지 모르겠다고 표시가 나도록 엄살을 부린다. 좀 나아지겠지 하면서 매번 스스로 위로하곤 하는데, 농업이라는 게 속을 틈도 없이 금세 무슨 일이 생기곤 하니까 마음을 놓을 수가 없다고 염려한다. 그래도 장수니까 이만한 것이지 다른 지역은 더 힘들 거란다. 좋은 정책, 믿을 만한 사람들, 장수라는 브랜드 덕분에 이만큼 살게 되었으니 행운이 분명하다면서 모든 공을 군에 돌리는 순배 씨다.

순배 씨처럼 따뜻한 마음으로 소와 이웃을 돌보는 사람들이 있기에 장수가 최고라는 명성과 함께 살맛 나는 동네가 된 것이리라. 그의 아내가 아껴두었던 홍시 몇 개를 챙겨주며 살펴가라는 인사를 건넸다. 행여나 눈길에 미끄러질까 조심조심 마을을 내려오면서 올라올 때 보았던 축사를 향해 '장수한우야, 건강하게 자라거라.' 인사를 했다.

장수한우는 내 운명

이 글은 장수한우사업단에서 일하고 있는 김기현 씨의 수기다.

칭찬은 나를 일 하게 했다

"젊은 사람들이 마을 구석구석을 다니면서 소 한두 마리 키우는 농가까지 이렇게 도와줘서 고맙게 생각해." 계남면 장안리에 있는 한우 농가를 처음 방문했을 때 할머니께서 제게 해주신 칭찬을 저는 아직도 잊지 못합니다.

크게 도와드린 것도 없었을 때인데 저희의 방문만으로도 힘이 되고 좋으셨던 모양입니다. 일을 시작한 지 얼마 되지 않았던 때라서 직업에 대한 신념도 확고하지 못했고, 책임감도 통감하지 못할 만큼 어설펐을 때 들었던 말이라서 더욱 그랬습니다. 이 한마디가 어려운 고비를 만날 때마다 제게 다시 시작할 힘이 되어주었다는 것을 나중에 가서야 알게 되었습니다.

농가와 친해지다

제가 일하고 있는 장수한우사업단은 2005년, 장수를 '오래 살고 싶은 곳'으로 만들기 위해 시행된 '신활력사업'으로 탄생했습니다. 장수군의 중심축인 장수한우를 세계 최고의 한우로 만든다는 야심 찬 목표로 성영수 단장님을 비롯하여 21명의 일반인으로 구성하여 출발했습니다. 군에서 추진하는 사업임에도 불구하고 구성원을 공무원이 아닌 일반인으로 결성한 이유는 현장성과 기동성, 전문성, 연속성을 확보하기 위한 각별한 계획이 있었기 때문이었습니다.

한우사업단 발족과 동시에 각 읍, 면별로 모니터 요원이 2명씩 배치되었는데 저는 계남면으로 가게 되었습니다. 처음에는 서먹서먹하기도 하고, 어디서부터 어떻게 시작해야 할지 막막했습니다. 예전에 누군가가 해왔던 일이 아니라 농가도 저도 처음이라서 더욱 그랬습니다.

그러나 시작은 어설펐지만, 무엇이라도 해야겠다는 생각에 부지런히 뛰었습니다. 모든 농가를 빠짐없이 방문하여 자체 제작한 이력관리 일지를 배부하고 농가마다 이력 관리함을 설치해 주었습니다. 일지 작성법을 설명해 주면서 얼굴을 익혔고, 농가에서도 도움을 받고 있다는 생각에 친절히 대해 주셨습니다.

장수한우사업단에서 일하고 있는 김기현씨

매일매일 농가를 방문하여 소를 모니터하다 보니 어느 농가에서 소를 몇 마리 사육하는지도 알
게 되고, 언제 송아지를 낳았고 언제 소를 출하하였는지도 알게 될 정도로 가까워졌습니다. 일이
많아져서 힘들기는 했지만, 서서히 보람이 느껴졌습니다. 축산 농가들도 저희를 신뢰했고, 저희
도 더욱 노력했습니다.

많이 아팠습니다

기쁜 일도 있었지만, 가슴 아픈 일도 겪어야 했습니다. 2005년부터 장수군에서는 매년 브루셀라 채혈 구충제를 보급했는데, 처음에는 아직 소에게 익숙하지 않았을 때라서 어려움이 많았습니다. 맨몸으로 소와 부딪히다 보니 소에게 심하게 차이기도 하고 찍혀서 부상당하는 일이 잦았습니다. 함께 일하던 동료 중에는 손가락이 절단된 사람도 있고, 어깨뼈가 부서지고 눈 밑이 찢어지는 사고를 당한 사람도 있었습니다. 다친 사람은 겁나고 아파서 울고, 지켜보는 사람은 안타까움에 같이 울었습니다.

동료들도 떠났습니다

그럴 때마다 이렇게까지 위험을 무릅쓰면서 고생해야 하나 하는 생각이 들었습니다. 사실 다른 직장에 비해 급여가 많은 것도 아니고, 정식 직원도 아니었으며, 언제 어떻게 될지 모르는 민간 조직이었기 때문에 회의가 찾아온 것은 당연한 일이었습니다.

중간에 포기하고 다른 직장을 찾아 떠난 동료도 있었습니다. 저도 갈등이 없었던 것은 아닙니다. 그때마다 주변 분들이 많은 격려와 위로를 해주셨고 저 또한 한번 시작한 일이니 끝까지 해 보자는 심정으로 마음을 다잡았습니다.

내 젊음을 바쳐서 장수한우가 발전할 수 있다면 기꺼이 해보겠다는 용기가 생겼는데, 그 이유는 장수한우가 이미 내 운명처럼 느껴졌기 때문인지도 모르겠습니다. 피곤한 몸을 이끌고 잠자리에 들 때면 생각했습니다. '도약의 발판이 된 사람은 다음에 반드시 중심인물이 될 것이다.'

이해와 격려가 힘이 되어

저는 장수한우사업단의 미래를 믿습니다. 훌륭한 비전을 가지고 있으며, 지속해서 탄탄하게 발전해 나가고 있기 때문입니다. 단장님은 조금의 흔들림도 없이 지방공사 설립을 위해 뛰고 계십니다. 저희의 어려운 사정을 아시기에 늘 다독이며 용기를 주십니다.

그리고 한우 농가를 운영하시는 분들을 통해서도 힘을 얻습니다. 한우와 혈투를 벌이며 고생하시면서도 사업단의 고충을 이해하시고 격려해 주실 때마다 잠시 어려움을 잊고 주어진 일에 매진하게 됩니다. 소에 대해 아무것도 모르고 시작했던 제가 이 정도의 실력을 갖추고 소를 연구하고 보살필 수 있게 된 데는 많은 분의 도움이 있었기 때문입니다.

고생이 추억되다

유전자뱅크 설립 당시, 주요 사업인 수정란 이식, 유전자 등은 제게 너무나 생소한 이름이었습니다. 처음엔 내가 이 일을 할 수 있겠느냐는 걱정이 반, 겁이 난다는 생각이 반이었습니다. 유전자뱅크를 통해 세계 최고의 한우를 만들어 간다는 슬로건이 먼일처럼 느껴지기도 했습니다.

처음 소를 234두를 들여다 키울 때의 일입니다. 며칠 간 합숙을 하면서 '장수한우가 앞으로 나아가야 할 방향을 주제로 서로의 의견을 나누며 밤을 꼬박 지새웠습니다. 제 가슴에 장수한우에 대한 열정이 불붙기 시작한 때가 바로 그때였던 것 같습니다. 지금 생각하면 웃음이 나기도 하지만 그때는 심각했고 뜨거웠습니다.

주경야독을 실천하다

그렇게 시간이 흐르고 2007년, 핵심리더 양성을 위해 한경대학교 장수캠퍼스가 생긴다는 소식을 접하게 되었습니다. 저는 전문대를 졸업했기 때문에 굳이 다시 대학교에 갈 필요가 있겠냐는 생각이 들어서 선택하지 않았습니다.

그러나 혼자서 한우를 공부하는 데에 한계를 느끼고 2011년에 입학하여 현재 3학년에 재학 중입니다. 물론 계속해서 공부는 하고 있었지만, 전문적인 것을 공부하면서 독학하는 것보다 교수님의 가르침을 받아 지식을 넓히는 것이 훨씬 빠르고 정확하다는 것을 알게 되었습니다. 낮에 일하고 밤에 공부해야 해서 많이 피곤하지만 그만큼 보람도 있고 뿌듯합니다.

T. M. R사료

개인적으로 제게 발전이 있었듯이 사업단도 발전했습니다. 장수한우는 유전자뱅크와 농가컨설팅(사양관리)을 통해 기반을 마련해갔으나, 한우의 생산비를 낮추고 고급육을 생산하기 위해서는 사료 공장이 필요했습니다.

농가에서는 생산비 절감이 절실한 문제였습니다. 왜냐하면, 생산비의 53%가 사료값이기 때문입니다. 더욱이 최근 몇 년 사이에 곡물 가격이 급등하는 바람에 한우 사육농가가 위기라고 여길 만

유전자뱅크의 장수한우

큰 큰 어려움을 겪었습니다.

그래서 사업단에서는 2010년에 T.M.R사료 공장을 설립하여 운영하고 있습니다. T.M.R사료를 군에서 생산하는 과정에 부정적인 이야기도 있었습니다만, 고급육 생산은 종자, 사양관리, 사료에 의해 결정되는데 그중에서 사료가 차지하는 비중이 가장 크기 때문에 어려움이 있어도 반드시 해야만 되는 일이었습니다. 우리 직원들도 경험이 없었던 터라 두려움이 있었지만 하나둘 차근차근 배워가면서 노력했습니다. 목표는 오직 최고급 한우를 만들겠다는 것이었습니다.

아쉬운 점이 있다면 농가가 사업단의 사양관리 프로그램에 따라서 송아지 때부터 출하 때까지 전체를 믿고 따라와 주면 좋겠는데 이웃 농가나 다른 사료 회사의 이야기를 듣고 중간에 바꿔 버린다는 것입니다. 일관성 있게 사양관리를 해야만 고급육 생산확률이 높아지는데 참여농가가 이 말 저 말 듣다 보니 혹하는 이야기에 빠지기도 합니다. 그러나 군에서 사료를 공급함으로써 다른 사료 공장들도 긴장해서 더 나은 품질의 사료들을 만들기 위해 노력한다고 하니 그나마 다행입니다.

시작은 서툴렀지만

어떻게 보면 저는 우직하다 싶을 만큼 한우라는 한우물만 팠습니다. 그랬기 때문에 오늘날의 제가 있는 것으로 생각합니다. 그리고 장수한우가 전국 최고의 한우가 되는 데에 미력이나마 보탬이 되었으리라고 생각합니다.

시작은 서툴렀지만, 이제는 떳떳하게 장수한우 이름 아래 제 이름을 쓸 수 있을 만큼 성장했습니다. 그러나 이것 또한 끝이 아니라 과정이라는 것을 압니다. 현재 암소개량에 박차를 가하고 있으며, 계획교배와 수정란 이식사업이라는 우수한 혈통 개량을 통해 장수군만이 가지는 유일한 순수 명품한우를 만들 수 있다는 자신감이 있습니다. 사업단 직원 모두는 오늘도 차근차근 한 계단씩 오르고 있습니다. 장수한우가 더 큰 산이 되어 세계에 이름을 떨칠 때까지 우리도 지치지 않고 함께 달릴 것입니다.

장수한우 유전자뱅크에 근무하며

이 글은 장수한우사업단에서 일하고 있는 김형주 씨의 수기다.

장수축협과 장수한우클러스터사업단에서 일한 시간은 모두 다 소중하다. 한우에 대한 열정의 길을 열어준 내 인생의 씨앗이다. 20대의 젊은 패기로 정신없이 달릴 때 삶의 의미를 곱씹게 해주었으며, 많은 것을 이해하고 경험을 쌓게 해 준 곳, 새로운 도전을 받아준 곳이기 때문이다.

장수한우 클러스터사업단은 국가에서 실시한 신활력사업의 일환으로 2005년 9월에 지역순환농업추진사업단(한우사업단)으로 출범했다. 사업단은 뚜렷한 목표와 비전을 가지고 있었다. 사업목표는 클러스터 구축, 장수한우 유전자뱅크 설립, 생산이력시스템 구축, 지역순환농업모델 구축, 연구개발 및 유통 마케팅을 구축하는 것이었다. 이를 바탕으로 장수한우가 대내외적으로 경쟁력을 확보하여 농가의 소득증대 및 지역 경제 활성화에 최종 목적을 두었다.

모든 사업의 중심은 장수한우였다. 좋은 한우를 생산하기 위해서는 그 개체의 우수한 유전력과 사양, 사료, 혈통 등 어느 것 하나 소홀할 수 없었다. 한우는 다른 축종과는 달리 해외에서 유전자원을 수입하지 않기 때문에 농가 스스로 개량할 수밖에 없다. 그래서 한우개량이 효율적으로 이루어지기 위한 제도나 정책 방향이 중요하고, 농가 스스로 단합해서 개량체계를 구축해야 한다.

이에 장수한우 유전자뱅크는 우수한 장수한우 종자를 공급할 수 있는 기반을 닦는 일에 역점을 두었다. 수정란 이식을 통해 우수한 종축을 생산하고, 이를 농가에 공급함으로써 장수한우를 경쟁력 있게 만들었다. 현재, 직접 사료를 생산하여 농가에 공급하고 있으며, 조사료 생산을 확대하여 농가가 생산비를 절감할 수 있도록 지원하고 있다. 또한 철저한 이력관리시스템을 갖춰 소비자가 만족할만한 안전한 축산물 생산에 정진하고 있다.

한우개량사업은 많은 시간과 비용이 소요된다. 세대 간격이 긴 한우는 투자와 효율적인 면에서 볼 때, 단기간에 성과가 나타나지 않아 지자체에서는 하기 어려운 사업으로 생각되고 있다. 하지만 우리 장수군에서는 기존에 공무원이 주도하던 사업을 민간인 주도사업으로 전환하여 한우사업단을 결성했다. 처음에는 힘들기도 했지만 시간이 지나면서 많은 지자체가 부러워하는 모범적인 사

장수한우사업단에서 일하고 있는 김형주 씨

례로 거듭나게 되었다. 2010년 전국한우능력 평가대회에서 대통령상을 받은 것은 그동안 노력한 한우개량의 성과라고 할 수 있다.

능력이 우수한 한우를 생산하기 위한 일은 결코 쉽지가 않다. 또한, 능력이 우수한 개체를 증식시키는 데도 많은 시간과 노력이 필요하다. 군수님과 사업단장님의 말씀은 '30년 이내에 지금의 장수한우를 유전능력이 우수한 개체로 전부 바꾸자'는 것이었다. 여기에서 일하는 우리들이나 소를 키우는 모든 농가의 바람이기는 하지만 그렇게 될 것이라는 확신이 서지 않으면 아무것도 할 수 없을 것이다. 그래서 직원들도 소신을 가지고, 2006년 핵군육종 및 농협안성교육원 등에서 사들인 우수한 234두의 한우를 사양하게 되었다.

유전자뱅크로 근무지 발령을 받았을 때는 설레임 반 두려움도 반이었다. 축협과의 대립문제도 있었고, 영세한 한우 농가들이 장수한우 브랜드화나 고급화에 대해 이해하지 못하고 있는 터라서 사업진행에 어려움이 많았다. 하지만 사업 초기에 한우 농가를 체계적으로 교육하고, 단장님을 포함하여 전 직원들이 발로 뛰며 컨설팅을 했다. 한우개체이력을 이해시키고, 설득하면서 한우 시장경쟁에서 살아남기 위한 디딤돌을 놓기 시작했다. 예상만큼 출발은 순탄하지 않았다. 경험이 부족했던 우리는 분만송아지를 돌보느라 밤을 새웠고, 아픈 소를 치료하다가 다치는 경우도 다반사였다.

우리들의 첫 번째 과제는 유전능력이 좋은 개체를 선발하는 것과 그에 맞는 사양관리였다. 우리는 전 두수의 혈통을 입력 관리하며, 매달 전 두수의 체척(가축의 체형을 객관적으로 기록하고 심사하기 위하여 몸의 여러 부위를 측정하는 일)을 통해 종자개량의 자료로 활용하고 있다. 또한, 혈통과 외모심사, 후대 출하 성적 등으로 선발된 개체는 공란우(수정란을 이식하는 소)가 되는데 이것들은 유전자뱅크의 우수한 공란우의 모태가 되고 있다.

두 번째 과제는 수정란이식을 활용하여 능력이 우수한 개체를 증식시키거나 개량하는 일이다. 한우는 1년에 한 번 출산하는데 그 긴 세대간격을 줄이는 일과 근내지방도, 도체중량 등이 우수한 공란우를 채란(인위적인 방법으로 낳게 하여 받아 거둠)하여 1년에 여섯 번 이상 생산하는 것이다. 이것은 많은 경험과 기술이 필요한 방법으로 2006년부터 이티바이오텍(주)과의 기술이전 계약을 했으며, 기술을 향상을 위해 더욱 노력하고 있다.

사업을 추진하는 데는 어려움이 또 한 가지 있다. 지자체에서 하는 사업이라서 운영상 한계가 있다는 것이다. 수익사업을 할 수 없어서 생기는 문제들이 대부분이다. 자생력이 상실되는 이유로는 사업 전문성이 부족한 것과 사업규모가 커지면서 행정기관의 자금집행에 연속성이 없다는 것을 들 수 있다. 물론 생산비 상승요인도 있다.

이런 문제들이 지방공사 추진으로 전부 해결될 것이라고는 생각되지 않는다. 지방공사로의 추진은 지역 경제협력을 강화하고 지역 경제를 활성화하는 것, 안정적으로 축산물을 생산하는 것, 수수료를 적정선으로 유지하는 것 등의 장점도 있지만, 일정 기간은 경영을 안정시키기 위한 자금

한우랑사과랑축제 한우품평회

지원과 설립기준의 제한으로 경영의 융통성이 결여될 수도 있다.

하지만 TMR사료 공장과 유전자뱅크를 농업지방공사화하는 일이 전부 비관적이기만 한 것은 아니다. 사업경영이 융통성을 갖게 될 것이고, 한우개량사업은 탄력이 붙을 것이기 때문이다.

현재, 일은 힘들지만 우리는 '장수한우'라는 보물을 지키기 위해 열심히 일한다. 우리가 보증하고, 소비자가 만족할 수 있는 맛있는 장수한우, 지자체 1호 종모우 '장수한우'를 생산하기 위해 최선을 다할 것이다. 또한, 올해 일곱 번째로 열린 '한우랑사과랑축제'에서 큰 사랑을 받은 장수한우는 우리의 자존심이자 자랑이었다. 이런 보람을 느낄 수 있다는 것만으로도 행복하다고 말할 수 있다. 왜냐하면, 장수한우라는 브랜드 가치가 바로 우리들의 가치이므로.

장수한우 명품화의 길
장수한우프라자대표 선창규

장수한우프라자 선창규 대표를 만나다

장수사람이 아니면서도 장수한우와 뗄 수 없는 인연으로 장수사랑에 흠뻑 빠져있는 사람이 있다. 용인에서 장수한우프라자를 운영하고 있는 선창규 대표가 바로 그 사람이다. 장수한우 취재차 장수에 들렀을 때, 한우와 관계된 사람들을 통해 듣게 된 선창규 대표는 '마케팅의 귀재'라는 별명이 붙을 만큼 전략이 뛰어난 인물이라는 평을 받고 있었다. 이 책의 등장인물 중 유일한 타지 사람, 그를 만나러 갔다.

용인 한우프라자까지는 대중교통을 이용했는데 강남에서 버스 편이 좋아서 어렵지 않게 찾을 수 있었다. 선 대표는 매장을 돌며 택배 보낼 상품들을 살피고 있다가 반갑게 맞아주었다. 체격은 크지 않으나 단단하고 부지런해 보인다는 것, 그게 첫인상이었다. 1층 식품 판매장에는 한우 외에도 장수에서 올라온 여러 상품이 진열되어 있었다. 안내를 받아 2층의 작은 룸에서 마주앉았다. "식사하시죠. 오시면 같이 하려고 점심 안 먹고 있었어요." 일부러 점심시간 피해서 잡은 약속시간이 3시였는데, 그나 나나 배가 매우 고픈 상태였다. "제가 도움될지 모르겠지만 알고 있는 이야기는 해 드릴게요. 저도 장수한우에 미쳐있거든요." 갈낙탕 국물 한 번 떠먹어 보고는 그 맛있는 갈낙탕이 다 식을 때까지 식사를 제대로 하지 못했다. 그가 식사를 앞에 둔 채 한우얘기를 시작해서 멈추지 않았기 때문이다. 배가 고프기도 했지만, 그가 어떻게 장수사람들 틈에 끼어서 한우이야기를 하게 되었는지가 더 궁금했다.

선창규 장수한우프라자대표

장수에서 준비된 사람들을 만나다

선창규 대표가 장수와 인연을 갖게 된 때는 그가 한화그룹 갤러리아 백화점에
서 축산유통을 맡아 일하던 1996년이었다. 그때 농수산물 품질관리원으로부터
장수 홍보영상이 담긴 비디오테이프를 하나 건네받았다. 받기는 했지만 당시 갤

러리아 백화점에서는 '강진맥우'를 주력상품으로 개발해 놓은 상태여서 장수한
우에 대해 특별한 관심을 보이지 않았다. "장수에 한 번 가 봐라. 정말 좋다. 좋
은 소를 가지고 있는데 판로를 개척하지 못하고 있더라." '품'자 찍어주며 단속하
러 다니는 품질관리원의 말이니까 안 들을 수도 없고 해서 한 번 가보자는 심정
으로 장수에 갔다.

　장 군수가 장수축협장으로 있을 때인데 선 대표는 장 군수를 이렇게 기억하고
있었다. "잠깐 얘기를 나눴는데, 생각했던 시골 사람이 아니어서 놀랐어요. 시골
은 단체장들이라고 해도 답답해서 대화가 잘 안 돼요. 정보도 어둡고, 경계심 많
고…. 그런데 이 사람은 다른 거예요. 소에 관해 얘기하는데 정말 대단하더라고
요." 시골사람에 대한 그의 편견이 축협장과의 단 한 번의 만남으로 인해 깨지기
시작했다. "목장을 둘러보니 곳곳에서 온통 땀방울 냄새가 났어요. 소를 볼 필요
도 없다는 생각이 들 정도였으니까요." 품질관리원이 품질인증 먹이러 왔다가
얼마나 감동을 하였으면 업자에게 직접 소개까지 했겠나 그제야 이해가 되었다.

　"축협장은 원하는 모든 조건을 맞춰줄 테니 장수 브랜드를 만들어서 판매할
수 있도록 도와달라고 했어요. 두 번 생각 안 하고 바로 그러겠다고 했지요. 축
협장은 여러 단계를 거치면 시간이 오래 걸리니까 다음에는 본인에게 직접오라
고 했어요." 보통 단체장들은 어깨를 세우며 누구누구 거쳐서 계획서를 결재받
으라고 하는데, 장 축협장은 그런 과정을 과감하게 생략할 정도로 합리적인 사
람이었다. "장수는 서울 사람들이 몇 년 후에 자기네들을 찾아올 수밖에 없도록
환경을 미리 만들며 준비하고 있었어요. 청정이라는 환경과 안전한 먹거리 상품
을요." 첫 이야기가 길어지는 바람에 비록 식어버린 탕을 먹긴 했지만 대신 '인연'
에 얽힌 감동적인 이야기를 듣게 되어서 위로가 되었다.

장재영 장수군수

프랑스 친구가 장수를 향해 외치는 소리 "원더풀"

선 대표는 국내 최초 명품백화점의 길을 개척한 갤러리아 백화점에서 축산 명품브랜드를 만들었으며, 세계시장에서 대형마트의 역사를 쓰고 있는 까르푸에서 실력을 인정받으며 최고의 전문가로 단련되었다. 그는 유통업계에 많은 인맥을 가지고 있고, 실지로 강진맥우를 비롯하여 여러 특산물 명품브랜드를 만들었다. 장수한우는 그를 통해서 명품시장에 진입하게 되었다.

사실 선 대표는 장수한우에 전혀 관심이 없었다. 어느 정도 명품의 반열에 들어서 있는 특산품만을 상대해 왔기 때문이다. 그러던 그가 까르푸로부터 스카우트 제의를 받아 직장을 옮겼고, 까르푸에 장수한우를 소개했다. 프랑스 친구들을 데리고 장수로 내려가서 현장을 보여 주었다. 그들은 농장의 주변 입지환경과 장수의 소를 보고 "원더풀"이라고 답했다. 그 후 식품부만큼은 까다롭기로 소문난 까르푸에 처음으로 장수한우가 들어가게 되었다.

"좌우명이요? 전 이렇게 생각해요. 원칙 속에서 변칙이 있는 것이지 변칙 속에 원칙은 절대로 있을 수 없다고요." "일을 잘하든지, 대인관계가 좋든지, 머리가 좋든지 한 가지는 잘해야 한다고 자신에게 강조하면서 살았어요. 이 셋 중에서 내가 잘할 수 있는 것은 대인관계뿐이에요. 영어도 안 되고, 체격이 왜소하니까 일도 잘 못해요. 그러나 대인관계가 좋으면 누군가 날 도와줄 수 있잖아요. 그래서 사람을 속이지는 말자고 다짐했어요." 장수를 방문했던 프랑스 친구들이 그를 믿어주었다. 프랑스 사람들은 "2년 동안 한국 사람들이 좋다고 하는 곳은 다 가봤지만, 말과 일치하는 곳은 처음"이라면서 맘에 든다고 했다. "보는 눈이 정확하다고 칭찬도 들었어요. 장수 덕분에 인정을 받았다고 볼 수 있죠."

까르푸가 장수한우를 104%에 가져간 이유

장수한우가 가격 면에서 다른 소보다 월등한 값에 출하된 것이 까르푸 납품 때부터라고 하던데 특별한 이유가 있는가? "지금은 104%를 받고 있지만, 당시에는 지급률이 109%였어요. 까르푸에서 장수 한우농가에도 좋은 점수를 주었지만, 축협장에 대해서는 나보다 더 신뢰했어요. 프랑스 사람들이 축협장을 아주 좋아했어요." 그들이 고기 자체보다도 사육하는 사람들의 정서와 정성을 더 높이 평가했기 때문에 그 값을 얹어주었다는 얘기다.

지금은 모두 이력제를 시행하고 있지만 처음 시작한 것은 까르푸였고, 그 대상이 바로 장수한우였다. "소비자가 바코드를 확인할 수 있도록 전산화시켜야 한다고 할 때, 축협장은 시설비용이 없다면서 안타까워했어요. 그래서 104%였던 지급률을 109%로 올려주고 시설을 갖추도록 해주었죠." 그것 말고도 장수한우가 프랑스 본사 라이센스를 얻도록 도움을 주었다. 한국 거래는 물론 전 세계에서 한우를 판매할 때는 장수한우만 판매가 가능하도록 한 것이다. 전 세계 까르푸 매장에서 노르웨이산 연어만 팔 수 있듯이 장수한우도 그렇게 독점권을 갖게 되었다. 까르푸 측은 지금은 비록 한국에서 철수했지만, 그동안 좋은 고기를 제공해준 장수군에 고마움을 전했고, 철수 후에는 이마트에 납품할 수 있도록 문을 열어주어 지금은 이마트 30여 개의 매장에 장수한우가 들어가 있다.

장수한우, 명품의 길을 걷다

선 대표가 처음 장수에 올 때는 광주에서 왔기 때문에 장수가 얼마나 먼 곳인지 몰랐다. 그런데 두 번째는 서울에서 출발하여 영동과 무주를 거쳐서 왔기 때문에 너무 많은 시간이 걸렸다. 그래서 다시 오지 않기로 마음을 먹기도 했다. 아무리 고기가 좋다 한들 도대체 이 산골에서 어떻게 고기를 가져다 팔 것인가 고민이 되었다. 그랬던 그가 장수의 축산관계자를 만나 의기투합하면서 장수한우를 명품시장에 등장시켰다. 까르푸 등록도 한우상품코드로는 국내 최초이자 유일한 일이었다. 장수한우가 선 대표의 마음을 사로잡은 것은 바로 명품으로서의 가능성과 장수사람들의 열정이었다.

퇴직 후 그는 장수군에서 추진하고 있던 사업의 연장선에서 최초로 자신의 이름을 걸고 사업을 시작했다. 그 첫발이 덕유산 장수한우사업단이다. 군에서 대지를 사들이면 거기에 자신이 건물을 짓기로 했다. 건물을 지어 군에 헌납하는 대신 15년 동안 영업권을 보장받는 조건으로 선 대표가 직접 매장을 운영하기로 했다.

　선 대표는 이곳저곳 발품을 팔아가며 마땅한 땅을 찾아다녔다. 서울에서 문을 열려면 200억 정도가 필요한데 장수에는 그런 거액이 없다는 게 문제였다. "당시에 장수가 가진 자원이라는 것은 소밖에 없었어요. 물론 한우의 가치는 높이 평가하지만, 그것만 가지고는 불가능한 일이잖아요." 선 대표는 장수한우를 가지고 서울 외곽으로 가야 한다고 판단하고, 일단은 골프장 주변을 물색했다. 왜냐하면, 명품을 즐기기 위해선 손님도 일정한 수준이 있어야 하니까. 당시에 허허벌판이었던 용인을 선택했을 때 모든 사람이 의아해했으나, 장소가 A급은 아니어도 홍보차원에서는 적격이라는 선 대표의 말을 믿어주었다. 장수군이 투자할수 있는 20억을 200억처럼 쓰는 길은 그것뿐이었다. 선 대표는 고기는 최고등급만 달라고, 대신 값은 국내 최고가로 주겠다고 했다.

　건물 설계가 시작되었을 때, 선 대표는 불미스러운 사건에 휘말려 어려움을 겪게 되었다. 사실 여부가 가려질 때까지 구속 상태에 있었는데도 장수에서는 그를 믿고 계속 일을 진행했다. 장 군수는 군청 직원들을 보내서 특별면회를 시키면서까지 한우매장에 애착을 보였다. "한 평 반 남짓한 방에다 도면을 펴놓고 희망을 그려 넣었죠. 무고한 사람 붙들어 놓고 온갖 쇼를 하라고 협박하는 사람들이 있는가 하면 군수님처럼 끝까지 믿어주는 사람도 있잖아요. 저에게 누가 더 소중하고 누가 더 영향력 있겠어요?" 선 대표가 무죄 판결을 받고 나와 보니 상상 속에서 수없이 그려봤던 건물이 완성되어 있었다. "이런 것을 감동이라고 하나 봐요. 많은 일을 하면서 살아왔지만 그렇게 복잡하고 미묘한 감정은 처음이었어요. 장수한우프라자는 장수사람들에게도 귀한 재산이지만 저에게는 사업 이상의 의미예요."

최고의 고객, 최고의 품질, 최고의 서비스

장수한우는 명품이라는 이름값만큼 품질도 좋지만, 가격도 비싸다고 들었다. 특히 이곳에는 A++만 들어오기 때문에 일반식당과는 가격차이가 제법 났다. 아까 먹은 갈락탕 한 그릇에 3만 원이라고 한다. "장수농가에서 그렇게 정성껏 길러서 보내주는데 그 값어치는 받아야 하잖아요. 좋은 소를 다이아몬드 원석이라고 치면 가공해서 반짝이는 명품을 만드는 것이 제 역할이죠."

"명품을 만들기 위해서는 품질과 가격부터 차별화시켜야 한다는 생각이에요. 광고 전략도 마찬가지고요." 그의 예측이 맞아가기 시작했다. 선 대표는 장수가 어떤 자연환경을 지닌 지역이고, 장수한우가 어떻게 길러지는지, 안전 먹거리에 대해 지속해서 홍보했다. 울릉군은 알아도 장수군은 모르던 소비자들에게 차츰차츰 장수브랜드 가치가 알려지게 된 것이다. 선 대표와 장수군은 프라자 오픈 후 1년 동안 장수와 장수특산물을 알리는 홍보전에 총력을 기울였다.

그의 마케팅기술은 삼성의 임원진들을 고정고객으로 만들었다. 그는 최고의 고객에게 최고를 선택하여 최고의 서비스를 제공했다. 그 결과 고객으로부터 '장수한우를 먹게 해줘서 고맙다'는 말을 듣게 되었다. 그리고 동원 가능한 마케팅 지원군을 찾아서 그들이 장수한우를 마케팅하기 위해 온갖 노력을 기울이고 있다는 것을 보여주었다. 군수가 출장을 오면 군수를 부르고, 과장이 근처에 있

장수한우사업단 유전자연구소 최재원 계장

으면 과장을 부르고, 농민단체 대표가 있으면 그를 불렀다. 장수사람들은 최고 한우로 인정해줘서 고맙다 하고, 상대방은 최고의 음식을 먹게 해줘서 고맙다는 인사를 했다. 그리고 그들은 장수의 마케팅 열정에 박수를 보냈다.

밥때가 늦어지면 소에게 미안하다고 말하는 사람들

보는 눈이 정확하다는 선 대표에게 장수한우의 우수성에 대해 설명을 부탁했다. "우선 소가 좋아요. 품질에 관한 것은 전문가들이 판단하겠지만, 저는 소가 자라는 환경을 봐요. 소도 사람과 마찬가지예요. 청정지역에서 스트레스를 덜 받고 자라기 때문에 면역력이 높아서 무항생제 사육이 가능해요. 그리고 먹이의 문제도 중요하죠. 천연 암반수와 월령에 맞게 영양을 공급해주는 TMR사료를 먹고 자란다는 것이죠. 게다가 소를 키우는 사람들의 자부심과 소를 사랑하는 마음을 빠뜨릴 수 없어요. 장수의 한우 농가들은 소를 최우선으로 여기는 삶을 살고 있잖아요. 늘 소와 교감하며, 밥때가 조금이라도 늦어지면 소에게 미안하다고 말하는 사람들이죠. 이들에 의해 이렇게 길러진 소라면 당연히 최고 아니겠어요?"

선 대표가 장수한우를 국내 실거래 최고가에 +α를 쳐주는 이유도 거기에 있다. 장수에는 TMR사료를 먹여서 사육하는 농가가 78곳인데 돌아가며 프라자에 출하하고 있다. 이 소들은 지금까지 단 한 번도 문제를 일으킨 적이 없다고 한다. "사육농가가 수도권에서 가까우면 물류비가 적게 드니까 가격 게임은 가능해요. 하지만 환경만큼은 어쩔 수가 없죠. 장수의 자연환경은 굉장한 경쟁력이에요. 광고비를 쏟아 부어서 유명세를 탄 한우들은 성형미인이라고 보면 돼요. 장수는 순수하게 소에게 투자하고 있잖아요. 지금은 미련해 보일지 모르지만, 곧 세상이 다 알게 될 거에요."

그는 자기 생각이나 의견들이 개인의 사업을 위한 것이라고 오해받을 때 가장 섭섭하다고 했다. 그러나 장수한우에 미쳐있는 사람들, 특히 장 군수와 한우사업단 성 단장, 유전자연구소 최 계장처럼 열정이 넘치는 사람들을 만나면 무엇이든지 할 수 있을 것 같아서 다시 또 힘이 난다고 했다. "장수한우는 행정사업단-플라자라는 앵글이 있어서 안전하게 여기까지 온 거예요. 서로의 가치를 인정해 줬기 때문에 가능했어요." 농가는 소 한 마리 더 팔고 조금 더 비싼 값을 받는 것이 중요하겠지만, 한우 농가 전체, 장수군 전체를 그리고 미래를 생각한다면 달라져야 할 것이 있다고 선 대표는 말했다. "명품이 되기도 쉽지 않지만, 명품을 유지하는 것은 더더욱 어려운 일이에요. 소비자는 항상 그 이상을 요구하고 있기 때문이지요." 고지에 올라오기는 어려웠지만 내려가는 것은 한순간일 수도 있다는 것, 선 대표는 그것을 염려하고 있었다.

장수는 희망의 땅

선 대표가 지금까지 장수와 인연을 맺고 지켜봐 온 장수사람들은 어땠나? 그들의 변화, 그들의 현재, 미래에 대한 생각들을 전해 달라 했다. "하도 멀어서 두 번 다시 안 간다고 했던 장수와 같이한 시간이 벌써 17년째네요. 처음에 장수사람들은 시골티가 많이 나서 좋았고, 군수님은 시골 사람 같지 않아서 좋았어요. 사람들이 돈 벌기 위해 열심히 살 때는 소처럼 우직했는데, 돈을 벌고 나니 조금 약삭빨라졌다고 해야 하나? 순수성은 퇴색된 것 같아요. 하긴 세월도 그만큼 흘렀죠. 하지만 소에 대한 생각만큼은 변함이 없는 것 같아요. 대단한 정신이죠."

그는 자신이 유통업자로서 원칙을 세우고 살듯이 그들도 농업철학으로 무장되어 있다면서 그런 면을 존경한다고 했다. "군수님…. 난 그 분이 남자로서 지녀야할 것은 다 가졌다고 생각해요. 체격도 좋으시잖아요. 하하하. 적도 내 편으로 만들 수 있는 대단한 친화력을 가지신 분이세요. 미래를 내다보는 안목도 그렇고, 무엇보다도 뜻이 크다는 것, 거기에는 전혀 사심을 끼워 넣지 않는다는 것도. 그분이 장수에 계셔서 군민들도 나도 복 받은 거죠." 넘어지면 손 내밀어 주고, 일으켜만 주는 것이 아니라 다친 곳 없느냐고 물어봐 주고 살펴주는 아버지 같은 사람을 만난 것은 자신에게 큰 행운이라고 했다. 그리고 장수는 노인들만 있는 것이 아니라, 계속해서 젊은이들이 찾아서 오고 있으니 '희망의 땅'이라고 했다. "먹을 것이 있으면 사람이 오게 돼 있어요. 정부지원사업도 많고 하니 젊은이들이 오면 할 일도 있고, 괜찮죠."

나에겐 장수한우가 있다

장수를 제2의 고향이라고 했다는데, 노후에 장수 와서 살 생각은 없는가? "고민은 해 본 적이 있어요. 그래도 순천이 고향이니까 아직은 태어난 곳으로 가고 싶어요. '네가 먹어 본 오이 중에 어떤 오이가 제일 맛있느냐' 물으면 난 아직도 '낙성오이요'라고 대답해요. 낙성오이는 마지막 꼭지 부분도 안 쓰잖아요." 선 대표의 마지막 이 말은 긴 울림통을 지나서 나오는 소리같이 낮고 깊게 온 방 안의 공기를 건드리다가 다시 돌아왔다.

갑자기 그에게 미안한 생각이 들었다. 인터뷰를 마칠 때까지도 그의 말을 사업가의 말로만 들었지 가슴으로 느끼지 않았다는 사실을 깨달은 것이다. 치열한 시장에서 살아남은 강인한 남자의 가슴에 고향이 있고, 아버지가 있고, 장수한우가 있고, 낙성오이가 있다. 일하는 그는 강하지만, 생각하는 그는 여리고 따뜻한 사람 같아 보였다.

글을 정리하면서 그와의 인터뷰 때 적었던 메모를 다시 읽어 보았다. "지금까지 모은 재산을 잃는다고 해도 별로 두렵지 않다. 난 내 좌우명대로 대인관계는 성공한 것 같다. 곳곳에 유통 관련 인맥이 있고, 아버지 같은 군수님께 신뢰도 얻었다. 그리고 장수한우가 있다." 그리고 낙서처럼 흘려 쓴 또 하나의 메모가 있었다. '선창규 대표가 장수사람 이야기에 나와도 될까?'

3. 오미자와 토마토이야기

장수오미자의 역사

국내 최초 인공재배 성공

장수군은 우리나라 오미자 재배면적의 25%를 점유하고 있는 주산지이며, 국내에서 최초로 야생오미자를 노지로 이동시켜 인공재배에 성공했다. 70년대부터 재배를 시작하였으니 국내 재배 역사도 깊고, 재배기술을 기존의 덕식 _{수평책식으로 재배하는 생육 방식}, 울타리식에서 하우스, 아치형으로 바꾸어 개선함으로써 농가들의 생산성 향상에 크게 이바지했다.

재배법을 바꾸었더니

장수의 오미자는 80년 중반까지 큰 어려움 없이 지역 특산품으로 자리를 잡아가고 있었다. 그러나 중국산 건오미자의 수입으로 출하가격이 내려가 채산성이 약화되자, 재배를 피하는 농가들이 하나 둘 늘어났다. 그에 따라 전체 재배면적이 줄어들기 시작했다.

그 후, 장수군 농업기술센터 연구진과 뜻있는 농가들은 생산량감소 문제와 농

장수 오미자

가운영 중단 상황을 막는 방법을 찾기 시작했다. 그중 하나가 생산성을 높일 수 있는 신기술을 도입하는 것이었다. 장수군은 기존의 울타리식에서 터널식으로 바꾸는 시설을 지원했고, 재배법을 농가에 보급했다. 터널식 재배가 생산성이 높은 이유는 울타리식보다 열매가 골고루 열리기 때문에 과일의 생육상태가 좋다는 것이고, 열매 수확도 더 편리하다는 장점이 있다. 이로써 장수는 고품질·다수확의 기틀을 마련하게 되었다. 때마침 오미자 연구가 활발하게 진행되어 국산 오미자의 우수성이 알려지자 싼 가격의 수입산 오미자를 앞지를만한 경쟁력이 생겼다. 또한, 약용 이외에도 오미자를 재료로 한 새로운 음식들이 개발되어서 그 수요는 늘어날 것으로 보인다.

면적도, 수확량도, 소득도 쑥쑥

그동안 장수군에서는 재배면적을 확대하기 위해 생산 기반시설을 지원하고, 품질 좋은 오미자를 생산하기 위해 재배기술 개발에 힘쓰고, 농민들에게 꾸준히 생산방법을 교육했다. 그 결과 만족할만한 성과가 나타났다. 수확량은 1.5배나 늘었고, 열매 상태도 특상품 비율이 2배 많아졌다. 2004년에 1천 평을 재배했을 때 약 850만 원이었던 농가소득이, 2009년에는 1,680만 원으로 2배 이상 크게 올랐다. 오미자사업단이 출범할 당시에 장수군 오미자 수확면적은 55ha에 불과했으나 2009년에는 120ha로 2.2배 이상 증가했다.

사과농사 짓다가 힘들면

오미자는 농산물 중에서는 재배가 쉬운 편에 속한다. 다른 과실재배보다 일품이 덜 들고, 유기농 재배 가능성이 높아서 농가들이 선호하는 품목 중 하나다. 특히나 농가소득이 높은 편이며, 판매경로가 비교적 안정된 편이라서 최근 오미자 재배농가로 전환하는 경우가 점차 늘어나는 추세다.

장수에는 단일품목만 재배하지 않고 복합영농을 하는 농가가 많은데, 특히 연령대를 나누어 할 수 있는 특화작물이 사과와 오미자다. 젊은 시절에는 사과농사를 짓다가 나이가 들어서 오미자로 전업했다고 하는 농가도 있다. 사과보다 일이 쉬운 편이라서 사과농가가 오미자로 품목을 바꾸는 경우다.

장수 오미자 수확

　현재 장수의 오미자 마을은 자체적으로 축제를 진행할 만큼 도농교류 체험마을로서의 기반을 만들어가고 있다. 단순한 수확체험이 아니라 체험을 통해 인연을 만들고, 그 고객을 다음 해에 다시 초청하는 이벤트를 진행하기도 한다.

걸어온 길, 걸어갈 길

　장수군의 오미자는 2004년부터 본격적으로 사업화했다. 농촌진흥청의 '특화

장수 오미자 진액

작목 산학협력단사업'에 장수군의 오미자가 선정되어 사업비를 지원받은 것이 동력이 되었다. 그 후, 오미자 산업은 시장경쟁력을 키우면서 시너지 효과를 발휘하기 시작했다. 2008년에는 향토산업 육성사업 지원대상에 선정되었고, 2013년에는 오미자 와인 '오미시앙'과 '7942'를 출시했다. 장수군은 2014년부터 2015년까지 관내 농업인 공동가공시설인 농산물종합가공센터에서 다양한 농산물을 가공 생산할 계획이다.

오감 만족 RED FOOD

오미자는 사과, 한우에 이어 세 번째 특산물로 장수에서 전략적으로 집중적으로 육성하고 있는 품목이다. 장수는 사과와 한우에 이어 오미자와 토마토를 선택해서 레드식품으로 콘셉트를 잡아 건강도시와 연결했다.

사과와 한우가 장수군을 떠받치고 있는 양대 산맥이라면, 오미자는 그 뒤를 이어 산맥의 등줄기를 타고 올라가고 있다. 그동안 생과와 액즙 판매에 치중했었는데, 이제는 가공산업으로 활성화함으로써 장수 명품특산물 브랜드에 품목을 하나 더 추가시켰다. 웰빙음식에 대한 관심이 지속적으로 높아지고 있는 가운데 오미자가 기능성 식품으로 인정받으면서 소비자 수요가 급증했기 때문이다.

2013년에는 전국 지자체 대상 공모 사업에서 장수군이 '오감만족 RED FOOD 6차산업 육성'이 최종 선정되어 지원금을 받았다.

농산물가공상품화 농산물종합가공센터

장수군 농산물종합가공센터는 농가창업성공을 극대화시키기 위한 사업의 일환으로 세워졌다. 창업에 대한 열정이 있는 농업인이 창업하여 자립경영을 할 수 있도록 전 과정을 교육하고 있다. 또한 공동브랜드 '장수드림'을 개발하여 가공상품을 규격화하는 등 제품 품질을 향상시켜나가고 있다. 장수군은 농산물가공센터의 설립으로 농산물 가공이 활성화됨에 따라 농가들의 농외소득이 늘어나고, 창업활동이 일어나는 등 농업인들의 경제에 도움이 되고 있다.

외갓집 같은 오미자 마을
시냇물농장 이재연

오미자가 붙들고 있어서 갈 수가 없다

천천면 비룡리에 있는 시냇물 농장을 방문했다. 겨울이라 앙상한 오미자나무 가지만 있을 테지만 울타리식에서 터널형태로 개조해서 품질과 생산성이 높아졌다는 농장을 보고 싶어서였다.

농장주는 올해 67세인 이재연 이장이다. 잠시 있다가 떠난다는 생각으로 이 마을에 들어왔는데 강산이 여러 번 바뀌어 40년이나 지났다고 한다. 언제 떠나실 거냐는 물음에 오미자가 붙들고 있어서 이제는 갈 수 없다며 웃었다. 아내와 단 둘이 살고 있는데 직장에 다니는 자녀를 위해 손주를 돌보고 있었다. 겨울이라 할 일이 없어 심심한데 다행히 손주 보는 재미에 하루해가 짧다고 누구나 다 아는 거짓말을 해서 다 같이 웃었다.

따뜻한 방바닥에 앉아있으니 마음이 넉넉해져서 그런지 이재연 이장의 이야기가 동화처럼 들렸다. 40년 동안이나 이 마을에 살았다고 하니 장수 오미자 재배역사와 맞먹는 햇수여서 1974년에 시작된 재배 초기의 이야기를 들을 수 있을 것 같았다. 아니나 다를까 이재연 이장은 곧바로 이야기보따리를 풀어 놓았다.

왜 오미자 마을인가

장수지역은 백두대간의 큰 산인 덕유산과 장안산 외에도 마을 근처에 작은 산들이 많은데 토양 때문인지 자생 오미자가 많았다. 가을이면 한 보따리씩 따가지고 와서 차를 끓여 먹곤 했는데, 마을에 사는 박정례란 분이 가만히 생각해 보

시냇물농장 이재연 씨

니 마을에 가져다가 심어도 되겠다 싶어서 오미자나무를 캐다 자기 밭에 심어
보았다.

　죽어도 안 될 거다 생각하면서 한 해를 지냈는데, 걱정했던 것과는 달리 꽃이
피고 열매가 맺어서 수확할 수 있을 정도로 잘 되었다. 그래서 나무로 기둥을 만
들어서 오미자나무를 지탱할 수 있게 해주고 몇 그루를 더 캐다가 재배를 시작
했다. 그것을 본 사람들이 호기심에 기웃거리니까 박정례 씨가 마을 사람들에게
심어보라고 권유했다. 농사를 짓고 살지만, 옛날 어른치고는 실험정신이 강한
사람이라서 여러모로 본보기가 되었던 사람이었다. 직접 눈으로 보고 확인한 마

을 사람들은 농사짓던 밭에 하나둘 오미자를 재배하기 시작했다.

처음에는 몇 그루만 심어보자 했던 사람들도 시간이 지나자 반반씩 나누어 하기도 했다가 지금은 오로지 오미자만 하는 사람이 늘어나서 지금은 이 마을 36가구 중 24 농가가 오미자를 재배하고 있다. 그래서 오미자 마을로 불린다.

밀려오는 중국산, 답은 생과다

"70년대 중반에 자생을 밭으로 끌고 나와서 재배한 덕에 재미도 봤지만 80년대 말부터 중국산이 수입되니까 값이 형편없이 내려갔어요. 다들 마음고생 좀 했죠." 오미자는 매일 먹는 음식 재료가 아니라 소량 생산된 대부분이 약용으로 이용되기 때문에 공급량이 많아지면 곧바로 가격이 폭락한다. 중국산 건오미자가 600g에 만원을 밑돌았으니 우리 농산물은 판로가 거의 막힐 정도로 심각했다. 농가마다 시름이 커질 수밖에 없었고, 급기야는 오미자를 다 캐 내버리고 다른 농사로 전환하는 사람이 늘어갔다. 그때 장수 오미자 농산업 기반이 완전히 붕괴하는 줄 알았다면서 이 이장은 그때를 떠올리며 긴 한숨을 내쉬었다. "그래도 버틴 사람들이 있었어요. 군에서도 오미자를 살리기 위해 애를 썼고요."

92년에는 작목반을 구성하고 뿌리를 사다가 다시 심기 시작했다. 때맞춰 오미자 연구가 활발해지고, 수입산과 국산의 효능 차이가 비교 발표되면서 아무리 싸도 중국산은 먹지 않겠다는 소비심리에 힘을 받았다. 장수는 판매 전략도 바꾸었다. 수입은 건조된 상품이 오니까 생과로 팔면서 경쟁력을 회복하기 시작한 것이다. "다시 소비가 증가하니까 건오미자는 차로만 팔고 생과 판매나 엑기스로 활용하는 방법들을 찾았어요. 중국은 우리나라보다 재배 면적이 40배 수준이라고 하니 물량으로나 가격으로나 경쟁이 안 되잖아요. 농촌기술센터에서 많이 도움을 줬어요."

오미자 저것이 겨울이면 저렇게 볼품없이 있다가도

오래전 이야기지만 이 이장은 어제 일처럼 생생하게 기억하고 있었다. 자신의 무릎을 톡톡 두드리며 애써 그때의 심정을 달래는 그를 보았다. 오미자나무를 뽑고 땅을 헤집으며 한탄했을 농부들의 허망한 마음이 그대로 전해져오는 듯했다. 잠시 씁쓸한 미소를 흘리더니 "궂은 날도 있고 맑은 날도 있는 것이지요. 지금은 좋아요. 오미자 저것이 겨울이면 저렇게 볼품없이 있다가도 싹이 나고 꽃이 피고 열매가 잔뜩 맺혀요. 신기하죠. 사람 사는 일도 그래요." 한다.

그의 말을 따라 앙상한 가지에서 새잎이 돋아나고 꽃봉오리가 하나씩 터지는 풍경을 상상해 본다. 오미자나무에는 오미자꽃 암수가 함께 맺혀 자가수정을 한다. 꽃이 빨리 지는 대신 향기가 진하고 열매를 빨리 맺는다고 한다. 푸른 잎사귀 사이로 대롱대롱 매달린 채 빨갛게 익어가는 오미자가 사진처럼 선명하게 나타났다가 사라졌다.

면적을 줄여서라도 죽을 때까지 할 거야

아치형을 이룬 터널 속에서 열매를 수확하는 장면을 떠올리면서 농사가 힘들지는 않은지 물었다. "다른 농사보다는 쉬운 편이에요. 그래도 나이가 있으니까 언젠가는 버거워질 때가 있겠죠. 그래도 면적을 줄여서라도 죽을 때까지 할 거에요." 자식들에게 물려주고 싶은 마음이지만 아무도 하지 않겠다고 하면 농지은행에 맡기겠다고 하면서도 내심 누군가 내려와서 가업을 이어주기를 바라는 마음이 간절해 보였다.

많은 농부의 심정이 그렇다고 한다. 본인은 많이 배우지도 못했고, 평생을 농촌에서 살다 보니 자식만큼은 많이 가르치고 싶고, 도시에서 직장을 얻어 문화 혜택을 누리며 살기를 바란다고. 그러나 취업도 어렵고 설사 취직이 된다고 하더라도 맞벌이를 하지 않으면 살기 빠듯하다는 것을 아니까 젊어서는 도시에 살다가 결혼하고 내려오라고 한단다. 농촌이 옛날 같지 않아서 머리 써서 농사지으면 월급쟁이보다 낫기 때문이다. 이 이장도 그런 생각이다. "농지은행에 맡겨 두면 누구라도 하나 내려와서 농사짓겠다고 할 때 찾아서 할 수 있으니까 아직은 크게 염려하지 않아요. 하겠다는 놈이 영리한 것이지요."

오미자값이 올라서 걱정이야

울음소리 한 번 내지 않는 순한 손자를 힐끗 쳐다보더니 그가 화제를 바꾸었다. "올해는 오미자 가격이 너무 비쌌어요. 이건 아닌데 말이에요." 가격이 올라가면 소비자가 외면하게 될까 봐 농가마다 걱정하고 있다. 서로 판매가격을 결정하고 출하했는데, 수요가 증가하다 보니까 슬쩍 가격을 올리는 농가가 생겼다. 그래서 생과 1kg에 1만 원 받기로 했던 것을 1만 2천 원까지 받았던 모양이다. 이 이장은 아무리 생각해도 1만 원선이 적당하다고 생각한다.

출하가격은 작목반에서 협의하여 작목반장이 정하는데 12년의 경우 1만 원으로 정했고, 슬슬 오르는 기미가 보이자 다시 모여서 정한 값에 팔아야 한다고 했는데도 의견이 양쪽으로 갈려 두 가지 값으로 팔린 것이다. "장수 것이 비싸게 팔려요. 문경 것보다 원액이 많이 나와서 더 비싸다고 하는 데 사실인지는 모르겠어요." 그냥 무턱대고 장수 것이 더 좋다고 해도 될 텐데 군이 사실인지 모르겠다고 한다. 그런데 오히려 그 말에 더 믿음이 갔다.

78세 작목반장님의 기다림

이 이장의 말을 거드는 셈으로 작목반장 말을 듣지 않는다면 누가 책임감만 있는 반장 하려고 하겠느냐며 가격을 올린 농가 탓을 해보았다. "작목반장은 2년에 한 번씩 돌아가면서 하는데 다음 해에는 78세 되신 분 차례예요. 그분은 얼마나 기다리시는데요." 아차 싶었다. 작목반을 구성하고, 대표를 뽑고, 회의하면서 서로 단합하여 일을 꾸리는 재미도 있을 것이다. 게다가 개인에게 돌아오는 이익은 없어도 반장이라는 감투가 주는 성취감도 있을 것이다. "이장님은 더 좋으시겠어요. 이장님이니까." 하면서 마을 이장으로 일하면서 보람 있었던 일은 무엇이었는지 듣고 싶다고 청했다.

남이 100을 하면 난 70, 이장이니까

"무엇이 좋았다고는 딱 꼬집어 말하기는 좀 그렇지만 나쁜 것이 없었으니까 이장 역할을 오래 했지요." 표정이 밝아지면서 할 말이 많은 사람처럼 그가 자세를 바꾸고 이야기를 하려 하자 아기를 보고 있던 그의 아내가 거들었다. "이 양반은 아주 바빠요. 농사보다 밖으로 다니는 시간이 더 많아요." 불평이 아니었다. 바깥일로 바쁜 남편이 오히려 자랑스럽다는 의미로 들렸다. "맞아, 쏘다니느라고 난 돈을 많이 못 벌었어요. 남들이 100을 하면 나는 70 정도밖에 못 했거든요. 그래도 좋아요." 정말 아무 걱정 없이 행복한 표정으로 그가 웃었다.

이장을 맡으면 수당을 포함해서 24만 원 정도 수입이 생기는 데 그거야 술 한 잔 사면 없어지는 돈이고, 사람들을 많이 만날 수 있다는 것이 제일 좋다고 했다. 여기저기서 늘 모이고, 자주 만나다 보니 사람이 더 좋아지더란다. "노름이랑 담배는 안 해도 술하고 사람은 좋아요. 덕분에 안사람이 일을 많이 하지요." 모처럼 부부의 시선이 마주쳤다. 서로 인정하고 이해한다는 눈빛은 손으로 하트를 그리는 것보다 더 다정해 보였다. 음식 솜씨가 좋은 아내는 동네에서 인기가 있다면서 연신 추켜세웠다.

버스 기사에게 꽃목걸이를 걸어주다

"개인적으로 좋은 것은 사람들 만나는 것이지만, 마을 주민이 필요하다고 하는 것을 군에 건의하여 그것이 이루어졌을 때는 큰 보람과 행복을 느껴요. 사실 내 인생에는 재미란 것이 별로 없었어요. 마을 일을 하다 보니 신나는 일이 생기더라고요."

대표적인 일화로 이 마을에 버스가 들어오게 되던 날의 이야기를 들려주었다. 이 마을 사람들도 반신반의했고, 다른 마을에서도 불가능하다고 비웃던 일을 몇몇 주민들의 노력으로 이루고야 만 흥미진진한 이야기였다.

마을에 큰 길이 없어서 농사짓기에도 어려움이 있고, 버스가 다니지 못하니 일상생활이 너무 불편했다. 하지만 없던 길을 만든다는 것은 어려운 일이었고, 물론 버스를 들어오게 하는 일은 꿈도 꾸지 못했다. 마침 면장이 길만 내면 버스가 들어오도록 도와주겠다는 말을 했고, 주민들 사이에서 큰길을 만들자는 의견들이 나오기 시작했다. 그러나 남의 밭을 길 만들어야 하니 내 놓아라 할 수도 없는 노릇이어서 속만 끓이고 있었다.

처음에는 밭 주인을 설득도 해보았지만, 도무지 해결될 기미가 보이지 않자 누군가 용기를 내야했다. 해가 내려앉고 어둠이 깔리자 장정 몇몇이서 몰래 그 밭에 흙을 퍼다 돋우고 달아났다. 주인이 잡으러 오기를 몇 번, 도망치는 사람을 잡기 어려웠고 결국 꽤 너른 길이 만들어졌다.

드디어 버스가 처음 들어오던 날, 주민들은 테이프를 끊고, 기사에게는 꽃목걸이를 걸어주고 동네잔치가 벌어졌다. "얼마나 가슴 벅찼는지 몰라. 이런 일이 개인에게는 일어나지 않잖아요? 마을 경사가 내 기쁨이라는 게 아마도 그때 제일 실감 났을 거예요. 마을 사람들도." 이 이장은 그때의 흥분을 쉬 가라앉히질 못하고 얼굴에 홍조를 띠었다. 목소리마저 작게 떨렸다. "우리 마을 사람들 대단해요. 작은 마을임에도 불구하고 군민체육대회에 안 빠지고 출전한다니까요." 아내 자랑에 이어 이제는 마을 자랑에 신이 났다.

이 이장은 마을 일을 해보니 공동체라는 것은 어중간하게 잘 살 때가 서로 맘이 편하다면서 뭉치면 커질 때도 있지만, 오히려 작아지는 경우도 있다고 했다. 의미 있는 말 같아서 새겨 두었다.

마을 사업이 끝나니 허전해

"마음이 불편할 때도 가끔 있어요. 특히 마을마다 사업을 한 가지씩 주는데 10년이 지나도 순번이 안 돌아오니 뭔가 하고 싶어도 마땅한 거리가 없어서 심심해요. 다행히 마을에서 오미자 축제를 열고 있기는 해요."

장수에서는 '예비장수' 훈련이 끝나야 '본마을 장수'가 되고, 그때가 되어야 큰 사업을 할 수 있도록 시스템이 되어 있다. 주민들의 결집력이 가장 크게 작용하는 향토 마을 만들기는 마을소득과 마을의 문제를 스스로 진단하고 스스로 설계해야 한다. "누구에게나 상은 좋은 것이죠. 상금 받은 것을 가져다주니 모두 제 일처럼 기뻐해 주더라고요. 뭔가 해냈다는 기분은 말로 표현할 수 없을 만큼 좋아요."

이 마을에서는 군에서 1년에 5천만 원씩 3년간 지원해 줘서 '건강장수마을' 사업을 했다. 요가, 체조, 풍물을 배웠는데 체조가 끝나고 술 한 잔씩 나누는 즐거움이 컸다. 3년 배워서 풍물 연주할 때는 서로에게 감동 받아서 가슴이 뭉클했는데 끝나서 다들 아쉬워하고 있다. 일주일이 멀다 하고 기다렸었는데 그 기다림이 없어져서 한동안은 허전했다.

오미자 마을의 닭농장

이 마을에서는 2~3년에 한 번씩 군의 후원에 감사하는 마음으로 관계자를 초청해서 돼지며 닭을 잡아 대접했다. 솜씨 좋은 이 이장 아내가 부지런한 부녀회 회원들과 함께 김치며 김부각 등을 품앗이하여 봉사했다. 이 마을의 협동과 재미는 이것뿐만이 아니었다. 어디서도 들어보지 못한 재미난 이야기를 들었다.

동네 산기슭 아래에 터를 닦아서 공동으로 닭을 기르고 있다. 동네 행사 때마다 잡아서 일도 치르고, 내다 팔기도 한다. 울타리를 만들어 기른 지는 3년 정도 되었는데 집집마다 돌아가면서 일주일씩 먹이를 주고 관리한다. 많을 때는 300마리까지 불어난 적도 있어서 장에 나가 팔기도 했다.

알은 관리하는 집에서 가져가기로 했는데 그 재미가 쏠쏠했다. 그러다 보니 맨 첫 순번을 아랫집에서 윗집 순으로 하다가 문제가 생겼다. 병아리일 때는 알을 못 가져가니 섭섭한 것이다. 이리저리 계산도 하다가 순번을 반대로 바꾸기도 했다. "푸지게 수확해가는 사람보고 좋겠다며 인사는 해도 샘을 내지는 않아요. 가져가는 사람이 기분 좋게 인심을 쓸 때도 있지요." 농촌을 배경으로 하는 아름다운 동화를 한 편 읽은 것처럼 가슴이 훈훈해지는 이야기였다.

천원도 아끼지만, 마을 공동전기료는

공동으로 하는 일에 모두가 불평이 없도록 합리적으로 해결한 것도 대단하고,

장수 오미자 축제, 족욕체험

부수적으로 생기는 달걀에 대한 처리도 참 재미있다. "어르신들은 천 원짜리 한 장에도 꼬장꼬장하다시피 셈을 여러 번 하시는데 이 마을 어르신들은 안 그러신 가 봐요." 꼬장꼬장 이라는 단어가 마음에 걸려서 그랬는지, 마을 어르신들의 배 포에 대해 말하고 싶어서 그랬는지 마을 저장고 얘길 꺼냈다.

"마을에 저장고가 있는데 우리 마을만 잘 운영되고 있어요. 오미자는 9월에 수확해서 12월까지 생과 판매를 할 수 있는데, 이는 저장고 덕분이에요. 마을에서 전기료를 공동부담하는데 자기 물건이 없어도 아무도 비용에 대해 시비를 하지 않아요." 이쯤 되면 이제 감상문을 써야 한다. 이렇게 화목한 농촌이야기를 들으며 아파트 소음으로 싸움이 일었던 우리 동네가 부끄러워졌다고.

오미자 마을의 오미자 축제

한우랑사과랑축제와는 별개로 이 마을에서는 오미자 축제를 연다. 오미자 수확체험 기간에는 가격을 내려서 1만 원하던 것을 8천 원에 판매했다. 가격 인하보다 더 특이한 것은 지난해에 찾아와준 손님을 다시 초청해서 감사의 뜻으로 손수 차린 음식으로 푸짐하게 점심을 대접하는 것이다. 게다가 엑기스 담는 데에 필요한 설탕은 군에서 공짜로 제공한다. 지원받은 설탕으로 오미자를 재워서 통에 담아 들고 가는 것을 보면서 마을 사람 모두가 뿌듯해 한단다.

보통은 농촌을 돕는다는 마음으로 체험활동에 참여하는 것이 일반적인데, 이 마을에서는 체험객들에게 더 줄 것이 없나를 고민한다고 하니 물질보다는 마음이 더 크다. 비록 큰 축제는 아니지만, 마을 주민과 얼굴을 맞대고 따뜻한 정을 주고받을 수 있으니 상술에 상처받고 찝찝한 기분으로 돌아가는 손님은 없을 것이다.

"조용하던 마을에 꼬마 녀석들이 와서 재잘거려 주니 좋아요. 밭이 조금 망가져도 괜찮아요. 일거리는 조금 많아져도 그 배로 기운이 나요." 시골 외가 생각이 났다. 하지 말라는 소리 한 번 하지 않으시고 이것저것 챙겨줄 생각만 하시던 어른들 생각이 났다. 이 마을이 외가 같다.

정작 쓰려고 하면 쓸 데도 없어요

"지금은 좋으시지만 힘드셨던 때도 많았지요?" 시골을 들여다보면 혹독한 가난이나 고된 노동 혹은 식구처럼 지내던 이웃과의 다툼 때문에 힘들었다는 이야기가 있다. 이재연 이장도 느타리 농사를 할 때 육체적으로 너무 힘이 들었다고 한다. 오미자로 바꾸고 나서부터는 고된 노동에서도 해방되고, 소득도 만족스러울 만큼 올라서 지금은 최상의 상태라고 한다.

"몇 년 사이에 너무 잘살게 되었어요. 만나면 모두 어깨에 힘이 들어간 게 보여요. 하지만 자식들 다 주고 자기 자신은 잘 못써요. 안 그래야지 하면서도 정작 쓰려고 하면 쓸 데도 없어요. 시골에서는 조금만 가지고도 풍족하게 살 수가 있거든요." 정말 그래 보였다. 풍족하고 행복해 보였다.

도시의 노인복지관에 다니시는 어르신들을 보면서 늦게나마 인생을 즐겁게 살고 계셔서 참 다행이라는 생각이 들었는데, 이곳에 와서는 다른 느낌에 감동하였다. 생산적인 일을 한다는 건강함, 물욕과 겉치레에 휘둘리지 않는 강인함, 그리고 마을 사람 모두가 한가족이라는 따뜻함이다. 농촌이라고 다 그렇지는 않을 것이다.

돈은 미리 써야 해

작목반장이 되면 뭐가 좋으냐는 질문에 '농업기술센터 소장님처럼 바쁘고 귀하신 분을 만날 수 있으니 좋지요.'라고 편안하게 농담과 진담을 섞어서 말할 수 있는 여유가 좋았다. '규모를 줄여서라도 죽을 때까지 오미자와 함께 하겠다.'는 의지로 듣는 이를 감동하게 해줘서 고마웠다. 장수에는 200여 명의 이장이 있다고 한다. 모두 이재연 이장과 닮은꼴일 거라는 생각이 들었다. 헤어지고 돌아오는 길에 그의 말 한마디가 귓전에 맴돌았다. "돈으로 살 수 없는 것들이 많아. 그것을 위해 미리 돈을 쓰는 거야." 이장님, 우리 이장님, 참 멋쟁이세요.

"농사 노하우는 거저 줄 테요"
은하수농장 하종찬

꽃은 만발하게 피었는데

"빚 때문에 아내를 붙잡고 울었다. 그때 나이 마흔 즈음이었으니 한창 재미나게 일할 나이인데 절망감 때문에 아무것도 할 수가 없었다. 땅 파서 농사짓는 사람이 무슨 딴짓을 했기에 감당하지 못할 빚을 진 것이냐는 의심이 들겠지만, 나처럼 한눈팔지 않고 열심히 농사만 지어도 무거운 빚을 지게 되는 경우도 있다. 농작물이 싹틀 때, 열매와 씨앗이 영글어갈 때 부풀었던 가슴이 후회와 탄식으로 꺼져가는 동안 그래도 할 일이 농사밖에 없다는 사실에 더욱 목이 메었다."

"꽃 농사를 지었다. 꽤 소득이 잡히는 작목이었다. 그런데 IMF 경제위기 후부터 적자가 나기 시작했다. 농사는 잘됐는데 가격이 맞지 않아서 빚이 쌓이기 시작했다. 경제가 어렵다 보니 그동안 백송이 선물하던 것이 한 송이로 줄어든 것이다. 그래서 꽃은 만발하게 피었는데 출하를 할 수가 없게 되었다. 꽃 농사는 투자단위가 크기 때문에 수입과 지출 면에서도 폭이 클 수밖에 없다. 다른 사람 힘들 때 과감하게 투자를 하면 오히려 돈을 더 벌 수 있을 것으로 생각했던 것이 잘못이었다. 경제위기 탓도 있었지만, 나의 오판 때문에 이런 결과를 초래했다는 사실이 나를 더 힘들게 했다.

한 해 농사는 잘되었지만 투자를 받았던 농협에서 빚 독촉은 오고, 설상가상으로 보증을 섰던 일까지 잘못되다 보니 도저히 버틸 수가 없었다. 마음이 아팠다. 술도 마실 줄 모르는 내가 할 수 있는 일이라고는 내 속을 아는 아내 얼굴을 보며 눈물을 쏟아내는 일밖에 없었다."

은하수농장 하종찬 씨

연락 없이 그냥 가자

토마토 농가를 찾아서 농업기술센터 서병선 소장을 따라나섰다. 방문 내용을 미리 알리고 가면 짜고 치는 것 같아 재미없으니, 일단 아무 곳이나 들러서 주인이 있으면 만나고 없으면 다른 곳에 또 가보자고 하면서 불쑥 가까운 하우스로 들어갔다.

은하수 농장 대표 하종찬 씨는 유리온실에서 토마토를 재배한다. 5 · 3 프로젝트 지원을 받아 유리온실을 지었으며, 현재는 높은 소득을 올리고 있는 농업경영인이다. 그는 당일 출하해야 할 분량을 맞추느라 한창 바쁘게 일을 하고 있었다. 우리의 갑작스러운 방문에도 하 대표는 둥글둥글한 얼굴에 조용한 미소를 가득 실으며 맞아주었다.

"토마토 출하가격이 오늘 또 올랐네요. 이러면 안 되는데…." 이해할 수 없는 걱정이었다. 눈치를 챘는지 서 소장이 "가격이 오르면 일시적인 수입은 올라가지만 결국은 소비자들이 덜 사게 되니까 농가에서는 오히려 걱정하는 것"이라고 귀띔을 해주었다.

이런저런 농사 얘기가 끝나고 나서야 서로 소개를 받았다. 선한 미소를 지닌 그의 아내와도 꾸벅 인사했다. 한창 일을 하고 있었기 때문에 따로 시간을 내주십사 부탁하지 못하고 선 채로 하우스 재배에 관한 얘기만 간단히 들었다. 돌아가려는데 작은 토마토 상자를 쥐여주었다. 해맑은 얼굴을 마주하고는 거절할 수 없어서 낑낑대고 들고 왔다.

주객전도

그리고 두 달 후 다시 은하수농장을 찾아갔다. 더 큰 농장에도 가 봤지만 하종찬 씨와 그의 아내, 그 밝은 얼굴과 잔잔한 미소가 잊혀지지 않아서 이번엔 꼭 긴 얘기를 나눠야지 마음먹고 다시 간 것이다. 그 날도 하우스에서 외국인 노동자를 데리고 수확이 한창이었다. 작업을 방해할 생각은 아니었는데 차분히 앉아서 얘기하고 싶어져서 집으로 가자고 부탁을 했다. 아내는 계속 일을 하고 하종찬 씨만 동행했다. 손님이 집에 왔으니 차라도 한 잔 대접하려고 그러는지 그가 부엌을 서성였지만 아무것도 찾지 못했다. 이 사람, 토마토는 박사지만 집안일 젬병이다. 주인과 손님 가릴 거 뭐 있나 싶어 나서서 냉장고를 열어 오미자 엑기스를 꺼내 차를 만들었다. 짝이 맞지 않은 컵에 오미자차를 따르고 마주 앉았다. 시작은 비록 주인과 손님이 바뀐 채로 잠시 어색했지만 이내 편안해졌다. 그가 넉넉한 표정으로 이야기보따리를 술술 풀어 놓았다. 조용조용한 목소리지만 내용이 분명해서 듣는 내내 편안했다.

배우고 나니 아픔보다 희망이 더 커졌다

"계속 주저앉아 있을 수는 없었다. 정신을 차리고 나서 무엇이 어디서부터 잘못되었는가를 검토했다. 다른 사람들은 이럴 때 무슨 생각을 하는지 모르겠지만 나는 공부를 해야겠구나 하는 생각을 했다. 마침 그때 네덜란드에서 유학하고 온 학자 한 분을 만나게 되었다."

"남원에 살고 계시는 한승진이라는 분인데 화훼하는 이웃이 그분 교육을 받아 보고 나서 수준이 굉장한 사람이라고 추천해 주었다. 그래서 남원 운봉까지 매일 저녁에 가기로 하고 3년 간 다녔다. 당시 화훼 농사를 지었던 15~20명 정도가 모여서 다녔는데 주로 남자들이고 가끔 부부도 섞여 있었다. 토마토와 파프리카를 전문적으로 공부했다."

"3년쯤 다니고 나니 어느 정도 지식도 쌓이고, 나도 토마토 농사를 지을 수 있겠다는 자신감을 얻었다. 화훼를 접기에는 아쉬움이 없지 않았지만, 빚이 늘어가는 상태로 계속 끌고 나갈 수는 없었기 때문에 토마토를 선택했다. 농사를 잘 못 지은 것은 아니지만 결과적으로 실패한 것이고, 토마토라면 다시 일어설 수 있을 것 같았다. 결심하고 나니 그때서야 비로소 실패해서 아팠을 때 마음 크기보다 할 수 있다는 희망 크기가 더 커졌다."

"이제는 아픔을 덮을 수 있을 만큼 성공했다고 볼 수 있다. 내가 이제껏 아팠다는 이야기를 하지 않고 산 이유는 농업도 경영해야 한다는 사실을 몰랐던 시절의 일이기 때문이다. 농사 실패로 빚이 생긴 것이라면 아마 더 아팠을 것이고, 이렇게 공부할 생각조차 하지 못했을 것이다. 전화위복이라는 말처럼 그때의 실패가 농업경영을 알게 해준 계기가 되었다. 배우지 않으면 농사도 잘 지을 수가 없다."

잔잔한 감동으로 듣다

그의 이야기는 인생 역전을 다루는 TV프로에 나오는 주인공들의 인생처럼 인상적이고 감동적이었다. 여기까지의 이야기로는 이미 빚도 늘어나 있는 상태이고, 작목을 바꾸려면 다시 투자해야 하는데 또 돈을 빌릴 수밖에 없었겠구나 하는 걱정이 되었다. "5·3프로젝트라고 들어봤을 거예요. 그 도움이 컸어요." 군청 관계자한테 설명으로만 듣던 5·3정책의 수혜자 얘기를 직접 듣게 되어 반가움이 앞섰다. 이웃 마을 사람이 와서 5·3이 뭐냐고 물으면 어떤 대답을 해주겠느냐고 물어보았다. 환한 웃음을 한 번 지어 보이더니 신이 난 듯 설명해 주었다.

대한민국에 이런 정책 없다

"5천만 원짜리 소득을 올리는 방법이다. 1천만 원짜리가 3천만 원이 되고, 3천만 원짜리가 5천만 원이 된다. 내가 장수사람이라 이런 말을 하는 것이 아니라 정말 잘한 일이다. 다른 곳에 교육받으러 가서 사람들과 만나 얘기해 보면 장수군처럼 프로젝트가 이렇게 잘 되어 있는 데가 없다. 대한민국 전체를 봐도 없을 것이다." 전국에서 농업소득이 가장 높은 곳이 아마 장수일 것이라면서 자신이 어떤 지원을 받았는지, 어떤 심정이었는지 얘기했다. "하우스를 높이는 데도 지원을 받았다. 보통 70%는 지원이고 30%는 자부담이다. 또 빚을 얻어야 했지만, 자신감 없었으면 못했을 것이다."

네덜란드에 가서 배우다

"농장 지원을 받기 전에 군에서 네덜란드로 연수를 보내주었다. 그것도 5 · 3 프로젝트 안에 들어있는 프로그램이었다. 네덜란드 와게닝겐대학에서 자가진 단 컨설팅 교육 훈련을 받았다. 15일 동안 일주일에 딱 한 번 쉬고, 대학에서 유 리온실 실험장 실습 등에 관한 공부를 했다. 관광은 벨기에에 딱 하루 다녀왔을 뿐 나머지는 하루 종일 교육만 받았는데 아무도 불평하는 사람이 없었다. 네덜 란드에 다녀와서 자신감이 더 커졌다. 그때 같이 가서 공부한 사람들이 다 성공 해서 얼마나 좋은지 모른다. 그 사람들도 5 · 3 프로젝트의 적극적인 지원을 받 았다. 나 혼자만 잘되는 것보다 다 함께 잘 되니까 더 신이 나고 훨씬 행복하다."

행복의 맛을 곱씹어 음미하는 미소가 그의 얼굴 가득히 퍼져갔다. 듣는 순간 그 행복감이 바로 전이되어 가슴이 뜨거워졌다. 이런 것이 바이러스구나. 본격 적으로 토마토 수경재배를 한 지 올해로 5년 차인 그는 기술 면에서도 안정이 되 었고, 소득도 높아져서 얼추 빚도 갚게 되었다고 한다. 아직도 빚이 남았느냐는 질문에 씩 웃는다. 그 웃음의 의미는 돈이 없어서 못 갚는 것이 아니라 천천히 갚 는 쪽이 더 낫다는 의미로 이해되었다.

나는 행복하고 강한 남자다

농사짓는 일이 제일 즐겁다는 하종찬 씨는 비록 같은 작목반이 아니더라도 네 덜란드 동기들과는 자주 만나서 술자리를 갖는단다. 술은 못 마셔도 잘 따라주 고, 끝난 후 친구들을 태워다 주기 때문에 꼭 필요한 사람이라며 어깨를 으쓱해 보였다. 더할 것도 뺄 것도 없는 진솔한 표정이었다.

어려움을 같이 겪어냈던 아내 이야기를 해달라는 부탁에 잠시 이야기를 멈추더니 시선을 먼 곳으로 옮긴다. "부잣집 딸이 내게 시집와서 참 고생 많았어요." 농사지으면서 고생 안 한 사람 없겠지만, 빚 때문에 마음고생 시킨 것이 내내 마음에 걸린 모양이었다. 잘해준 것은 특별히 없지만, 주일에 교회에 같이 가고, 술도 안 마시고 다른 신경 안 쓰게 해주는 것이 나름대로 잘 해주는 것으로 생각한다면서 관절이 아픈 아내를 걱정했다. "나는 행복한 남자다. 애들도 다 키웠고 부모로서 할 일은 다 했다. 그리고 나는 강한 남자다. 아픈 데도 없고 큰 욕심도 없다." 스스로를 강한 남자라고 말하는 사람, 열심히 일해서 돈을 벌긴 하지만 그 돈으로 뭘 해야겠다고 생각하지 않는다는 사람, 모든 관리를 아내에게 맡기고 겨우 일 년 소득이 얼마인지만 알고 있는 이 사람은 그저 농사일이 즐거운 장수 농부다. 빚 때문에 고생하면서 얻은 철학이 있다면 돈의 노예가 되지 않고 사는 것이라고 한다. 머지않아 도시에서 직장생활을 하는 아들이 들어올 모양이다. 아들이 오는 것은 환영하지만, 그동안 고생을 많이 해서 그런지는 몰라도 딸까지 농사 지으라고 하고 싶은 마음은 아니란다. 슬쩍 눈치를 보며 웃는다. 이게 다 딸 가진 아빠 마음일 거라면서.

농사 노하우는 거저 줄 테요

하종찬 씨네 마을 이야기가 궁금했다. 이 동네에도 새로 들어온 사람이 있는지, 마을이 어떻게 변화되었는지 물어보았다. "최근에 새로 이사 온 사람은 없어요. 농토가 비교적 좁기 때문인 것 같은데 누구라도 오면 좋을 것 같아요. 노후를 생각한다 하더라도 소득이 3천만 원이면 살 수 있으니까, 여기서는 그 정도 버는 일이 어렵지 않으니까요."

새로 올 사람이 있으면 기꺼이 도와주고 싶다고 했다. 평당 5~6만 원정도 하니

상추농가

까 밭을 300평을 사서 30평짜리 집을 짓게 되면 농가주택으로 허가가 나온단다.
그동안 쌓았던 농사 노하우도 거저 알려주겠노라며 진심으로 사람을 기다리고
있다고 했다. 곁에서 듣고 있던 서 소장이 보충 설명을 해주었다. "귀농·귀촌자
들이 동네 사람들과 잘만 어울릴 수 있다면 먹고 사는 문제는 쉽게 해결될 수 있
다. 장수에서 생산되는 것은 특별한 경우를 제외하고는 수확해서 농협에 넘기면
다 팔아주니 판매에는 문제가 없다." 하종찬 씨는 연신 고개를 끄덕였다.

마을에 쌈채소를 전하다

몇 해 전의 일이다. 하종찬 씨가 하우스에서 종일 일 하고 저녁에 집에 돌아올 때쯤 마을회관 앞에서 청년들이 모여 할 일 없이 담배를 피우면서 누워 있는 모습을 보았다. 그들에게 마땅한 일거리를 찾아줘야겠다는 생각이 들어서 쌈채소 작목반을 만들고, 5·3프로젝트 팀에 지원요청을 했다.

돈을 벌 수 있는 일이라며 청년들을 설득했다. 하종찬 씨가 그동안 마을에서 신용을 잃지 않고 살았기 때문에 모두 믿고 잘 따라 주었다. 당시에 쌈채소는 새로운 품목이라서 재배하는 사람도 소비하는 사람도 낯설어하는 품목이었다. 하종찬 씨도 포항에 갔을 때 보고 배워온 것이라서 전라도에는 그때까지 재배하는 사람이 아무도 없었다.

첫 수확 후, 두세 달 정도는 시세가 안 나와서 고생했다. 그랬는데 소비층이 한꺼번에 늘면서 생산량이 소비량을 따라가지 못할 정도가 되었고, 돈을 벌기 시작하니까 동네 전체가 쌈채소 농사를 짓게 되었다. 마침 그 시기가 마을에서 화훼농사가 끝나는 시점이어서 하종찬 씨도 같이 동참했다.

그가 씨앗도 공급해주고, 공부한 대로 재배방법도 가르쳐 주었다. 군에서 3년간 지원을 받았는데, 지금은 걸음도 잘 걷지 못하는 할머니가 1년에 천만 원은 벌 정도가 되었다. 젊은이들은 쌈채소 만으로도 1년에 5천만 원을 벌게 되었다. "행정에서 지원이 없었으면 힘들었을 것이다. 5·3정책이란 게 있었기 때문에 가능했다. 그렇지 않았다면 다른 마을과 다르지 않았을 것이다."

하 대표는 얼마나 벌까

자신은 부자가 아니지만, 장수에는 부자가 많다고 하면서 정작 자신의 소득에 관해서는 피해갔다. "만일 평당 100kg 딴다고 하면 kg당 2천 원을 받으면 20만 원, 이런 식으로 수치화해서 계산할 수밖에 없어요. 누가 달라고 하는 것도 아닌데 순수 소득을 밝히길 꺼려해요. 다들." 해결사 서 소장의 도움말이다. 이 말에 하종찬 씨가 변명이나 하듯이 투자비 얘길 꺼낸다. "천 평에 생산 투자비가 1억 2천 나오더라구요. 2천 평이면 1년에 2억 4천인 거죠. 요새 같아서는 기름값이 올라서 그런지 돈이 더 들어요." 다 같이 웃었다.

그래서 군에서는 5·3프로젝트의 농가소득을 다시 정립하려고 한단다. 소득을 물어보면 대답하기 곤란해하면서 다들 한 4천만 원정도 번다고 말하는데 사실은 먹을 거 다 먹고, 빚 갚을 거 다 갚고, 애들 다 키우고 남은 게 그런 거라고. "농업인들이 특히 간과하는 것은 보조금이죠. 보조금을 수익으로 처리하지 않고 넘어가거든요. 영업 외 소득으로 잡아줘야 하는데 5천 벌었다고 하면 5·3프로젝트 졸업시키니까 대충 4천만 원이라고 한다니까요." 서 소장의 말에 서로 속내를 다 안다는 듯이 한통속이 되어 웃었다.

다시 또 배우고 싶다

그는 올해 4년제 마이스터대학을 졸업했다. 농업마이스터대학에서 고급기술과 농업지식, 경영능력을 갖춘 선도농가가 되기 위한 교육을 받았다. 졸업하고 나니 여간 허전한 게 아니라고, 그래서 다시 배울 게 뭐 없을까 찾고 있단다. 허전한 마음을 배우는 걸로 채우고 싶지 다른 생각은 못 해 봤다면서 농업은 적당히 해서는 안 된다고, 배우지 않으면 성공할 수 없다고 단호하게 말한다.

"배운 사람하고 아닌 사람하고 지금 보면 소득 면에서도 확 차이가 난다." 계산해보니 그가 농사를 배우러 다닌 기간만 어림잡아도 7년이 넘는다. 그것도 낮에 일하고 밤 시간을 이용해 그 먼 곳까지 다녔다. 그가 왜 자신을 강한 남자라고 하는지 알 수도 있을 것 같았다. 하 대표 가슴에는 우리가 짐작하지 못한 그 무언가가 쉬지 않고 팔랑거리고 있다.

지금 당장은 이것이 정답인 줄 알고 있지만, 공부를 해보면 정답이 아니었다는 사실을 바로 알게 된다는 하종찬 씨는 오늘도 공부하고 있고, 젊은이들을 만날 때마다 공부할 것을 권유한다. "다는 알 수도 없을뿐더러 새로운 것이 자꾸 생기므로 늘 배워야 해요. 그래서 배우지 않을 것이라면 아예 농사짓지 말라고 해요."

아버지는 꽃이 있으면 가난한 사람들에게 꽂아주었다

그도 농부의 아들이다. 그러나 땅을 소중하게 여기는 것 말고는 아버지를 닮고 싶지 않다고 했다. "우리 아버지는 평생을 남 도와주는 일만 하고 다녔어요. 집안일은 도와주지 않고 남만 도와주고 다녀서 어머니가 고생하셨지요. 아버지는 꽃이 있으면 가난한 사람들한테 다 꽂아줬어요. 그래도 두 분이 싸우시지는 않으셨어요. 나는 아버지를 안 닮고 꼼꼼한 엄마를 닮았죠. 나도 처와 거의 싸우지 않아요."

하종찬 씨의 꿈 얘기를 듣다

"나이도 먹었고, 이만큼 살게도 되었으니 이제는 할 수 있는 만큼 사회에 봉사하고 싶은 생각이 들어요. 앞으로 무엇을 할지에 대해서는 구체적인 계획을 세우진 못했지만, 생각이 있으니 이루게 되겠지요." 군이 아버지를 닮지 않았다고 강조했지만, 그는 한구석에 아버지를 품고 있었다. 아버지처럼 자신의 물질을 다 내어주진 않았지만, 오래전부터 이웃에게 무엇을 도와줄 것인가를 생각하며

장수 토마토

살아온 것이다.

"남에게 자랑할 만한 큰일은 아닐지 몰라도 가난한 마을 사람들이 자립해야 한다고 생각했고, 도울 수 있는 방법을 고민했어요. 그래서 지금은 다른 마을보다 잘 사는 마을이 되었으니 나는 행복해요. 나만 잘살면 그게 무슨 재미가 있겠어요?" 하종찬 씨는 이렇게 마을에 물결을 일으키고도 정작 자신은 잔잔한 사람이다. 그가 꿈꾸는 미래도 아마 맑은 수채화처럼 그의 생각이 곳곳에 번져있는 마을 풍경일 것이다.

토마토 하우스 재배

아무리 대한민국 최고라고 해도

한 지역의 농업정책이 농업인과 마을에 미친 영향력에 대해 직접 듣고 나니 통계 숫자는 머릿속에서 사라져 버렸다. 그리고 그 자리에 진한 감동이 들어왔다. 게다가 평생 농사공부를 해야 한다는 심지 깊은 농부의 말에서 이제 더 이상 장수는 불안한 농촌이 아니라는 생각이 들었다.

정책이 농가를 변화시키고, 농가는 마을을 변화시키고, 마을은 다시 새로운 정책을 펼 수 있도록 순환의 고리를 만들어 가고 있다. 그 중심은 장수사람들이다. 이들에게 남은 과제가 있다면 무엇일까? 하종찬 씨의 의견을 들어보았다. "장수 사람들이 고쳐야 할 것이 있는데 모두 다 자기가 최고라고 생각하는 것이예요. 사과도 최고, 한우도 최고, 오미자도 최고, 뭐도 최고⋯. 자신감을 가지는 것은 좋지만 아무리 대한민국 최고라고 해도 하나로 뭉치지 않으면 아무것도 아닌 거죠. 자기만 최고인 게 아니고, 뭉쳤을 때 최고가 되어야 해요."

나는 훌륭한 일꾼을 잃었다

자신이 동네에 영향을 끼친 것이 있다면 쌈채소 농사를 짓도록 해서 함께 잘 살게 된 것이고, 개인적으로는 이렇게 큰 시설에다 토마토 농사를 짓고 있다는 것이 자랑스럽다고 마지막 마무리를 했다. "그런데 이렇게 하면서 잃은 것이 하나 있어. 동네 사람들이 일거리가 없을 때는 전부 우리 집에 와서 일했었는데, 자신들의 일거리가 생기니까 남의 일을 해 줄 사람이 없어요. 마을은 잘살게 되었지만 나는 훌륭한 일꾼들을 잃은 셈이죠." 그의 재미있는 비유가 마지막까지 유쾌한 웃음을 주었다.

4. 장수의 공무원

내가 만난 장수의 공무원

심사위원 전원의 박수를 받다

2012년 3월 대통령직속 지역발전위원회 평가장에서 있었던 일이다. 지역의 포괄 보조 사업은 각 광역권 위원회의 1차 평가를 거친 다음, 각 부처에서 2차 평가하고, 대통령직속 지역발전위원회에서 마지막 3차 평가를 하게 되어 있었다. 이 평가에서는 각 지자체의 사업내용에 대해 최종 등급을 결정하여 인센티브를 조정하고 그 결과에 따라 시상을 한다.

마지막 3차 평가는 최종 등급을 결정하기에 앞서 사업 과정이나 성과에 대해 담당 공무원으로부터 충분한 설명을 듣고 참고할 수 있게 되어 있었다. 현장상황을 설명하기 위해 장수군에서도 담당자가 왔다. 농어촌 기초 인프라 관련 사업으로, 농사의 편의를 위해서 필요한 농로와 농수로에 관한 단순한 사업이었다.

담당자는 먼저 사업의 목적과 가치에 대해서 설명했다. 그러면서 농어촌 기초 인프라 사업에서 가장 중요한 것은 '농한기에 사업을 끝내는 것'이라고 설명했

행정지원과 식구들(위)과 유전자 연구소 모습(아래)

다. 공사를 제때에 맞추기 위해 공무원 조직 내에 설계팀을 구성하여 공무원이 직접 설계를 담당했는데, 입찰공고 등의 기간(한 달 이상)을 줄여 농한기에 공사를 끝내게 했다는 것이다. 또 공사 기간 동안 주민 감독관제도를 도입해서 사업 시작과 끝에 지역주민이 참여하도록 하여 사업을 성공했다는 것이다. 최종적으로는 전 주민에 대한 설문조사를 첨부했다. 단순한 사업이지만 누가 봐도 완성도 높은 사업관리시스템을 장수군 자체가 가지고 있었다.

사실 이런 사업은 다른 지역의 경우에는 그냥 입찰하고 공사 끝나면 완공 검사하면 끝나는 그야말로 단순한 사업프로세스이다. 그런데 장수군 담당자는 단순하게 생각하지 않았다. 먼저 주민편의와 농업시설확충이라는 사업의 목적에 충실했다. '왜 사업을 하는가? 농업생산을 편리하게 하려고 하는데 공사기간이 늦어진다면 의미가 없다고 판단하고 공무원이 할 수 있는 모든 조치를 취한 것이다.

이 발표를 듣고 심사위원 전원이 박수를 쳤다. 다양한 정부부처의 평가위원을 맡고 있지만, 이제껏 평가위원들이 피평가자의 발표를 듣고 박수를 친 경우는 없었다. 설사 내용이 감동적이라 하더라도 평가장에서는 표현을 자제해야 한다. 평가결과를 피평가자가 미리 예측해서 불필요한 오해를 불러일으키면 안 되기 때문이다. 그런데 대부분 경험이 많은 평가위원임에도 불구하고 감동한 나머지 자기도 모르게 박수를 친 것이다.

장수공무원, 주민만족도가 높은 이유 있다

얼마 전 장수군은 주민들을 대상으로 행정만족도를 조사했다. 공공행정 만족도와 담당 공무원 만족도를 분리해서 조사했는데, 새로운 결과가 나왔다. 공공

장수군청 직원들

행정의 만족도도 높았지만, 담당 공무원에 대한 만족도가 전반적인 만족도보다 더 높게 나왔다. 이는 개별공무원들이 민원담당자들에게 어떻게 했는지를 알 수 있는 중요한 조사였다.

사실 장수군청 직원들은 다른 지역의 직원들보다 힘들다. 사업소가 많기 때문이다. 실질적으로 농민들을 도와주는 일을 하기 때문에 농민과 함께 현장에서 호흡해야 하는 경우가 많을 수밖에 없다. 농기계사업소는 직접 농기계를 빌려주기도 하고, 농기계로 농사일을 도와주기도 한다. 소규모 과수원의 경우는 농약 관리에 대한 농사일을 대행해주기도 한다. 생산원가절감과 지력 회복을 위한 유기질비료를 공급하며, 그 선행절차인 토양조사서 업무도 공무원들이 직접 하고 있다. 출하에서도 마찬가지로 APC 사업 담당 공무원이 있다. 결국, 토양관리에서부터 시작해서 농작물관리는 물론 유통마케팅에 이르기까지 전 과정에 공무원들이 참여하고 있다. 그렇다 보니 주로 일반적인 행정업무를 하는 지자체에 비해 업무량이 훨씬 많을 수밖에 없다.

특히 축제의 경우에는 공무원의 역할이 두드러진다. 솔선수범을 실천하는 중요한 시간이다. 예를 들어 한우랑사과랑축제는 공무원들에게 비상이다. 타 지자체의 경우 대행업체를 선정해서 위탁하는 경우도 있지만 장수는 다르다. 행사 전체를 공무원들이 준비하고, 축제 기간에는 아침 6시에 모여서 행사장 청소를 직접 하기도 한다.

전야제의 리셉션도 안내에서부터 음식 서빙에 이르기까지 모든 과정을 공무원이 담당한다. 초청자는 각 소속부서의 직원들이 직접 관리하는데, 안면이 있는 사람이 초청자를 직접 관리하는 시스템이다. 리셉션의 음식도 전문외식업체에 전적으로 맡기지는 않는다. 2012년 행사에는 저녁만찬으로 장수의 상징 특화자원인 장수한우 스테이크를, 2013년에는 한우초밥을 마련했다. 여기에 건배주는 장수오미자주로, 소스는 장수토마토소스 등 주요 음식 소재를 장수의 것으로 사용했다. 메뉴 하나도 관련 공무원들의 의견을 모아서 결정할 정도니 한 조직에 의해 처음부터 끝까지 일사불란하게 움직인다. 그뿐만 아니다. 주차관리까지 공무원이 담당하니 잔 불편은 있을 수도 있으나 큰 실수는 적을 수밖에 없다.

군청에서는 한 달에 한 번 장수사랑 자치학교를 운영하고 있다. 여기에는 유명 강사들이 초청되어 직원에게 새로운 정보를 제공하고, 정서와 가치교육을 통해 공무원이 지녀야 할 품성을 기를 기회를 제공한다. 큰 행사는 아니지만 장수

사랑자치학교의 본래 목적인 지식충전의 시간이 될 수 있도록 내용을 기획하여 교육의 완성도를 높이고 있다.

군청야구팀은 전국아마야구대회에서 우승을 여러 번 해서 장수군 홍보에 한 몫을 하고 있다. 언론에도 자주 등장하는 군청야구팀은 열정이 대단하다. 군에서도 공무원 동호회에 대한 지원이 각별하여 현재 50여 개가 넘은 동호회가 활발하게 움직이고 있다. 이런 바탕이 있어서일까? 전북에서 가장 작은 군이지만 군 단위 체육대회에서는 언제나 최고의 성적을 거둔다고 한다.

특히 동호회는 실질적으로 지역 내 소비 활성화를 선도하고 있다. 동호회 활동은 대회 출전을 제외하고는 장수군 내에서 일과 후에 일어나기 때문에 회식의 기회가 많아져서 지역 소비를 촉진하는 역할을 한다. 따라서 주민을 접촉하는 기회도 많아지고, 공무원끼리 지역 간의 교류에 중요한 역할을 하고 있다.

장수공무원들은 현장에서 농사일을 마주 대하는 일이 잦아서 농업인의 사정을 이해하는 폭이 넓은 편이다. 모든 정책이 농민 중심으로 되어 있어서 농민들도 공무원들의 역할을 비교적 잘 이해하고 뜻을 수용하는 편이다. 그러다 보니 불평과 불만이 생겨도 해결점을 찾기 쉽고, 마찰이 빚어져도 서로 상처를 덜 받게 된다.

과도한 업무량을 거뜬히 소화해내는 저력은 아마도 이런 주변 환경과 업무 성과에 따른 자긍심에서 비롯되지 않았나 생각한다. 최선을 다해 일하고, 여가를 맘껏 즐기며, 자신만의 가치를 정립시킬 줄 아는 장수의 공무원들은 모범이 되기에 충분하다.

말과 함께 걷다
장수군청 행정지원과장 차주연

좋은 마음으로 보면 좋은 것들이 많이 보인다

그를 처음 만난 건 1년 전 여름, 그의 절친 성영수 단장과 함께한 자리였다. "조금 있으면 사과가 빨갛게 물이 드는데 아우~, 내 눈엔 사과가 꽃보다 훨씬 예뻐 보여요." 짧게 깎은 머리에 배우 안성기처럼 멋진 주름을 가진 그는 자주 소년처럼 웃었다. 다시 그를 만났을 때는 장수사람들에 관한 책을 쓰기로 한 겨울이었다. 장수는 고지대라 유난히 더 추웠고, 온통 꽁꽁 얼어붙어 있어서 운전도 걷는 것도 조심스러웠다. "아따, 엄살이 좀 심하네요이." 한 마디 사투리와 함께 반짝이는 금니가 보이도록 씩 웃더니 주머니에 손을 꽂은 채 그가 앞서 걸어갔다. 나이를 가늠하기 어려울 정도로 날렵하고 씩씩해 보이는 그의 뒤를 따라 들어간 식당에는 다양한 연령층의 사람들이 먼저 와 있었다. "장수사람들 얘기 쓰신다면서요?" 감동이다. 아직 부탁도 하기 전인데 이렇게 먼저 기분 좋은 서프라이즈를 준비해 주다니. "잘 써줘요. 좋은 마음으로 보면 좋은 것들이 많이 보여요." 뇌물로 색이 고운 오미자주를 한 잔 받아 마셨다.

빠름, 빠름, 빠름

차주연은 군청 행정지원과 과장이다. 군청 사무실에서 가서야 그의 직책을 알게 되었다. 똑똑, 독서 중인 그를 깨웠다. 군청 젊은이들의 모임인 2030에 대해 알고 싶다고 했더니 마침 같은 부서에 회장직 경험이 있는 공무원이 있으니 소개해 주겠다고 했다. "왔으니 군청 커피 맛도 보셔야죠." 묽은 원두커피 한 잔을

장수군청 행정지원과장 차주연

마시면서 일하는 그를 지켜보았다.

　결재를 받으러 온 직원과 얘기하는 모습에서 첫 만남 때 보지 못했던 진지함을 발견했다. 소리는 들리지 않았지만, 이것저것 지적하면서 상대에게 동의를 구하는 듯했고, 서로 고개를 끄덕이는 것으로 간단하게 마무리되었다. 근무에 방해가 될까 봐 나가려는데 잠시 기다리라는 수신호를 보내고는 몇 가지 일을 더 처리했다. 동작들이 간결하고 절도가 있어서 그런지 관리자로서의 위치가 확실히 느껴졌다. 진지하게 일하는 모습이 보기에 좋았다. 누군가 차 과장의 장점이라고 짚어주었던 말들이 생각났다. "꼼꼼하고, 확실하고, 빨라요."

급한 일을 처리하고는 환하게 이를 드러내며 그가 왔다. 다음 인터뷰는 차 과장이 해야 한다는 말에 고개를 내저었다. "우리 민초들 얘기 쓸 게 뭐 있남요? 특별한 것도 없고 재미도 없고. 대신 우리 군수님 얘기는 무궁무진하게 많아요."

나는 공무원 노조원이었다

2004년 전국공무원노조가 파업 열기로 뜨거웠을 때 차주연 과장과 장재영 군수와의 인연이 시작되었다. 시위 관련자 징계지침이 내려온 것은 장 군수가 취임해서 얼마 안 된 시점이었다. 노조원들은 군수실에서 농성하며 자장면을 배달시켜 먹기도 하고, 농성장이 다들 그렇듯이 체면이나 예의를 지킬 수 없는 상황이 연출되고 있었다. "내 입장을 아느냐? 너희에게 전혀 힘이 되지 못해 미안하다. 혹시 잘못되더라도 마음만은 단단히 먹고 있었으면 한다." 장 군수는 뒤돌아서서 한참을 창밖만 바라보다가 가만히 손수건으로 얼굴을 훔쳤다. 그 장면을 목격한 짧은 순간에 차 과장의 마음이 흔들렸다. 혼내고 화내야 할 책임자가 미안한 마음으로 흘리는 눈물의 의미를 생각하다 보니 힘이 있는 척하며 거칠고 강하게 행동했던 자신이 오히려 작고 초라하게 느껴졌다.

큰 뜻 앞에 고집을 꺾다

그동안 노조활동을 했던 것은 세상을 바꾸기 위한 것도 아니고, 개인의 욕심을 채우고자 했던 것도 아니었다. 불합리한 일들에 대한 반발이었으므로 만약 그런 문제가 해결된다면 시위 자체의 의미는 없어지는 것이었다. 이 상황에서 마음을 바꾸는 것이 변절이라는 생각은 들지 않았다. 차 과장은 큰 뜻 앞에서 작은 고집을 꺾는 일은 결코 부끄러운 것이 아니라는 것을 깨달았다. 바로 그때 저런 마음을 가진 분에게 조금이나마 도움이 될 수 있다면 모시고 일하고 싶다는 생각을 했다. 노조를 정리시키는 기간에 1년 동안 차 과장은 교육을 받고 왔다. 장 군수는 그에게 감사계장직을 맡겼다. 군수는 미운털이 박혔을 노조원에게 중요한 보직을 맡기기 쉽지 않았을 것이고, 보직을 맡게 된 차 과장 자신도 적잖이 놀랐을 것이다. "더러는 다른 사람의 속마음을 읽을 줄 아는 사람도 있나 봐요." 말 없이도 통하는 것을 염화미소라 했던가? 눈물이든 눈빛이든 그들을 통하게 했던 그 날의 일에 대해 그는 이렇게 말했다. "농성이 군수님과 인연을 맺어준 사건이 된 셈이죠."

단단한 껍질 속이 더 부드럽다

"울보 군수, 감동 군수, 어떤가요?" 그는 군수에게 붙이는 별명으로 좀 유치하게 들린 모양인지 그냥 웃어넘겼다. "한 가지 뜻으로 무장된 분이라서 단단해 보이지만, 사실은 단단한 껍질 속이 더 부드럽고 따뜻하지요." 차 과장은 조금 전의 진지했던 분위기를 방해받고 싶지 않은 듯 자신이 하고 싶은 말을 이어갔다. "노조활동 때에 깊은 감명을 받은 것은 사실이지만 어찌 한 번의 느낌으로 지금까지 왔겠어요?" 뜨거웠던 그의 가슴이 쉽게 식지 않을 것 같아서 질문 없이 그의 이야기를 들어주었다. 5.3프로젝트 검증과정 때의 이야기였다.

공감, 반드시 가난의 멍에를 벗겨야 한다

군수를 비롯한 군청 공무원들은 마을 구석구석까지 들어가서 농가의 살림살

이를 직접 목격하고 미래의 농업을 설계했다. 농업인들은 과거 어려웠던 시절의 얘기들을 마치 고해성사하듯이 풀어 놓았다.

그때 장 군수는 직원들에게 "반드시 가난의 멍에를 벗겨야 한다."고 말하면서 보릿고개 이야기가 나올 쯤에는 더 이상 말을 잇지 못했다. "내가 이 이야기는 더 하지 말아야겠다." 듣지 않아도 짐작할 수 있는 일에 대해서는 듣지 않은 쪽의 파장이 더 큰 법이다. 그때 그들은 말을 꺼내기조차 두려운 가난에 대한 아픔을 같은 공간에서 동시에 느꼈다.

차 과장은 마을 어르신들과 장 군수의 얘기를 들으면서 장수를 정말 잘 사는 마을로 만들어야겠다는 의지를 더욱 단단하게 굳혔다. "군수님은 확실히 외강내 유형이세요. 잘 모르는 사람들은 한우냐, 사과냐를 따지며 한쪽으로 치우쳐 있다고 생각도 하는 데 오해죠." 그가 가까이에서 오랫동안 모셨으니 장 군수의 속내를 가장 잘 알고 있을 것이다. 그래서 말해주고 싶었던 모양이다.

리더의 의도를 읽는 참모

"큰 목적과 전체를 생각하는 사람은 결코 균형을 잃지 않는다는 것을 그분과 일하면서 배웠어요." 말하는 목소리는 조용했지만, 눈빛은 깊고 강했다. "내게 도울 능력이 있다면 이 분의 정책에 적극적으로 동참하겠다는 결심을 한 이유도 거기에 있어요." 차 과장이 다시 보이기 시작했다.

참모로서 리더의 의도를 정확하게 파악하고 그것을 즉각 실행에 옮긴다는 것은 그가 가진 최고의 장점일 것이다. 잘 웃던 그가 웃음마저 거두고 너무나 의연하게 분위기를 이끌어서 어느 한순간도 비집고 들어갈 틈이 없었다. 그래서 더 오랫동안 그를 바라보고 있을 수 있었다.

베끼는 시간이면 차라리 새것 만들지

차 과장은 1978년에 고등학교를 졸업하자마자 공무원 생활을 시작해서 올해 만 35년째다. 그 정도면 타성이 붙을 만도 한데 그는 늘 새로운 것을 만들려고 궁리를 한다. 그 아이디어들은 오랜 시간 동안 그를 지치지 않게 하는 동력이 되었다. "옛것을 그대로 베끼는 시간이면 새 것을 만들 수도 있어요. 그래야 일하는 재미도 생기는 거고." 이제는 공무원들도 창의적인 발상이 없으면 주민을 쫓아가야 하는 형편이 되고 만다는 것을 그는 잘 알고 있다. 그래서 부하직원들에게 먼저 생각하고 먼저 뛰라고 채근한다. 그만큼 자신이 건강하고 부지런하기 때문에 일을 진행함에서도 추진력이 있고, 섬세하다.

차 과장 주위를 둘러보면 언제나 정리정돈이 잘 되어 있다. 주변 사물이든 사람 관계든 깔끔하게 단속하기 때문에 매번 반듯한 인상을 받았다. 그것은 그가 원칙이 분명한 사람이라는 것을 증명하는 하나의 실마리이기도 하다.

공자처럼 말하고, 소년처럼 웃다

"옳은 일이면 해야죠. 잘할 수 있는 일이면 맡아야죠. 나 싫은 일은 남도 싫은 법이니 주어지면 해야죠." 공자처럼 말하면서 또 소년처럼 웃었다. 우스갯소리로 주변 분위기 살릴 때와는 딴판으로 맡은 일만큼은 철저하고 단호하다는 평가가 맞는 모양이다. 자리가 사람을 만든다는 말이 있는데, 차 과장의 경우에는 사람이 자리를 찾아갔다는 생각이 들었다.

인터뷰 때 어느 직원이 했던 말을 그에게 전했다. "군수님이 아버지라면 차 과장님은 어머니 같다고 하던데 어머니가 맞나요?" 잠시 고민하는 척하더니 칭찬이라는 생각이 들어서인지 다시 슬그머니 빠져나갔다. "아버지만 둘 있거나 어

머니만 둘 있으면 이상하잖아요?" 첫인상이 깊어서인지 그가 이렇게 순박하게
웃는 것이 더 좋았다.

차 과장 스타일

돌아와서 차 과장에게 긴 문자로 감사의 뜻을 보냈다. 식사 고마웠다고, 필요
한 사진이랑 자료를 부탁한다고. 만 하루가 지나서야 답장이 왔다. "요구하시면
곧바로 조치토록 하겠습니다." 딱딱하다 못해 가루처럼 건조한 답장이었다. 그
게 공무원 스타일, 차 과장 스타일이란다.

직원 중 누군가가 가까이 와서 조용히 속삭였던 말이 생각났다. "우리 과장님
은 독서를 편식하는 것 같아요. 자기계발서 말고, 재미난 장편소설 같은 거 읽도
록 추천 좀 해주세요." 책도 각자 취향이 다른 것이라서 무어라 말할 수 없었지
만, 사사로운 문자마저도 공무용 언어를 사용할 정도니 뼛속까지 공무원이라는
자신의 말이 틀림이 없다.

흥마라는 별명을 달고 달린다

글을 정리하다 말고 차 과장에게 동화책 두 권과 정호승 시집을 보냈다. 그가
뭐라고 할지 짐작이 간다. "뭐 그런 책을 보냈어요? 내가 애간디요?" 맞다. 그는 멋진
이마 주름을 훈장처럼 달고 대장처럼 호령하지만, 가끔 소년으로 보일 때가 있다.

승마장에서 만난 어느 스님이 흥마(興馬)라는 별명을 지어 주셨다고 한다. 그
를 보면 경주하기 전날 최상의 컨디션을 유지하기 위해 초원을 뛰어다니는 경주
마의 늠름한 모습이 연상된다. 정말 차 과장이 말 타는 모습을 보고 지은 별명이
란다. 다그닥다그닥 흥이 난 말과 함께 그가 달린다.

그는 말 타는 공무원이다

차 과장은 말과 인연이 깊은 사람이다. 장 군수가 주도적으로 경주마 목장을 유치하면서 장수군이 말에 관심을 두기 시작할 때 그는 축산과장이었다. 말 산업 클러스터를 만들어서 농가에 말을 키우도록 하면 소득에 도움이 되지 않을까 기대했으나, 바로 소득 창출로 이어지지 않으리라고 판단하고 달리 접근을 하게 되었다. 승마장이었다.

그러나 승마가 고급 스포츠로 인식되어 있는데다가 각종 전국대회를 유치하다 보니 엘리트 중심으로 흐르는 경향이 생겼다. "우리 군민들이 즐길 수 있는 승마 체험장을 만들자. 구경꾼은 되지 말자. 직접 즐기는 사람이 되자." 장 군수는 늘 주민이 우선이고, 주민이 주인이 되는 정책을 고민해왔기 때문에 남들이 불가능하다고 생각하는 승마라는 고급 스포츠마저도 주민들 가까이에 붙여 놓았다. 차 과장이 축산과장으로 있을 때 장수승마장 등 승마시설을 만들었다.

차 과장도 말 타는 공무원이다. "3년간 말을 탔는데 이제는 말과 눈을 마주치며 교감하는 시간이 그 어떤 시간보다 편안하고 행복하다." 장수에는 아픈 소를 보고 오는 날은 잠을 이루지 못하는 한우 농가가 있고, 말을 타는 즐거움보다 말과의 교감이 더 행복하다는 주민들이 살고 있다. 축산의 땅이다.

그의 아내는 말에서 떨어진 경험 때문에 함께 승마를 즐기지 못하지만, 주말이면 가끔 크로스컨트리 20km를 왕복 3시간 정도 달린다. 누가 들으면 팔자 좋은 공무원이라고 하겠지만, 장수에서 말을 타는 일은 어렵거나 생각만큼 비용이 많이 들지 않는다. 군의 목표도 군민들이 즐기기 위한 공간을 만드는 것이었으므로 공무원이 먼저 그런 문화를 만들어 가는 것도 의미가 있는 일이라 생각해서 승마를 시작했다. 차 과장은 자신이 참여한 사업장에서 다음 일주일에 사용

장수 경주마 육성목장

할 에너지를 충전해 간다. "살 맛이 나지요. 내리막길에서는 말을 생각해서 함께 걷는데, 말과 함께 걷는 그 여유로움은 말을 타보지 않은 사람은 몰라요." 차 과장은 세상을 즐길 줄 아는 사람이라고 잔뜩 부러워하며 누군가 그랬다. "즐길 줄도 알고, 선택한 것을 사랑할 줄도 아는 사나이야."

　그는 말을 사들이러 전국 방방곡곡을 돌아다녔다. 고생은 좀 했지만, 고생 속에서 의미도 찾고 재미도 찾았다. 마침 축산과장직을 맡고 있었기 때문에 경험할 수 있는 일이었다. 말을 사는 일부터 시작해서 관리하고, 망아지를 얻고, 승마체험장 일까지 관여하다 보니 누구보다도 장수의 말 산업에 밀접한 관계자가 되어 있었다. 그가 말 전문가는 아니었지만 좋은 말을 싸게 사는 방법에서는 말 시장에서 잔뼈가 굵은 사람보다도 노련했다.

장수 말 산업, 이미 경쟁적으로 우위에 있다.

경마장에 대한 얘기만 나오면 좀처럼 흥분하지 않던 그도 평정심을 잃고 화를 냈다. 정부는 2010년도에 한국마사회를 통해 전국에 경마장을 트리플 형태(삼각 형태)로 만들고자 했다. 후보지로 가장 유력했던 곳은 장수였다. 당시에 과천경마장, 부산경마장이 있었고, 중간 지점에 하나 더 조성할 계획이었는데, 장수가 떨어지고 경북 영천이 유치하게 되었다. 경마공원 유치를 위해 보고서 인쇄를 서울에 맡길 정도로 열의를 보이며 준비했는데 성과를 내지 못했다. 관련 환경, 기반 시설, 준비성 등으로 보아 결코 밀릴 상황이 아니었기 때문에 아쉬움이 많았다.

차 과장은 힘이 부족해서, 바로 정치력이라는 이유밖에는 찾을 수 없었기에 억울했다. 장수는 말 산업과 관광에 대해 방향을 잡고 다시 달릴 준비를 하고 있다. 장수군은 말 산업에서 이미 경쟁적으로 우위에 있다. 이유는 축산 노하우가 있기 때문에 말 사육과 치유 등 대처능력이 다른 지역에 비해 우월하다는 데 있다. 게다가 한국마사회 경주마 육성목장과 마사고등학교를 끼고 있어서 다른 지역보다 기반 시설이나 환경이 탄탄하다.

법에도 틈새가 있더라

말에 관한 이야기를 접고 차 과장의 공무원 생활 35년을 회고해 보자며 화제를 바꾸었다. 차 과장은 도시계장 재직 시절에 법에 관한 문제로 오래 고민했다. 도시계획을 재정비 하다보니 그동안 모르고 있었던 것도 있고, 혼돈되는 것도 있었다. 무슨 제약이 그리도 많은지 너무 복잡했다. 도시계획을 상정할 때 부족한 부분이 있어서 교수들에게 의견을 구하러 갔을 때의 이야기다. 부족한 것이 있으면 좀 채워 주십사 부탁을 했더니, 이게 뭐냐고 큰소리 치면서 안 된다고 했다. 그런데 다행히도 한 분이 도시계획법만 가지고 볼 게 아니라 하천과 임야까지 종합적으로 보면 가능하다고 가르쳐주서서 원안을 통과시켰다.

차 과장은 그때 깨달았다. 일을 제대로 하려면 반드시 공부를 해야겠다고. 할 수 있는 일을 무지로 인해 놓치게 된다면 지역에 얼마나 손해인가를 절실히 깨달았다. "그래서 팠죠. 법을 공부하다 보니 생각했던 것보다 길이 많더라고요. 법이라는 것이 막고만 있는 것인 줄 알았는데 틈새가 있어요. 근데 고것이 글쎄 숨어 있어요." 그때의 공부가 많은 도움이 되었고, 훗날 후배들에게 이것저것 일러줄 수 있는 기반이 되었다.

몰랐던 것을 알게 되었을 때, 몰랐다는 사실을 숨기기도 하는데 차 과장은 그렇지 않았다. 그는 전혀 과장하는 법이 없다. 이제야 알았다고 터놓으며 자랑스럽게 웃는 모습이 소박하고 진술해 보였다. "법 속으로 들어가 보니 나는 움직이는 사람이더라." 그래서 이렇게 멋진 말도 할 수 있는 것이다.

프로필이 고졸에서 대졸로, 뿌듯하더라

차 과장도 한우사업단장으로 일하고 있는 친구 성영수 단장과 함께 한경대에 입학해서 학사학위를 받았다. 공부할 생각은 못 하고 있었는데 친구 덕에 큰일을 해냈다. "한경대 장수캠퍼스 설립은 성 단장이 앞뒤 재지 않고 밀어붙여서 성

사시킨 일로 결과적으로 볼 때 아주 잘한 일이에요. 그 친구 아니었으면 어려운 일이 될 뻔했죠." 그의 은근한 친구자랑이 듣기에 참 좋았다. "나한테 교수님이 생기니 좋더구만요. 교수는 맨날 꼬투리나 잡고 비판만 하는 사람인 줄 알았는데 훌륭하신 분들도 있더라구요." 사업평가 때마다 이런저런 트집을 잡아 이론적으로 점수를 매겼던 교수들에게 받은 상처들이 상쇄된 모양이다. "내 프로필이 고졸에서 대졸로 바뀌니 뿌듯했어요." 그는 새로 쓴 프로필을 보고 또 보면서 가슴 벅찬 감동을 누렸을 것이다. 그리고 후배들에게도 그들이 귀찮을 만큼 공부하라고 권유했을 것이다.

그는 욕심이 과하지 않는 대신 계획만큼은 철저하게 세우는 사람이다. "계장직을 1년씩 거쳐서 10년 후에 과장되는 것이 목표였어요. 14년 만에 5급이 되었지요." 그는 멋지게 퇴장할 준비를 하고 있다.

가끔 외로움이 무서워

목표한 대로 이루면서 살았기 때문에 아쉬운 건 별로 없다. 짬짬이 짓고 있는 농사에 이제는 재미도 붙었다. 그런데 아주 가끔은 새벽에 잠이 깨면 '왜 그걸 그렇게 했지? 왜 공무원 생활을 하고 있지?' 이런 생각에 잠길 때가 있다. 그것도 잠시다. 먹고 살기 위해서 해온 일이지만 지나고 보니 보람도 있었고, 남은 일도 잘해야지 싶어서 마음을 다잡기도 한다.

"가끔 외로움이 무섭게 느껴질 때도 있어요. 어떤 사안에 대해 혼자만 고민할 때, 상의할 사람이 아무도 없을 때…" 50이 넘어가면 안팎의 모든 일을 결정해야 하는 위치라서 혼자라는 생각이 더 강해질 수밖에 없다. 차 과장도 마찬가지다. 선배보다 후배가 훨씬 많아지게 되면 누구나 외로운 것이니까. 만남보다는 헤어

짐이 더 잦아지는 나이가 되면 인연에 대한 생각도 더 깊어진다. "오랫동안 모신 장 군수와는 이별을 생각해 본 적 없다." 그러면서도 어떻게 보내드리는 것이 지혜로운 것일지, 퇴임식을 궁리하고 있다.

그는 참모다

직원들의 평가에 대한 그의 생각은 조금 다르다. 일반적으로는 개인이 거둔 성과로 능력을 가르기도 하지만 차 과장은 전체의 분위기가 더 중요하다고 생각한다. 정말 일을 잘하는 사람은 조직 구성원 모두와 잘 어울리고, 함께 일을 잘할 수 있는 사람이라고 강조한다. 참모로서, 리더로서 그가 지금까지 일하면서 얻은 결론이 화합이라는 것을 보면 자신도 그런 사람이 되고자 노력하며 살았다는 것이다. 주변 사람들의 평가도 비슷하다. 그는 씩씩하고, 호기심이 많아서 주변에 늘 좋은 기운이 흐르게 한다는 것이다. "좋은 것이라면 선택을 고민할 필요는 없죠. 어떻게 할 것인가 의논하고 바로 실행해야죠." 그의 행동은 민첩하고 용의주도하다. 그의 장점은 말 그대로 관계를 이해하고 상황을 관찰할 줄 알고 깊이 생각하되 판단이 빠르다는 것이다.

"절친 성영수는 일을 만들고, 차 과장이 마무리한다더라."는 말에 어느 정도는 수긍하는 눈치다. 일을 벌이는 사람과 그 일에 차질이 생기지 않도록 뒤에서 지원해 주는 사람이 서로 박자가 맞으면 일은 일사천리로 진행된다. 그래서 그런 평가가 나왔을 거라고 그는 짐작한다. 그는 질서와 신의라는 가치를 중심에 두고 원칙을 지키며 살고 싶어 한다. 위치에 맞게 행동하려고 노력하고, 마음먹은 일들은 기필코 해내는 끈기도 가졌다. 그래서 그의 뼈있는 농담을 듣고 있노라면 한 번씩 가슴에서 징소리가 울린다.

차 과장도 사과나무를 심었다

과장 없는 차 과장을 지인이 운영하고 있는 괴산군 마을 기업 현장에서 다시 만났다. 그는 주변을 빙 둘러보다가 삐딱하게 기울어 있는 파라솔을 뚝딱 고쳐 냈다. 누가 부탁한 것도 아닌데 막힌 하수구도 시원하게 뚫어주었다. 자상함과 섬세함에 모두 놀랐다. 고기 굽겠다고 나서더니 신문지로 앞치마를 만들어 허리 에 붙였다. 우리는 유난스럽게 깔끔 떤다고 흉을 보면서도 그에게 감동했다. 그 가 작은 것도 큰 것도 놓치거나 그냥 흘려보내지 않는 사람이라는 사실을 재차 확인한 시간이었다.

그는 사과꽃보다 열매가 더 예쁘다고 했다. 사과가 빨갛게 물들 때쯤이면 장 수에 축제가 열리는데 그때 차 과장도 다시 봐야겠다. 그가 몇 해 전에 사과나무 를 심었는데 올해 처음으로 사과를 딴단다. 아마추어 농부가 생산한 사과 맛은 어떨까, 한 알 얻어 먹어보려는 계산인데, 늘 '이쁜 우리 각시'라고 자랑하는 그의 아내가 농장주인이라서 얻어먹는 일이 성공할지 모르겠다.

차 과장은 퇴직 후에 농사지으며 살아야 하니까 미리미리 농사 공부도 할 겸 트랙터 같은 농기계도 구입해서 직접 사용하고 있다. 우스꽝스럽게 운전하는 시 늉을 하며 우리를 키득대며 웃게 했던 그의 모습이 떠오른다. 주렁주렁 사과나 무에 과실이 열리듯 주렁주렁 유쾌한 웃음을 얼굴에 달고 사는 그가 다그닥다그 닥, 말과 함께 가고 있다.

우리는 New-Brain 2030
행정지원과 행정담당 정상옥

장수 New-Brain2030

장수군은 젊은 공무원으로 구성된 New-Brain2030팀을 2007년에 출범시켰다. 2030세대만이 만들어낼 수 있는 창의적인 아이디어를 통해 새로운 사업을 발굴하기 위해 결성한 모임이다. 장수의 2030세대의 공무원들은 이 모임을 통해 다른 부서 직원들과도 교류하면서 업무를 깊이 이해하고 있다. 그들의 활동을 들여다보기 위해 2011년도에 회장직을 맡았던 정상옥 씨를 만났다.

근무 중 불려 온 상옥 씨는 무슨 영문인 줄 몰라서 눈을 둥그렇게 뜨고 꾸벅 인사를 했다. 뉴 브레인 2030에 대한 이야기를 듣고자 한다는 취지를 듣고서야 자리에 앉았다. 말끔하고 단정한 인상에서 회장님 포스가 느껴진다는 인사말을 건넸는데도 별 반응이 없었다. 편하게 얘기하고 싶었으나 인터뷰 장소가 군청 사무실이어서 그런지 딱딱한 느낌이 한동안 풀리지 않았다. 이러다가는 의례적이고 형식적인 이야기만 나올 것 같아서 편한 얘기를 들을 수 있을 때를 기다리며 천천히 차를 마셨다.

편안한 사람이 되고 싶다

정상옥 씨는 자신을 행복한 공무원이라고 했다. 일에 대한 스트레스는 어떤 직업을 갖더라도 피할 수 없고, 공무원이라고 해서 특별히 다를 건 없다고 생각하고 있었다. 자신이 선택한 직업에 만족하고 있으며, 열심히만 한다면 일에 대한 성취감도 느낄 수 있다고 했다. "무엇이 되겠다는 욕심보다는 스스로 편안한

행정지원과 행정담당 정상옥

사람이 되고 싶고, 남에게도 편안한 사람이 되고 싶어서 노력한다." 남에게 편안
한 사람이 되기 위해서는 꽤 많이 노력해야 할 것 같았다. 왜냐하면, 마주앉은 사
람 마음이 이렇게 불편하니까. 너무 반듯해 보여서일까, 경직된 탓일까, 아무튼
분위기는 바뀌야 할 것 같았다. 그가 미래를 위해 지금 투자하고 있는 것은 틈틈
이 자기계발서를 읽는 것이라고 한다. 독서를 통해 시간 관리와 인맥, 습관 등에

대해 학습하고 정리하고 있다는 그의 말을 듣는 순간, '에고, 재미없는 범생이!'
라고 할 뻔했다.

우리가 알아서 해 볼까

개인적인 이야기를 꺼내고 나서야 분위기가 조금 부드러워진 듯했다. 어쩌다
한 번씩은 웃음을 보이기도 했는데, 밝고 깨끗해 보였다. "2008년도에 임용되어
서 2030팀에 들어가게 되었는데 처음에는 약간 강압적인 느낌을 받았어요. 모임
에 익숙해지기까지는 시간이 조금 걸리긴 했지만, 2011년도에 회장직을 맡으면
서 재미와 책임을 동시에 느꼈어요." 강압적인 느낌이라…. 역시 2030세대는 다
르다. 그는 있는 그대로를 표현하고, 재미가 있어야만 열정을 쏟는다는 2030의
특성을 그대로 보여주었다.

"오더 내려오는 것을 해결하는 식이 아니라 우리가 알아서 '해 볼까?' '해 보자!'
하는 자율적인 방식이어서 좋았어요. 내가 원하는 것을 공부하면서 일도 함께
하는 것이라서." 이 말을 들으니 New-Brain 2030팀의 운영방식이 쉽게 이해되었
다. 젊은 세대들은 참여를 강요받고 싶지 않은 반면, 서로 공감대를 형성하게 되
면 진정한 지지를 보낸다. 장수군은 이 세대들이 감성을 살려 상호작용을 할 수
있도록 자율운영을 유도했다.

"주제는 알아서 정해요. 따로 기록은 하지 않지만 해마다 연말에 발표회를 열
어요. 뉴브레인 관리부서에서 작년부터 발표 자료를 모으고 있어요." 연말에 열
린다는 발표회가 궁금했다. 상옥 씨가 회장으로 있을 때 그 팀이 1등을 했단다.
우수 팀에게는 해외연수를 계획 중이라며 한껏 부풀어 있었다. "우리 팀은 '5도
2촌 캠페인을 통한 농촌체험마을 활성화 방안에 관한 연구'라는 주제로 발표했

어요. 먼저 프레지 발표프로그램, http://prezi.com/ 교육을 받았었죠." 그들이 사용했다는 프레지는 스토리를 담는 프레젠테이션 기법인데, 마을 이야기를 전개하는 데 도움이 되었을 것 같다.

이제 장수군 전체가 내 일터처럼 느껴져요

분위기가 무르익자 친절해진 상옥 씨는 발표내용에 관한 자세한 얘기도 들려주었다. "군에서 큰돈을 투자해서 체험마을을 만들어 놓았으나 사람들이 오지 않아요. 시설을 깔끔하게 해 놓았는데도 성과가 없는 이유는 체험마을이 멀기도 하고, 별다른 특징이 없기 때문이지요. 그렇다면 특색 있는 마을을 누가 만들어야 하나요? 군에서 만들어줘야 하나요? 우리는 마을이 스스로 만들어가야 한다는 결론을 내렸어요." 상옥 씨의 목소리는 자신들이 고민한 이야기라서 그런지 제법 힘이 실려 있었다. 자신들에게 주어진 일만 소화하려고 한다는 공무원들에 대한 생각이 편견이었다는 것을 장수공무원들을 만날 때마다 느끼게 된다. 상옥 씨는 2년이 지난 일인데도 어제의 일처럼 생생하게 전해주었다.

"체험마을 몇 개를 살려보자는 취지에서 충남 공주시로 견학을 갔어요. 공주에는 5도 2촌 과가 별도로 있을 정도로 잘 되어 있더라고요. 공주시장님을 직접 만나 다양한 아이디어를 전해 들었어요. 공주는 해마다 잘 되고 있는 체험마을이 바뀌더라고요." 2030팀은 공주 견학을 마친 후에 장수군도 체험마을에 대한 외부평가를 받는 것이 좋겠다는 결정을 내렸다.

상옥 씨는 몇 개의 체험마을을 묶는 방법도 생각해 보았다. 예를 들면 토마토만 재배하는 마을이라면 토마토 체험학습관을 마을 공동으로 만들고, 공동관리하면 좋겠다는 생각을 하게 되었다. 기본시설을 만들어 주는 것과 사람들이 찾아올 수 있도록 도와주는 역할까지는 군에서 해줄 수 있지만 유지, 보수는 쉽지 않기 때문이다. 그렇지만 시설농가에서는 타산에 맞지 않는다며 하려고 들지 않는다. 왜냐하면, 이미 잘살고 있기 때문에 체험마을 사업을 추진할 필요가 없는 것이다. "그렇다면 형편이 어려운 사람들이나 연로하신 분들이 운영하게 하는 것, 또는 청장년 중에 열심히 일하려 하지만 땅이 없어서 못 하는 사람들 등이 운영하면 좋을 것 같다." 사실 상옥 씨도 2030팀에 합류하기 전까지는 맡은 일만 잘하면 된다는 생각이었다. 그러나 장수군에 대해 고민을 하기 시작하게 되니까 몸담은 사무실뿐만 아니라, 장수군 전체가 일터처럼 느껴졌다고 한다. 사람은 이렇게 키워지나 보다 하는 생각이 들어서 다시 한 번 그의 얼굴을 바라보았다.

장수 아이디어 뱅크

장수의 New-Brain 2030팀은 문제를 찾고, 사업을 구상하고, 해결방안까지 찾아내는 모든 과정을 스스로 하고 있다. 지금이야 작은 성과들이지만 이렇게 훈련된 세대들이 다음에 정책을 기획하는 중추적인 역할을 맡게 된다면 그 미래는 아마 상상 이상이 될지도 모른다. 이들은 어려서부터 치열한 경쟁구도 속에서 살아왔고, 어느 세대보다 경쟁력 있는 콘텐츠를 개발하는 능력이 크다는 것을 우리는 알고 있다.

올해는 독거노인 복지증진방안 〈한누리시네마 활성화를 위한 한누리영화제 개최〉 등 다양한 주제의 발표가 있었다. 지난 발표작들을 보면 〈강물을 따라 도는 장수여행〉 〈비만 치료를 위한 다이어트 의료관광〉 〈친환경 휴양 의료복합단지〉 〈방화동휴양림 캠핑카 대여사업〉 〈Green Factory 우드 펠릿 공장 설립 계획〉 〈산악 권역 스포츠 레저사업〉 〈향토놀이체험마당 조성사업〉 〈3대가 즐기는 건강 Red Food Valley〉 등이 있다. 이들은 10년 후의 장수를 책임질 아이디어 뱅크로서 매년 새로운 주제 발굴을 위해 열정을 바치고 있다.

40세는 안 돼요

"비슷한 조직이 다른 군에도 있으나 장수군처럼 활발하지는 않은 것 같아요. 확연히 구분되는 점이 있다면 대부분 타 지방은 위에서 지시가 내려오지만 여기는 모든 것을 알아서 한다는 것이죠." 장수의 2030은 많으면 8개 정도의 팀이 꾸려지는데 6명이 한팀이 된다. 만나서 이런저런 이야기 하다가 주제를 선정하게 되는데, 가능한 한 많은 아이디어를 산출하게 하는 브레인스토밍 기법이 사용된다.

모임에서 나온 의견에 대해서는 서로 비판을 하거나 섣부른 결론을 내리지 않는다. 팀원들이 자유롭게 제시한 창의적인 아이디어를 종합하여 합리적인 해결책을 모색하는 과정을 즐거운 공부라고 생각한다. 이들은 주로 사무실이 아닌 식당에서 만나는데, 모일 때마다 밥값으로 1만 원 정도 걷는다. 이때 군 지원은 전혀 없으나, 한 달에 한 번 정도는 꼭 만난다.

면 단위의 젊은 직원도 포함하고, 39세까지만 활동할 수 있다. 올해 기준은 전년도에 입사한 신규 직원 중에 나이가 너무 많거나 업무 특성상 자리를 오래 비울 수 없는 사람들을 제외하고 모두 들어왔다. 보통 4년 정도 활동하고 5년째 되는 해에 빠지니까 실제 만 4년 정도 활동하는 셈이다.

해외연수를 꿈꾸다

뉴브레인 2030을 부담스러워 하는 사람도 있을 것 같은데 어떤가? "입사 첫 해에는 약간 그런 경향을 보이긴 해요. 하지만 서로에게 적응하게 되고, 특히 자신의 의견이 선택되면 자부심도 생기고 포상금도 받으니까 좋아요. 초창기에는 전폭적인 지원을 받다가 지원이 조금씩 줄어들어서 아쉽기는 해요."

군은 이들의 발표를 지역 경제 활성화 기여 정도, 사업반영 가능성, 창의성, 자료준비 성실 및 완성도 등을 토대로 평가해서 채택된 우수 사업에 대해서는 최종 보고회를 거쳐 군정에 반영하기도 한다. 뉴브레인 2030을 더욱 활성화할 수 있는 비법을 한 가지 제시하라면? "해외 연수 같은 인센티브…." 그의 솔직하고 구체적인 답변에 공감하면서 함께 웃었다.

장수군민들도 잘 모르는 '장수의 노래'

아무래도 청춘들이 모이는 자리니까 재미있는 일들이 생기지 않을까 싶어서 은근히 연애담을 기대하며 두드려봤으나 조심스러운지 살짝 비켜갔다. "만남도 있고 헤어짐도 있겠지요. 사적인 얘기라서…." 대신 재미있었던 얘기 하나 더 듣자고 했더니 잠시 고민하는 눈치였다.

"장수군민들도 모르는 '장수의 노래'를 우리는 알고 있어요. 해마다 장수군민의 날 행사에 NB2030회원 40여 명이 장수의 노래를 합창해요. 행사 한 달 전부터 모여 연습을 하는데, 처음에는 우리끼리 MR을 듣고 하다가 장수초등학교 음악 선생님의 지도를 받게 되니 정식 합창단이 된 것처럼 신이 났어요."

잔뜩 기대하다 들은 얘기라서 약간 실망스러웠는데 정작 본인은 신이 나서 한 얘기다. 젊은이들의 일탈, 사건 사고는 드러나지 않았다. 건전한 청년 상옥 씨는 견학 갔을 때 느꼈던 해방감 정도, 밤늦게까지 술을 마셔봤다는 사실만으로도 재미있어했다. 그것도 업무의 연장선이었지만.

그리울 것 같아요

활동하면서 가장 힘들었던 점은 무엇인가? "젊은 직원들끼리 모이니 즐겁고 재미있어요. 다만 연말에 성과 발표회를 해야 하는 것은 모두에게 부담스러운 일이죠. 군수님도 참석하시기 때문에 신경을 많이 쓰거든요. 스트레스를 받기는 하지만 엄청난 공부를 하고 있다고 생각해요." 뉴 브레인 2030은 장 군수의 지시로 시작되었다. 장 군수는 젊은이들을 현장에 내던지며 강하게 훈련하는 스타일이다. 상옥 씨가 절절한 예를 들어주었다. "군수님 스타일을 예로 들면 '장수군에 있는 체험마을의 현황을 파악해 봐라. 그리고 평가해 봐라. 하지만 함부로 평가할 수 없으니 객관적인 데이터를 근거로 평가표를 만들어라.' 하는 식으로 철저하게 훈련을 시키세요." 강도는 강하지만 어떻게 일을 해야 하는지 제대로 배워가고 있는 듯했다. 그가 만족스러운 표정으로 장 군수에 대해 말을 이어갔다. "제가 생각하는 군수님요? 편안해요. 뵈면 마음이 안정돼요. 군수님이시니까 우리군이 이 정도 발전할 수 있었다고 생각해요. 다른 분이 오시면 '구관이 명관'이라는 말이 있듯이 많이 그리울 것 같아요. 그래도 새 군수님께 적응해야죠." 그는 자신도 편안한 사람이 되고 싶다고 했다. 남들에게 편안한 사람이 되기 위해서는 군수님만큼 그릇을 크게 키워야 한다는 것도 안다고 했다.

나의 멘토 나의 멘티

2030세대는 일방통행을 거부한다. 훌륭한 강사의 강연보다도 토크쇼를 선호한다. 직접 대화하면서 즉시 질문하고 답변하는 즉각적인 소통을 원한다. 5060세대는 '국가가 있어야 자신이 있다.'라고 하면, 2030세대는 '자신이 있어야 국가도 존재한다.'고 한다.

2030세대의 특성에 맞춰 장수군은 멘토링제도를 실시하여 멘티(뉴-브레인 2030팀)와 멘토(일반직 6.7급)워크숍을 통해 소통의 문을 열었다. "뉴브레인 2030 활동을 하다 보니 나이 차이를 초월해서 친해질 수 있었어요. 뉴브레인 안에 멘토제가 있어서 신구 간에 조화를 이루는 방법을 찾게 된 거죠. 계장님, 과장님을 멘토로 정하고 찾아가서 개인적으로 밥도 같이 먹고 사는 이야기 하다 보면 자연스럽게 농담도 나누면서 친해져요."

이건 뭐지?

마칠 시간이 되었음을 감지했는지 그의 얼굴이 밝아졌다. 인터뷰라고 하니 꽤 부담스러웠던 모양이다. 좋은 얘기를 하려고 애쓴 것 같았다. 그는 작년에 금연에 도전했다가 실패해서 격려금 20만 원을 놓쳤다고 하면서 애석함을 드러냈다. 올해에도 도전하여 포상금도 받고, '건강도시 장수'의 모범대열에 합류하겠다고 했다. 총각처럼 보였는데 결혼해서 아이까지 있는 가장이란다. 서울에 사시는 부모님이 아이를 보내면 키워주시겠다고 했는데 장수에서 키울 생각이고, 2년에 한 번 정도는 해외로 가족여행을 가는 것이 바람이라고 한다. 건강하고 다부진 청년을 만나서 즐거웠다.

결재할 것을 미뤄두고 온 터라서 그가 서둘러 갔다. 장수의 2030은 공무원이 되자마자 뉴브레인 2030을 통해 일하는 재미와 공감을 체득하게 된다고 한다. 그들에게 일보다 재미있는 일은 없는 듯 보였다. 그 느낌은 나쁘지 않았다. 공무원 사회에서 말하는 '미래의 핵심인재'는 공공을 우선으로 생각할 줄 아는 밝고 건전한 사람일 것이다.

후에 직원들 회식자리에서 그를 다시 만났다. 말수가 적었고, 웃음도 적었고,

음식도 많이 먹지 않았다. 독서토론회를 어떻게 진행할 것인가라는 주제가 나오자 그의 맑은 눈에서 빛이 났다.

다시 축제장에서 만났다. 검은 정장을 차려입은 모습이 보기에 참 좋았다. 손님들을 정중하게 모시는 모습이 믿음직스러웠다. 그런데 반갑게 인사할 준비를 하는 나를 보고 아는 체도 하지 않았다. 이건 뭐지?

나의 하루
장종현 계남면장의 일기문

이 일기는 장종현 씨가 계남면장으로 발령이 나기 전 본청에서 근무할 때 쓴 글이다

평소처럼 잠에서 깨니 새벽 다섯 시다. 나이 먹을수록 잠이 줄어든다더니 마치 시간 약속이나 한 듯 다섯 시면 눈이 절로 떠진다. 누워서 뒤척여봐야 이런저런 생각만 뒤섞일 터, 두 손을 어깨 위로 쭈욱 올리면서 길게 기지개를 펴고 일어났다. 두툼한 외투에 귀마개, 마스크까지 챙겨 쓰고서 MP 보스(라디오 겸 노래기)를 호주머니에 넣고 집을 나섰다. 음악과 함께 아침을 시작하는 일은 오래된 습관이다. 볼륨을 올리고 걷는 속도도 높였다. 어떤 이들은 건강을 위해 악착같이 운동을 한다지만, 나는 상쾌함 때문에 걷는다. 건강은 덤이다.

코스는 장수읍에서 동촌 삼거리를 거쳐서 두산리 마을 진입로를 지나 논개 사당까지다. 시야가 탁 트인 광장 앞에서 팔굽혀펴기 20회를 했다. 이두박근, 삼두박근을 만들려는 것이 아니라 그저 팔 근육이 안녕하신지 체크하기 위한 것이다. 맨손체조도 대충 간단하게 한다. 순서도 없지만, 모양새도 안 날 것이다. 터닝 포인트가 논개 사당 광장이니 그래도 광장에서 몸은 한 번 풀고 되돌아가야지 반환점 돌듯이 그냥 휙 돌아서 가기가 좀 머쓱해서다.
다시 집까지 약 4km, 1시간 정도 걸린다. 하루 일과 중 가장 행복한 시간이다. 오직 자신을 위해 온전하게 쓰는 시간이기에 그렇다. 뿌듯하고 상쾌하다. 그것 이상일 때도 있는데 뭐라 표현이 안 된다.

출근을 준비하면서부터는 '오늘은 무슨 일이 있을까?' 일에 대해 생각을 하게 된다. 사무실에 도착하면 컴퓨터를 부팅하는 것으로 업무가 시작된다. 맨 처음 메일함을 클릭하면 장수 고을 소식들이 실려 있는 글귀들이 열린다. 좋은 얘기든 싫은 얘기든 그것을 소재로 잠시 동료들과 얘기를 나눈다. 경력은 짧지만, 생각이 깊은 친구들도 있고, 다양한 것들을 배워서 일을 효율적으로 잘 처리하는 친구들도 있다. 내가 선배이긴 하지만 새로운 것들은 후배들에게 배우기도 한다. 그럴 때는 확

계남면 논개 생가

실하게 세대 차이를 실감하게 된다.

오늘은 결재서류가 꽤 많은 날이었다. 결재를 받을 때는 주요 내용을 요약해서 보고해야 되기 때문에 암기해야 할 것이 꽤 많아서 힘들다. 늘 해오는 일이지만 그때마다 사안도 다르고, 내용도 다르다 보니 여간 신경이 쓰이는 게 아니다. 잘한 것은 표시가 안 나도, 실수는 금세 표시가 나는 일이라서 긴장을 늦출 수가 없다. 그러나 무사히 결재를 받고 나면 성취감이라 할까, 나도 모르게 어

계남면장 장종현

깨가 가벼워진다. 자신감은 금물이라는 것은 알지만 자신에게 주는 격려 정도로 생각하면서 당당하게 사무실로 들어간다.

점심을 마친 후엔 인기 있는 수목드라마 〈7급 공무원〉이나 주말드라마 〈백년의 유산〉을 보고 난 소감과 앞으로의 줄거리를 예측하며 직원들과 재미나는 얘기에 빠지기도 한다. 드라마는 허구지만 다음 편이 어떻게 전개될까 궁금해서 무척 기다려진다. 드라마를 보다가 문득 이런 생각이 들기도 한다. 왜 나는 내일의 꿈이 없는가? 기다리고 있는 무언가가 있으면 좋으련만, 딱히 어떤 욕망을 가져본 적도 없고 큰 뜻을 품어본 적도 없어서 그럴 거다. 낙천적인 성격 탓인지도 모르겠다. 가끔은 그날이 그 날 같아서 무료함이 느껴지기도 한다. 지금이라도 희망을 심어야 하는지... 다람쥐 쳇바퀴 돌 듯 반복되는 생활에 너무 익숙해져 있어서 오히려 무기력해진 것은 아닌가 하고 되돌아보았다. 문제는 도전의식이 부족한 것이 이유인 것 같다. 주어진 일을 잘 해결하고, 주어진 길을 가는 것이 전부라고 생각했다. 그래도 행복했다. 그런데 새삼스럽게 이런 생각이 드는 이유는 아무래도 나이 탓인 것만 같다.

난 욕심이 없는 편이다. 남에게 자랑할 것도 별로 없고, 봄이면 나물 뜯어다 나눠 먹고 고맙다는 소릴 들으면 그렇게 즐거울 수가 없다. 텃밭 농사가 잘되면 거기서도 보람을 느낀다. 직원들과 점심때 비빔밥 한 그릇 비벼 먹으면 그것이 진수성찬이다. 그래도 가끔은 미래를 위해 무엇인가 준비를 해야겠다는 생각이 들곤 한다. 낙서처럼 남자의 일생... 공무원 생활... 노후... 이런 걸 끄적거릴 때가 있다. 그러다가 퇴근 시간 이후에는 장수 골목 식당에서 다정하게 소주 한 잔 나눌 친구를 찾으면 다 잊는다.

    술이라도 한 잔 하세. 두 잔 들다 보니
    석 잔 먹세 그려 넉 잔 아닐세 이 사람아
    주거니 받거니 몇 잔인들 어떠한가
    여보게나 무궁무진하게 드세 그려
    완샷하는 술잔에 달도 기우나니
    오늘 이련가 내일 이련가 마신 김에
    날 새도록 마시고 푹 취해보세.

다람쥐 쳇바퀴라도 괜찮다. 취한 채로 들어가 아내에게서 놓친 드라마 줄거리 들으면서 잠들면 다시 아침이다.

"우린 동창이에요"

이 글은 장수군청 환경보호과 김보아 씨의 수기다

코피를 쏟으며, 찬물에 세수해가며 주경야독

나는 장수에서 고등학교를 마치고 또래 친구들이 꿈꾸던 서울에 자리 잡았다. 학교가 원주에 있어서 통학했는데 왕복 4시간이나 걸렸다. 가끔 피곤하다는 생각은 들었지만 집을 떠나 있으면 부모님 잔소리를 듣지 않아도 되고, 독립했다는 자유를 누릴 수 있다는 게 위로가 되었다.

그러나 오래 지나지 않아서 부풀었던 기분은 사라졌고, 직접 밥이며 빨래, 청소 등을 해야 하는 집안일이 부담되었고, 학업에 열중하기가 어려워지기 시작했다. 용돈을 벌기 위한 저녁 아르바이트를 하다 보니 통학버스를 놓치는 경우도 있어서 한두 번 결강도 하게 되었고, 그로 인해 학점을 제대로 받지도 못했다.

고민하면서 1학기를 마치고 2학기를 다니고 있을 때, 딸을 혼자 서울에 보내놓고 늘 걱정하시던 엄마를 통해 장수에 문을 연 국립 한경대 장수캠퍼스를 알게 되었다. 마침 서울 생활에 지쳐 있을 때라서 부모님의 간곡한 권유를 거절할 마땅한 이유도 없었기 때문에 다시 장수로 내려왔다. 직장을 잡고 일하면서 야간에 한경대에 다니게 되었다. 부모님 곁에서 살게 되어 안정감도 생기고 생활하기는 편했지만, 직장을 다니며 공부하는 것은 그리 만만치가 않았다.

하루 종일 함께 일했던 동료들은 퇴근 후 모임도 하고, 여가를 즐기는 동안 나는 무겁게 내려앉는 눈꺼풀을 비비며 한밤중까지 수업을 받아야 했다. 주말이면 친구들이 들로, 산으로, 바다로 여행을 다닐 때도 나는 4년 동안 주말이라는 개념을 잊고 살았다. 그러나 '힘들어도 끝은 있겠지.'라는 의지로 겨우 버텼다.

리포트와 시험에 대한 압박감은 계절조차 느낄 수 없을 만큼 컸고, 타고난 건강 체질이라고 자부했던 몸은 체력적으로 한계에 부딪혔다. 흘러내리는 코피를 닦는 것은 드라마에서나 나오는 시생들의 모습이었는데, 그것이 현실의 내가 되었다. 휴게실에서 얼굴에 흘러내리던 코피를 닦으면서 '이 정도쯤은 이겨내야 한다.'고 거듭 다짐을 했다. 이것은 사랑하는 부모님의 권유이기도 했지만 내가 선택한 길이니까 무슨 일이 있어도 하고야 말 것이라고 이를 악물었다. 몸은 지칠 만큼 힘들

장수군청 환경보호과 김보아 (오른 쪽)

었지만 배움에 대한 열망이나 신념은 절대 약해지지 않았다.

무엇보다 큰 위로와 힘이 되었던 것은 희끗희끗 흰머리가 드러난 연세에도 불구하고 고단한 몸을 이끌고 나오신 어르신들이었다. 낮에는 농사일하시고 밤에 공부하러 나오셔서, 쏟아지는 졸음을 참으려고 몇 번씩 찬물에 세수하시던 동기들이 있었기에 이런 순간들이 더욱 보람 있는 시간이라 여겨졌다. 때론 아빠처럼, 삼촌처럼 지친 나를 위해 웃어주며 용기를 갖게 해준 고마운 동기들이 없었더라면 이렇게 뿌듯하고 끈끈한 학우애는 맛보지 못하고 졸업을 했을 것이다.

배우는 과정 자체가 소중하다

그리고 해마다 남녀노소가 한 마음 한 몸으로 뭉칠 수 있었던 한경대 장수캠퍼스 체육대회는 두고 두고 잊히지 않을 우리들의 추억이다. 서로의 나이도 잊은 채 웃고 즐기는 사이에 느슨해졌던 마음이 동여 매졌고, 우리의 결속력은 더욱 굳어져 갔다. 4년 동안 그분들을 보며 위로받았고, 그분들과 함께하며 힘과 용기를 얻었다는 고백은 과장이 아니다. 그분들은 어린 내가 기특했겠지만 나는 그분들이 정말 존경스러웠다. 그 나이에 그걸 배워 뭐하느냐고 생각하는 사람들도 있겠지만, 결과보다도 과정이 소중하다는 걸 나는 안다. 배우는 동안 얼마나 값진 경험을 했는지 해보지 않은 사람은 알지 못한다. 삶에 있어 최고의 가치를 묻는다면 나는 아무 망설임 없이 배우며 얻는 기쁨이라고 말할 수 있다. 더욱이 주경야독을 실천한 우리이기에 더욱 그렇다.

나의 꿈 터, 장수

난 이제 어엿한 졸업생이다. 감사할 일들, 감사할 사람들이 너무 많아 오히려 행복하다. 언제나 눈물이 날 만큼 사랑하는 부모님, 오늘의 내가 될 수 있도록 기회를 주신 장재영 군수님, 앞에서 모범을 보여주신 나의 멘토 성영수 단장님, 장수캠퍼스 지킴이 학생회장 한규태 과장님 이하 임직원들, 감사하다.

직장에서 보면 감히 함께할 엄두도 내지 못했을 쟁쟁하신 과장님들과 계장님이 내 선배이고 동기라는 사실이 든든하다. 그리고 어르신 동기생분들 정말 감사하다. 어린 나에게 세상은 언제나 넘을 수 없는 태산 같았는데, 이제는 차근차근 그 산에 오르려 한다. 그분들의 기대에 벗어나지 않는 삶을 설계할 것이며, 장수군의 지역 리더로서 부족함이 없도록 준비하며 살 것이다.

그동안 받은 혜택과 애정에 보답하는 길은 주저하지 않고 앞을 향해 전진하는 모습을 보여드리는 것이라 생각한다. 나의 행운, 나의 꿈 터인 장수에서 귀하게 쓰임 받는 사람이 되고 싶다.

III장

장수 미래이야기
희망을 말하다

관광산업-말 산업

축제 – 한우랑사과랑축제

장수의 내일

1. 관광산업
말 산업

국내 말 산업과 장수군

말 산업 육성 5개년 종합계획

말 산업은 말의 생산, 사육, 조련, 유통, 이용 등에 관한 산업으로 1차~3차 산업까지 아우르는 복합적인 산업이다. 1차 산업은 말을 생산하는 종마산업이 대표적이고, 2차 산업은 말을 키우고, 조련하고 사양을 관리하는 데 필요한 물품이나 사료를 만드는 산업을 포함한다. 그리고 3차 산업은 말 경매, 말 유통, 경주마, 승용마, 말고기 등 말을 활용하는 산업을 포함하고 있다. 따라서 앞으로 말 산업은 사육과 유통 중심의 일반 축산업과 달리 다양한 분야의 산업을 개발하여 일자리를 비롯하여 지역 내 경제적 파급효과를 기대할 수 있는 산업이라 할 수 있겠다.

우리나라의 말 산업은 선진국에 비해 미미한 수준이지만 앞으로 경제적 효과 등을 고려한다면 활성화해야 할 산업이며, 이에 따라 정부도 말 산업을 지원하기 시작하였다.

우리나라에서 말 산업 육성정책은 국산경주마생산 중장기 계획(1991~2006년)

〈그래프〉 전국 승마장 현황

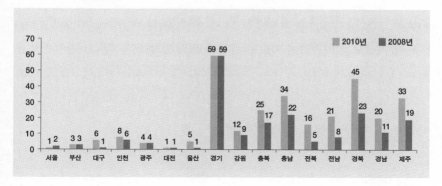

의 마무리와 함께 FTA 등 개방 확대에 대비해 농가의 새로운 성장동력 발굴 차원에서 시작되었고, 경마, 승마, 말고기 부문이 함께 성장할 수 있도록 지원하여 농가소득을 높이고 농촌 지역 활력을 주는 데 중점을 두고 추진하게 되었다.

이러한 정책은 2011년 말 산업 육성법이 제정되면서 탄력을 받게 되었고, 동법에 따라 2012년 말 산업 육성 5개년 종합계획이 발표되면서 본격화되었다. 말 산업 육성법의 핵심은 말 산업의 성장여건이 일정수준 이상으로 조성된 지역을 말 산업특구로 지정하여 지역특화산업으로 발전시키고 해당 지역을 말 산업 성장의 전초기지로 활용한다는 계획이다.

그리고 말 산업 전문인력을 체계적으로 양성하기 위해 전문인력 양성기관을 지정하고, 말 조련사, 장제사 말의 편자를 비롯한 발굽 주위의 건강을 담당하는 직업, 재활승마지도사 자격제도를 도입하고, 농어촌형 승마시설을 도입하여 승용마의 생산과 육성 그리고 말 이용업을 겸영하는 영업행위를 할 수 있도록 하였다.

말 산업 육성 5개년 계획을 통해서 현재 3만 두의 말 두수를 2016년까지 5만두로 키우고, 농가 수는 1,900호에서 3,000호로, 승마장 수는 300개소, 승마 인구는 2만5천 명에서 5만 명으로 늘린다는 목표를 제시했다.

특히, 제주도를 비롯하여 여러 지자체가 말 산업 특구지정과 말 관련 사업유치를 위해 치열한 경쟁을 하고 있다. 농식품부가 지난 7월 31일 특구지정을 위한 조건을 마련하고 지자체를 대상으로 말 산업 특구지정계획을 발표하면서 지자체 경쟁은 본격화되었고, 그 결과는 2013년 12월에 발표되었다.

장수의 말 산업

대부분의 지자체가 정부의 말 산업 육성정책에 따라 재정지원 혹은 각종 세제 및 규제 특례 등의 혜택을 받기 위해 말 산업에 뛰어들고 있다고 할 수 있지만 이보다 10년이나 앞서 말 산업을 준비한 지자체가 있다. 바로 2011년 국내 최초 말 레저 문화특구로 지정된 장수군이다.

장수군은 2002년부터 2015년까지 총 3,250억 원을 투자하여 말 산업 클러스터를 추진하고 있다. 현재 한국마사회 경주마 육성목장 조성, 장수승마장 건립, 한국마사고 유치, 전국 최초 말 레저 문화특구(2011년) 지정 등 말 관련 인프라를 구축하여 국내 다른 지역에 비해 비교우위에 있다고 할 수 있다.

장수의 말 산업은 2003년 한국마사회의 경주마 목장을 유치하면서 관심을 가지기 시작하여 2015년까지 3단계로 구분하여 말 산업 클러스터 조성사업을 추진하고 있다. 1단계(2002~2009년)는 한국마사회 장수목장, 장수승마장, 한국마사고, 승마체험장 건립 등으로 이미 완료되었고, 현재는 말 크로스컨트리 조성과 경주마 생산기반 확립, 그리고 골프장, 호텔, 말 특성화 대학 유치 등 승마레저타운을 목표로 하는 2단계 사업을 진행 중이며, 마지막 3단계는 2015년 이후로 승

장수 경주마육성목장 전경

마레저타운을 완성하고 말 문화교류 축제 개최를 목표로 하고 있다.

　장수군의 말 관련 인프라를 살펴보면, 먼저 2006년에 완공된 46만 평에 달하는 경주마 육성목장이다. 한국마사회의 민간자본으로 투자된 시설로 우수한 경주마 생산을 위해서 실내마장, 야외마장, 말 수영장, 훈련주로 등의 시설을 갖추고 있는 내륙 유일의 최대 경주마 생산 육성기지로서 국내 말 산업의 선진화를 주도하고 있는 곳이다. 또한, 연간 3천 명에 달하는 방문객들이 경주마 육성목장을 찾고 있다. 장수군의 주요 관광자원이 되기도 한다.

장수승마장

장수에는 174억 원을 투자하여 2003년 공사를 시작으로 2007년 8월 준공된 장수승마장이 있다.
실내마장 1동, 실외마장 1면, 마방 120실, 워킹 머신 등을 갖추고 있는 국제규격의 승마장이다.
2008년 3월에 개장하여 국제대회, 전국승마대회를 유치하고 있다.

장수승마체험장

2010년 10월 개장한 장수 승마체험장은 일반승마장에 비해 50% 수준의 금액으로 운영하면서 지
역주민에게 50% 할인한 금액으로 승마체험을 할 수 있도록 하여 승마 대중화에 노력하고 있다.

장수 마사고

말 관련 특성화 고교인 마사고를 개교하여 전문인력을 배출하고 있다. 현재 기수반과 승마반 2개
과에 120명의 학생을 보유하고 있으며, 각종 승마대회에서 우수한 성적을 올리고 있다.

장수 말 크로스컨트리

전국에서 가장 긴 말 크로스컨트리는 폭 6m의 천연잔디로 10km에 달하며, 특색 있는 가로수길을
조성 중에 있다. 승마레저체험촌, 골프장, 호텔 등 승마레저타운이 완공되는 2016년의 장수는 명
실상부한 말의 메카로 자리 잡을 것이다.

장수군의 말 산업은 한우와 사과에 이은 지역 미래 성장동력으로 탄탄한 기반을 다져가고 있다.
앞으로 국민소득수준이 높아져 레저스포츠로 승마가 주목을 받게 되면, 말 레저 문화특구 장수는
더욱 빛을 발하게 될 것이다.

〈참고〉 장수군 말 레저 문화특구

장수군은 2011년 4월 22일 말 레저 문화특구로 지정되어 말 문화와
승마 대중화에 물꼬를 트기 시작하였다. 장수 말 레저 문화특구 특화
사업의 내용은 말 산업 생산기반 확충, 말 관련 인력육성 인프라 구

장수승마체험장

축, 말 문화체험 · 교류 보급사업 등이다. 특례로는 말 문화축제기간 중 자동차 등 통행을 제한할 수 있으며, 특구 홍보를 위한 옥외광고물 설치기준 조례제정, 축제기간 중 행사장 홍보물 설치를 위해 도로를 점용할 수 있다. 그리고 말 특성화 대학 유치를 위해 공유재산의 수의계약에 의한 대부 또는 매각이 가능하다. 마지막으로 말 경주대회 기간 주말 크로스컨트리 자동차 운행을 제한할 수 있는 내용 등을 담고 있다.

한우의 경험이 말 속으로

장수는 기존의 자산을 바탕으로 말 산업을 지역의 체험관광 상품으로 키워 나가고 있다. 군에서 운영하는 승마장은 주민들이 말과 친숙해질 수 있는 공간으로 최대한 활용하고 있고, 대표축제인 〈한우랑사과랑축제〉 때마다 말은 비중 있는 조연으로 등장한다. 말이 장수에서 주연으로 화려하게 등장할 그 날을 기다리며 주민과 친숙하게 지내고 있다.

마사고등학교가 있는 곳에서 장수읍내까지 12킬로미터의 마로를 다듬고 있다. 넓은 평원의 제주를 제외하면 내륙에서 마로를 정비하고 있는 유일한 곳이 바로 장수이다. 독일 등 승마를 많이 하는 유럽의 경우에는 도심 내에 차로와 같은 마로가 있다. 마로는 단순한 길이 아니라 철저하게 주변과 분리시켜 말을 놀라게 하지 않도록 세심한 주의를 기울여서 만들어야 한다. 장수는 그 기준에 맞추기 위해 충실하게 노력하고 있다.

한편으로는 말 관련 식품에 대해서도 다양한 연구를 진행 중이다. 그래서 장수의 말 산업은 새로운 농가소득원으로도 한몫할 것으로 본다. 장수는 이미 한국 축산의 대명사인 한우를 지역의 대표 특산물로 만드는 데 성공했다. 유전자연구소, 자체 사료제조공장, 수도권 종합판매장 등 한우에 관한 모든 부분을 계열화했다. 따라서 말 산업 중 사육과 말고기 식품에 대해서는 국내 어느 지역보다 우세한 경쟁력을 갖추고 있다.

장수는 다음 산업자원을 소리 없이 그러나 예민한 촉수로 준비하고 있다. 현재까지는 말 산업에 관하여 서두르지 않고 있으나, 물밑 준비는 단단하다. 아마도 다른 지역 같았으면 이 정도만으로도 '말의 도시'를 선언하고 홍보하느라 수선스러웠을 것이다. 하지만 말 산업이 몇 개의 시설과 백여 마리의 말, 일정한 정

승마체험장 말 방목장

부예산, 일부 전문가로 완성될 수 없다는 것을 장수는 이미 잘 알고 있다. 그래서 때를 기다리는 것이다.

　　장수의 말 산업은 현재의 경제정책이 본궤도에 오르고, 특화사업이 자리를 잡으면 더욱 본격적으로 추진될 것으로 보인다. 한우 사업에서의 경험과 시설은 아주 중요한 역할을 할 것이다. 말은 축산자원이자 관광자원으로서 장수의 미래에 아주 중요한 자원이 될 것이다.

장수는 다르다
천천히 뚜벅뚜벅, 마보천리(馬步千里)

　말 산업은 몇 년 만에 성과를 올릴 수 있는 간단한 사업이 아니다. 그런데도 다른 지역들은 2011년 '말산업육성법'이 시행되자마자 서로 국내 말 산업의 주도권을 잡겠다며 경쟁을 벌였다. 너도나도 하겠다고 나서는 지자체도 문제지만 말 산업을 경마나 관광산업으로밖에 인식하지 못하는 우리네 시각이 문제다. 게다가 지역 말 산업에 관한 평가는 주로 외부환경에 초점이 맞춰져 있어서 그 평가만으로는 잠재력을 측정하기 힘들다. 겉만 보고 속을 보지 못하는 평가들이 대부분이기 때문이다.

　말 산업은 말 생산에서 시작하여 사육 · 조련 · 유통 · 소비 · 관광까지 총망라한 사업이다. 보통은 승마 인구를 겨냥해서 관광산업으로 돈을 벌 수 있다고만 생각하는데 말 시장은 그렇게 간단하거나 좁지 않다. 모든 것을 종합적으로 볼 때, 장수가 가지고 있는 말 산업에 관한 근력은 다른 지역에 비해 우세하다. 시작 시점도 다르고, 이미 가지고 있는 말 관련 자산도 다르다. 그것보다도 중요한 것은 장수만이 가지고 있는 '말산업정책'이 다른 지역과는 다른 뚜렷한 차별성을 갖고 있다는 것이다.

　첫째, 현실적인 계획이다. 말 산업 자체가 장수에서 낯설지 않은 이유는 다른 지역의 말 관광사업과는 접근방법이 달랐기 때문이다. 장수는 시작할 때부터 주민소득을 높여서 지역민이 탈 수 있도록 하자는 데에 초점을 맞췄다. 왜냐하면, 대규모 도시가 가까이 있지 않다는 입지조건과 사업성을 가질 만큼 승마 인구가 많지 않다는 점 등을 고려해볼 때 아직은 큰 성과를 기대할 수 없다는 것을 알고 있었기 때문이다.

둘째, 내부 자원을 적극적으로 활용한다. 장수는 어떤 방법으로든 외부 자원을 끌어들여서 돈을 벌려고 하는 것이 아니라, 지역이 가지고 있는 내재적 자원을 활용하려고 한다는 점이 다르다. 장수는 이미 경주마 목장과 마사고, 승마체험장, 크로스컨트리 등의 말 산업 관련 시설을 갖추고 있다. 장수군은 지원금을 받아내기 위한 목적으로 정책을 만든 것이 아니라, 지역 내에 있는 자원을 활용하여 관광산업으로 확대하고자 하는 것이다.

셋째, 장기적인 안목이다. 장수 말 산업은 장수군의 주요 산업인 소축산업이 시장에서 위기를 맞이하게 되었을 때를 대비한 품목이다. 소시장에 문제가 생겼을 경우, 축산 농가들에게 다른 선택을 할 수 있는 여지를 갖게 한다는 의미가 있다. 이미 장수한우는 가공분야까지 진출해 있으므로 그 기술력을 바탕으로 향후에 말고기 수요가 생기면 언제든지 곧바로 시장에 진입할 수 있도록 준비하는 것이다.

넷째, 기존 농업과의 연계성이 깊다. 장수의 큰 장점은 우수한 소를 생산하고 사육하는 기술이 있다는 것이다. 물론 말과 소가 다른 점은 있지만, 축산경험이 없는 지역에 비하면 장수가 탁월하게 앞서 가고 있는 것이다. 장수가 말 산업을 축산농가소득과 직결시킬 수 있다는 것은 단지 종목이 비슷해서 그런 것이 아니라 저렴한 사료공급, 질병대처능력, 유전자 연구소 등 다른 지역이 따라올 수 없는 기반을 이미 갖추고 있기 때문이다.

말 산업을 관광산업으로만 해석하는 답답한 현실에 장수군은 휘둘리지 않고, 계획대로 천천히 제 갈 길을 가고 있다. 얼마쯤의 시간이 지나고 나면 '역시 장수였구나'하는 소리가 들릴 것이다. 장수의 말 산업은 달리지 않고 걷는 것을 원한다. 이것이 장수군의 컨셉이자 감각이다. 안전하게 지속해서, 그리고 멀리.

말, 길 그리고 캠핑클러스터

구선서 축산과 마사담당계장의 인터뷰 (2013년 6월)

장수군의 말 산업에 대하여

▶▶ 질의(이하 질) 장수군에서 진행하고 있는 말 산업에 대해 듣고 싶다. 장수군의 말 산업은 구체적으로 어떤 성격을 띠며, 최근에 계획하고 있는 사업은 무엇인가?

▶▶ 답변(이하 답) 장수의 말 산업은 말 관련 산업을 육성시켜 체험관광의 기반을 다지는 것이다. 장수에는 한국마사회 장수목장, 장수승마장, 장수승마체험장이 있다. 승마체험장은 2010년에 완공했다. 농림부 지원을 받아서 했는데 처음에는 부지가 작아서 말을 탈 수 있는 체험만 하다가, 부지를 만평 정도 더 넓혀서 현재 총 3만 평 정도로 방목장과 트로이목마, 비 가림 시설을 추가로 만들었다. 내년에는 장수 호스 팜랜드 조성사업 계획을 세우고 있다. 먼저 군에서 초지 방목장을 만들고, 목장을 하고 싶은 이들에게 공방을 분양하는 방식이 될 것이다. 목장부지를 군유지에 조성해 놓고, 그것을 농가들에 분양해서 목장을 경영할 수 있도록 하는 사업이다.

질 말 사육은 일반화되어있지 않아서 대부분 경험이 없을 텐데, 농장을 운영한다는 것은 어려운 일 아닌가?

답 현재 장수에는 말 육성 농가가 있다. 생산에 종사하는 사람들이 입주자들을 모아서 교육하면 된다. 그리고 한우 사육 농가들이 많아서 말에 대해 공부를 하

구선서 축산과 마사담당계장

는 데는 쉬울 것이다.

질 말 산업 하면 레저보다는 경마라는 생각이 먼저 든다는 사람이 많은데, 마사
담당자로서 어떻게 생각하나?

답 목적은 시대에 따라 달라진다. 승마 인구가 없었을 때는 말 산업이 도박성을

가졌지만, 국민소득수준에 따라 레저인구가 증가함에 따라 말 산업도 자연스럽게 승마 쪽으로 이동하게 된 것이다.

질 장수가 말 산업을 통하여 얻을 수 있는 것은 무엇인가?

답 말 산업을 통해 인구가 늘어날 것으로 본다. 말은 한 사람이 못 키운다. 말 산업이 활성화되기 시작하면 전문 인력을 고용해야 하므로 관련 인구도 늘어나고, 자본력이 있는 사람들도 들어올 것으로 예상한다. 이들이 지역 내에서 씀씀이가 늘어나게 되면 경제적으로도 발전되는 부분이 있을 것이다.

지금, 장수는

질 승마체험장은 장수사람들을 위해 만들어진 것이라고 알고 있다. 지역민 외에 외부 방문객들은 얼마나 오나?

답 체험장이 없었을 때는 장수에 단체 관광객이 별로 없었는데, 그게 만들어지면서 최근에는 단체 관광객들이 많이 오고 있다. 주로 중고생들이 단체로 많이 온다. 학생들이 오면 먼저 파트를 나누어 한 파트는 체험장에서 100~150명 정도 수용하고, 나머지는 장수의 다른 곳을 돌아보고 오도록 한다. 말 타는 것을 처음에 무서워하지만, 나중에는 즐거워하는 아이들이 더 많다. 작년에는 18개 학교가 왔고, 올해도 예약이 제법 들어오고 있다. 반은 말을 타고 반은 논개 사당, 향교 등 문화유적을 돌아보며 장수를 알고 가게 되니까 승마체험과 문화여행을 다 할 수 있어서 수학여행으로는 좋은 코스라고 생각한다.

질 캠핑클러스터는 무엇인가?

답 말 길 그리고 캠핑클러스터는 장수승마장과 승마체험장, 와룡휴양림을 잇는 말 크로스컨트리 일원에 건강과 체험, 자연치유의 테마형 공원과 휴양 및 야영시설을 갖춘 캠핑클러스터를 조성하는 사업이다. 말 크로스컨트리 일원에 도시 숲과 가로수를 조성하고, 2013년까지 승마레저체험촌과 와룡휴양림내 오토캠핑장, 방문자 센터 등을 마무리할 계획이다.

질 마사회에서 운영하는 육성목장은 경관이 좋던데 어떤 말을 키우나? 승마체험을 하러 온 일반인에게 개방되는가?

답 개방된다. 연간 1만 명 정도가 온다. 마사회에서는 경주마를 육성하고 있다. 현재 군에서 주도적으로 하는 부분은 관광과 체험 쪽이다. 주말에는 주민들과 대전, 대구 등 전국에서 가족 단위 관광객들이 많이 이용한다. 재방문이 많다.

질 승마체험장 말고, 장수승마장과 크로스컨트리는 어떤 곳인가?

답 장수승마장은 184칸의 마방 시설을 갖추고 있으며, 실내마장과 실외마장이 각각 1개 동이 있다. 평소에는 전문적인 승마 강습을 하고 있다. 체험장과 같이 있으면 시너지가 있을 것이다. 두 곳은 산길로 연결되어 있으며, 총 길이 10km며 10억을 들여서 잔디를 깔아 가꾸어 놓았다. 크로스컨트리는 잔디라서 차량을 통제하고 있어 사람이 걷기에도 좋은 길이다. 중간 중간에 쉴 공간으로 쌈지공원을 마련했다.

질 제주도 외에는 밖에서 말을 탈 수 있는 곳이 없다고 하는데….

답 임도 임산 도로–벌목한 통나무의 운반, 산림의 생산 관리를 위하여 건설한 도를 줄여 이르는 말 는 있지만 사실상 관리가 잘 되지 않고 있어 말을 타기에는 위험하다. 장수 크로스컨트리는 잔디밭 폭이 7m로 잘 다듬어져 있다. 장수만한 곳은 없다.

장수 말 체험, 이렇게 바뀐다

질 레저체험마을에 관한 얘기를 들었다. 자세한 설명을 듣고 싶다.

답 레저체험촌을 계획하고 있다. 2만 평에 게르 _{유목민 이동식주택} 를 짓고, 다른 체험거리인 인공암벽, 청소년 놀이시설을 만든다. 예전에 군수님과 함께 일본 아소팜에 갔을 때 함께 즐길 수도 있고 혼자 놀 수도 있는 시설을 보고 왔다. 그것을 참고했다. 4D 체험관 _{어수벤치미킹 결과, 벤허의 마차경기 화면을 띄어놓고 마차 경기를 하는 시설} 을 내년까지 마무리할 계획이다. 사업비는 확보했고, 땅은 확보 중이다.

질 유목민 주택, 궁금하다. 누구의 아이디어인가?

답 가족단위를 대상으로 10동 정도 지을 계획이다. 이용료 등과 같은 구체적 운영계획은 나와 있지 않다. 군수님 아이디어다. 말 캠프 뒤에 게르를 지어보라고 계속 주문하셔서 하게 되었다.

질 게르를 한겨울만 쓸 게 아니라 연중 사용 가능하지 않은가?

답 게르 하나만으로는 안 된다. 여러 가지 시설을 같이 해놓고 숙박, 승마체험도 함께해야 할 것 같아서 용역보고회를 했다. 승마체험장 밑에 군부대가 이전하니 그 땅을 사들여서 병영체험장을 만들라고 군수님이 지시하셨다. 요즘 학생들은 체력이 약하고 겁도 많아서, 호연지기를 키울 수 있는 교육이 필요하다고 하셨다. 1박 2일 병영체험 프로그램 등을 만들 계획이다. 각 급 학교에서 하는 체험프로그램을 활용해서 호연지기를 길러주기 위한 프로그램으로 계획 추진 중이다.

장수목장의 자랑

질 다른 지역에서 방문하는 경우가 많은데, 장수 말 산업을 보여줘도 그들이 따라 하기 어려운 이유는 무엇이라고 생각하는가?

답 장수는 그동안 꾸준하게 많은 투자를 했기 때문에 기반시설이 앞선다. 그래서 그들에게 보여줘도 괜찮을 만큼 자신이 있다. 말 하면 제주도라고 생각하는데 제주도는 경주마를 생산하는 농가 위주의 말 산업이고 조랑말 위주의 체험이다.

질 장수목장의 다른 자랑거리는 무엇이 있는가?

답 말 크로스컨트리에 가로수를 심었는데 나중에 분양할 계획이다. 기념식수처럼 가로수에 이름표를 달아서 분양하면, 말도 타러 오기도 하고 자신들의 나무를 보러 오게 하려는 계획이다. 10km에 마가목과 편백나무 등을 다양하게 심었다.

사람이야기

질 장수의 말 산업과 관련된 사람들의 얘기를 듣고 싶다.

답 내가 축산과에 있을 때 차주연 과장이 축산과장으로 오셨다. 오기와 열정이 대단한 분이라서 한번 붙어보고 싶은 그런 분이다. 까칠한 내 성격 때문에 그리 친하지는 않았지만, 말과 관련된 일을 같이하면서 좀 나아졌다. 나는 마사과에 오면서 나름 프라이드를 가지고 있었고, 남한테 지기 싫어하는 성격이었다. 차과장님은 일에 있어서는 대충 넘어가지 않고 놓치기 쉬운 부분까지 잡아주셨다.

고집도 세서 그 고집을 꺾으려면 타당한 근거를 제시해야만 수긍하신다. 트로이 목마 건축 시 방향을 정할 때 서로 대립했다. 얼짱 각도, 15도의 미학을 만들어서 제시했더니 내 의견을 받아주셨다. 제주도에 경주마를 함께 사러 가기도 했다. 보는 눈도 있고, 사람과 친해지는 법도 잘 알고 그런 분이다.

질 또 다른 사람은?

답 당연히 군수님이다. 졸병일 때는 만날 기회가 없었고, 군수님을 가슴으로 느낀 적은 말 산업을 추진하면서다. 군수님은 이야기를 많이 들어주시는 분이고, 어떤 일에 있어 바로 결론을 내리지 않는 신중한 분이다. 늘 '한 번 더 검토해 보라'고 하신다. 그래서 다시 한 번 검토를 하게 되고, 서두르지 않고 차근차근 갈 수 있게 된다. 사업을 천천히 하면서 기반을 다지도록 방향을 제시해주시니 업무의 폭이 넓어진다. 군수님은 한번 믿으면 끝까지 믿어주신다. 예전에 있었던 일이다. 조교사가 말 다섯 마리를 맡았는데 작년에 세 마리가 죽었다. 말은 경주하다 다리가 부러지면 살처분을 시키는데 그때마다 군수님께 조교사를 바꾸고 싶다고 했다. '그 사람 잘못인가'를 물으시더니 더 지켜보라고 하셨다. 군수님은 끝까지 믿어 주신다. 나도 군수님의 믿음을 받고 있다고 생각한다.

경쟁이 치열할수록 빛나는 장수 말 산업

질 말 산업은 앞으로 어떻게 될 것 같은가? 앞으로 계획은 어떤 것들이 있나?

답 더 이상 확대하기가 부담스러운 부분이 있다. 전국에서 말 산업육성법을 제정해서 띄우는데 과연 블루오션이냐, 생각해보면 거품일 수 있다. 골프, 승마, 요트로 레저 패턴이 간다고 하는데, 일본이 승마를 띄우다가 경기 침체로 승마산업도 같이 침체가 되고 있다. 그래서 계속 확대를 해야 하는지 고민이다. 사람이 승마를 좋아서 해야 하는데 아직 그 정도는 아닌 것 같다. 승마장도 지금보다 많아야 한다. 다른 데서 해봐야 장수가 더 재미있다는 걸 알게 될 것이고, 그래야 장수로 오게 된다. 승마를 접해보지 않은 사람들은 말을 타러 장수까지 오기는 멀다. 요즘 대세가 가족이니만큼 가족끼리 체험할 수 있는 게르가 그래서 좋다고 본다. 게르에는 TV, 스마트폰도 허용하지 않도록 해서 가족끼리 더 많은 소통을 할 수 있도록 하고 있다.

질 우리나라 사람이 말을 탈 확률을 어느 정도로 보는가?
답 "글쎄, 51%?" 유럽인들은 어릴 때부터 말과 함께 자랐다. 우리도 그랬다면 친근감이 있을 텐데, 우리는 보통 커서 접하게 되니까 일단은 무섭고 거부감이 생긴다. 말에 대한 경계심이 앞서기 때문에 말이 안전하다는 것을 알고 난 후에야 말과의 거리감을 좁힐 수 있다. 국민소득도 관계가 있지만, 그보다 먼저 이런 문화차이 때문이라고 생각한다.

2. 축제
한우랑사과랑축제

우리나라의 축제

지역축제는 잔치다

지자체 실시 이후 우리나라는 계절마다 지역축제의 물결로 넘실댄다. 공식적으로 열린 행사와 축제 건수가 1천 4백여 개, 비공식적인 것까지 합하면 무려 2천 5백여 개에 이르는 것으로 집계된다고 하니, 어느 지자체는 해마다 많게는 열 개 이상의 크고 작은 축제를 하는 셈이다. 축제가 많아서 나쁠 것은 없다. 다만 소모 비용 대비 부실한 내용과 유사성은 문제점으로 지적될 만하다.

우리나라의 축제는 90년대 이전까지는 서서히 성장했고, 이후 지방자치단체가 축제를 지역홍보와 지역발전의 수단으로 이용함으로써 짧은 기간 동안 폭발적인 성장을 하게 되었다. 지자체가 축제를 선호하는 가장 큰 이유는 많은 비용과 시간이 필요한 다른 산업에 비해서 경제적 가치가 크고, 빠른 시간 내에 지역 이미지를 확고하게 만들 수 있다는 장점이 있기 때문이다. 급속히 양적으로 팽창하던 것이 현재는 질적 성장과 지역 차별화에 중점을 두고 완만한 증가세를 보이고 있다.

과거의 축제가 종교행사와 사회 공동체 유지를 위해 민속적인 성격으로 이루어졌다고 하면, 현대의 축제는 휴식과 체험을 통해 에너지를 재충전하는 개념으로 변모하고 있다. 축제의 원래 의미인 신앙적, 사회적 기능이 축소되고 오락적, 경제적 기능이 확대되고 있는 형태여서 풍성한 놀거리와 먹거리를 누리는 시민들에게는 경제적인 문화놀이터가 되고 있다. 따라서 양적 성장에 비해 질적으로 일정수준에 이르지 못한다는 평가자들의 부정적인 비판은 별개의 고민일 뿐이다. 농민의 소득과 직결되는 농촌 배경의 축제를 예술문화축제나 전통문화축제와 구별하지 않고 비판하는 것은 오히려 편협하다고 볼 수 있다.

농촌축제는 농업공동체의 잔치마당이다

축제의 성공 여부는 구성원들 사이에 흐르는 동질감과 참가자들의 표정을 보면 알 수 있다. 예산이 얼마나 소요되었는지, 외부 방문객이 얼마인지, 소비가 어느 정도 일어났는지는 행정적인 통계일 뿐이다. 더욱이 자체 평가나 관련 기사는 홍보성이 강해서 신뢰가 떨어진다.

농촌 마을 축제의 주인공은 농민들이다. 한 해 농사를 거두면서 감사하고, 셈하고, 이웃과 더불어 나누는 잔치이기 때문이다. 우리나라의 농촌축제는 지역의 행정을 주관하고 있는 공무원들을 축으로 농업공동체 사회를 결속시키는 순기능과 마실 나온 이웃의 접대기능이 조화를 이루고 있다. 거기에 지역 특산물 판매를 통해 농가소득이 증가하고, 지역 이미지가 향상되는 성과가 보태진다. 농촌축제는 지역 경제 활성화라는 공무원들의 목표와 농산물판매라는 농가소득, 지역민의 놀이 한마당과 관광객의 휴식과 체험으로 완성된다. 따라서 구성원 전체의 만족도가 성공 여부의 기준이 되어야 한다.

한우랑사과랑축제 한우셀프식당

　현대 지역축제는 제사의식, 전통문화를 보존하는 것과 지역민의 일체성 유지, 경제적 이익, 관광 기능 등을 포함한 여러 가지 기능을 가지고 있지만, 농산물축제의 경우는 지역민의 일체감을 조성하고, 농산물 판매로 경제적 이윤을 얻는 기능을 우선으로 한다.

공무원도 주민이다

관이 주도하거나 관에 대한 의존성이 높다는 이유로 지역축제가 도마에 오르기도 하는데, 지역에는 주민의 여력이 그리 많지 않다. 따라서 누가 주도하느냐를 문제로 삼을 것이 아니라 주민 참여도를 가치의 기준으로 삼으면 된다.

축제를 기획하는 공무원들은 일 년 내내 축제를 머릿속에 담고 산다고 한다. 전국의 축제를 돌아다니며 벤치마킹하는 것은 물론 새로운 아이디어를 얻기 위해 고군분투한다. 모든 행동과 생각의 중심에 '지역민의 참여를 어떻게 유도할 것인가, 지역민에게 얼마나 즐거운 프로그램인가'라는 과제를 심고 있다. 그런 지역에서 열리는 축제여야만 비로소 주민잔치가 되기 때문이다.

축제는 누군가에게 보여주기 위한 행사가 아니므로, 그리고 방문객에게 모든 촛점을 맞춰야 하는 관광이 아니기에 더욱 그렇다. 축제마당을 통해 지역민을 대동단결시키고 격려하고자 하는 목적이 우선이므로 축제 기간에는 관내 공무원 전원이 봉사자가 되어 수고하게 된다. 일사불란하게 진행되는 조직은 공무원들의 행동반경이 넓고, 문제 발생 시 조치가 재빠르다. 이는 조직 내에서 사전 교육이 충분히 이루어졌다는 얘기다. 그러니 지역축제를 돌리는 양 바퀴 중 하나는 공무원인 셈이다.

농촌축제는 일 년을 기다리는 큰 장이다

즐긴다는 것은 놀이에 그치지 않는다. 농산물축제는 농민들의 주머니가 채워지고, 방문객의 장바구니가 풍성해지는 두 가지 욕구가 충족될 때 그 의미가 커지기 때문에 일시적으로 큰 장이 형성된다. 어떤 이들은 축제가 무슨 장터냐고 비난을 하기도 하지만 농촌을 모르고 하는 소리다. 시골의 장터는 물품을 사고

파는 상업공간의 개념만 있는 것이 아니라 사람을 만나는 소통과 교제 기능도 지니기 때문이다. 나물 바구니 이고 장에 가시는 시골 어르신들께 물어보라. 돈 벌러 간다고 하지 않고 장구경 간다고 하신다.

지역농산물축제는 생산물 수확시기에 맞물려 열린다. 지역마다 특산물을 대상으로 브랜드를 만들어 놓은 곳이 많고, 축제홍보전도 뜨거워서 지역 이름을 떠올리면 자연스럽게 축제 이름이 따라붙는 경우도 많다. 지명도가 높으면 규모가 크고 성공한 축제로 인식되기 쉽지만, 그것은 홍보전략 때문일 수도 있다.

그 축제가 실속이 있는지 없는지는 후기만 봐도 쉽게 알 수 있는 일이어서 사실 관광객이 제일 무서운 평가단이다.

축제와 음식

요즘 홍보물을 보면 '오감만족'이라는 표현이 자주 쓰이는데 오감을 만족하게 하는 축제가 되기 위해서는 음식이 가장 중요한 부분을 차지한다. 축제 현장에서 지역특산물을 시식하거나 직접 조리해보는 체험, 수확체험을 할 수 있는 먹거리축제는 오감을 만족시킬 수 있어서 단연 인기가 높다. 문화관광축제는 한두 번 보고 다녀가는 것으로 끝이 날 수 있지만, 먹거리축제는 반복적으로 구매가 일어난다는 특징이 있다. 그래서 방문객 충성도가 높고 축제가 지속성을 갖게 되는 것이다.

축제의 성격은 축제를 통해 판매되는 농산물의 분류에서도 나타난다. 농산물이 이동되지 않고 축제현장에서 바로 완전히 소비되는 형태의 축제는 많지 않다. 곡식은 대부분 구매 후에 가정에서 조리가 이루어지고, 과일 또한 약간의 시식 외에는 선물용이나 장보기용으로 쓰인다. 그 밖의 약용식물이나 양념류는 시식조차 어려운 것들도 많다. 즉석조리가 가능한 것은 수산물과 축산물이다. 그러나 수산물은 신선도가 생명이라서 어획량의 한계와 상품 보존 기간을 크게 벗어날 수 없다. 반면 축산물은 소비량에 따라 공급량 조절이 가능하기 때문에 안정적이라고 할 수 있다. 또한, 먹거리축제에서는 생산자 자신도 그날만큼은 소비자가 되어 즐긴다는 특징이 있어 축산농가야말로 제대로 축제를 만끽할 수 있는 행복한 주인공이 되는 것이다.

농촌축제는 농촌이 주제다

현대의 축제 트렌드는 체험이다. 축제를 여행 목적으로 잡고 참여하는 가족단위의 관광객들은 대부분 따로 체험일정을 잡는다고 한다. 대상을 보고만 가는 것이 아니라, 여행지에 머무르면서 휴식하고, 지역의 문화를 직접 체험하며 지역민들과 교감하는 프로그램으로 이루어지는 경우가 많다. 그러다 보니 향토색이 짙은 지역이 주목을 받게 되고, 지역 브랜드에 대한 평이 우수한 쪽에서 경쟁력을 갖기 마련이다. 맛이야 어디서든 사서 먹어보면 알게 되겠지만, 체험은 다르다. 체험상품은 농산물 하나를 파는 것이 아니라 농가를, 마을 전체를 파는 것이기 때문이다. 그래서 테마를 분명히 밝히고 감각적이면서도 사실적인 체험이 되도록 해야 한다. 한 곳에서 여러 가지를 하려고 욕심부리지 말고 한 가지라도 제대로 하는 것이 중요하다. 그래야만 그 체험의 개성이 나타나고, 다른 지역과 차별화가 되는 것이다.

농촌체험관광에는 농민이 있어야 한다

농촌체험프로그램은 농촌 자원을 이용하는 것이기 때문에 전문적인 안내가

사과 수확 현장체험

있어야 한다. 과수원에 들러 과일을 따보는 정도의 체험은 엄밀한 의미에서 농촌체험이 아니다. 방문객이 지급한 액수만큼 농산물을 가지고 가는 장보기에 불과하다. 농산물을 수확하기까지 거쳐야 하는 여러 작업과정을 설명하고, 농업에 대한 이해를 이끌어낼 수 있을 때라야 진짜 체험이라고 말할 수 있다.

농민은 농사에서 박사다. 그 누구도 그보다 잘 알 수 없다. 현장체험이란 그의 땅에서, 그가 지은 농산물 이야기를, 그에게 들으며 감사히 수확하는 것이라야 살아있는 체험이 된다. 농촌관광을 경험한 도시민들을 대상으로 조사한 결과를 보면 색다른 경험, 신선한 농산물 구매, 자녀교육, 농촌에 대한 향수, 휴식 등을 위해 참여한다고 나타났다. 이 설문은 농촌관광이라는 차원에서 실시한 것이지 농촌체험에 관한 것이 아니다. 관광은 둘러보고 가는 것으로 만족할 수 있지만, 체험은 말 그대로 농촌 깊숙이 들어와서 농촌과 농업을 이해하는 일까지를 포함해야 한다. 따라서 체험을 하는 농가라면 농민이 안내자요, 해설사가 되어야 한다.

장수 '한우랑사과랑축제'에 가다

축제 첫날, 비가 내리다

2013년 9월 3일. 축제를 앞두고 비 소식이 있었다. 축제를 위해 온 힘을 쏟아 부으며 준비하는 사람들의 마음과 손길을 가까이서 지켜봤기에 부슬거리는 비라고 해도 염려가 되었다. 다행히 가을이 왔음을 알릴 정도의 가랑비여서 행사에 차질이 생길 정도는 아니었다.

의암공원의 품으로 가다

장수축제의 무대는 논개 사당을 중심으로 한 장수읍 두산리에 있는 의암공원 전역이다. 의암공원은 2천여 평의 논개 사당 잔디광장과 저수지를 끼고 있어 장수에는 산밖에 없다는 말을 무색하게 만들 만큼 아기자기하고 정겨운 곳이다. 사실 장수는 금강과 섬진강이 시작되는 큰물의 원천지로 지명의 유래가 될 만큼 물과 인연이 깊다. 이 호수공원은 급조된 도시의 공원과는 달리 주변에 나이 먹은 나무가 많아서 목조 산책로를 따라 천천히 걸어 다녀야 깊은 운치를 느낄 수 있다. 한 바퀴를 도는데 반 시간이면 충분한 거리지만, 어슬렁어슬렁 걷다 보면 사람 손이 타지 않은 자잘한 야생 풀꽃들과 곤충들을 만나느라 족히 한 시간은 바치게 된다.

의암공원은 축제 기간 동안 크게 변신을 한다. 보통 때의 고즈넉하고 여유로운 풍경 대신 코끝을 자극하는 한우 굽는 냄새, 가을 햇살 아래 더 붉어진 사과빛깔, 사람들의 유쾌한 만남으로 시끌벅적해진다. 올해로 일곱 돌을 맞는 '한우랑사과랑축제'는 주차장을 크게 넓혔음에도 불구하고 인근에 있는 농로까지 방문객의 차량에 점령당했다.

한우랑사과랑축제장 전경

장수순환농업의 상징 '곤포'를 만나다

행사장으로 가는 길목에서 갖가지 표정의 한우와 사과를 만났다. 일명 곤포
아트다. 곤포는 건초와 짚 등을 운반하고 저장하기 편리하도록 둥글게 또는 사
각 모양으로 압축하여 만든 것으로, 장수군청미술동호회와과 전주지역 학생들
이 참여해 한우와 사과캐릭터를 그려 넣었다. 곤포는 이번 장수축제의 명물이
되었다. 축제프로그램에는 거액의 상금을 건 곤포나르기 대회가 있었는데, 10명

한우랑사과랑축제 곤포아트

이 팀을 이루어 300kg의 대형곤포를 운반하는 것으로 긴장감 있고 흥미진진하여 대단한 인기를 누렸다. 곤포는 장수한우의 먹이로 장수군에서 실시하고 있는 순환농업의 상징이어서 군민들에게는 더욱 의미가 크다.

장수라는 말에 침이 고이다

장수축제는 이제 입소문과 SNS를 통해 제법 많이 알려져 있어서 4시간 정도 걸리는 서울에서도 별 주저함 없이 찾아갈 정도가 되었다. 축제장을 찾는 사람들이 제일 먼저 떠올리는 소재는 역시 한우다. 지난해에 현장에서 판매된 한우가 350마리에 이르렀다고 하니 입이 쩍 벌어질 정도다. 입구에 들어서자 벌써 잔칫집 냄새가 진동하며 코를 자극한다.

1,500명이 동시에 들어갈 수 있는 초대형텐트(길이 80m) 한우셀프식당에는 한우를 즐기려는 사람들로 내내 북새통이다. 입안에 고이는 침을 삼켜가며 한참을 기다려 고기를 사고, 또 그만큼을 기다려야 구워먹을 차례가 온다. 그야말로 한국 사람들의 엄청난 한우사랑을 실감하게 되는 날이다. 작년에는 고기를 사고 나서 30분쯤 기다렸으나, 올해는 첫날에 비가 와서인지 운이 좋아서인지 바로 자리를 잡을 수 있었다. 옆 테이블에서 탄성이 들렸다. "고기가 이렇게 아름답다니!" 모두 그 소리에 공감하며 화려한 마블링이 형성된 장수한우를 흡입하기에 바빴다.

한우랑사과랑축제 한우곤포나르기대회

한우랑사과랑축제 | 한우셀프식당

사랑과 향기를 전하다

이번 축제의 슬로건이 '한우로 전하는 사랑! 사과로 건네는 향기'였는데, 축제 기간 동안 제수용과 선물용으로 장수 특산물을 사갈 수 있어서 축제 슬로건이 잘 어울린다는 생각이 들었다. 장수축제는 한우마당, 사과마당, 체험마당으로 나뉘어 진행된다. 가족단위의 관광객이 많은 만큼 함께 먹고, 사 가고, 체험하는 프로그램이 균형을 이루고 있다. 장수에 온 김에 비교적 알뜰하게 추석 선물을 해결하고 나니 뿌듯함에 마음이 가벼워졌다.

추석이 이른 터라 시중에서는 보기 힘든 빨간 홍로사과가 선물용으로 으뜸이다. 사과 부스에는 젊은 친구들이 많았는데 부모님은 농장에서 작업해야 하기 때문에 자녀들이 친구들과 함께 판매에 열을 올리고 있는 부스도 있었다. 농부들을 직접 만나지 못한 아쉬움이 있었지만 그들이 사과농장을 이어갈 차세대 농부라고 생각하니 왠지 든든해 보여서 격려해 주고 싶었다. "부모님이 농사를 잘 지으셨네. 참 맛있다. 최고야." 하면서 내년에 또 보자고 인사를 했다. 청년이 아버지 명함을 꺼내주며 가을 하늘처럼 깨끗하게 웃었다. 머지않아 그 청년의 명함을 받게 될 것 같았다.

MY APPLE TREE

사과체험은 8월에 사과나무를 분양하여 축제시기에 맞춰 수확체험이 이뤄지는데 인터넷 신청이 아주 뜨겁다고 한다. 장수사과시험포나 거점농가를 통하기도 하고, 개인적으로 농가와 인연을 만드는 경우도 있다.

사과는 종류에 따라 수확시기가 달라서 1년 동안 먹을 사과를 체험을 통해 얻을 수 있다는 매력이 있다. 직접 관리를 할 수 없는 원거리 고객을 위해 분양 후에 농가에서 돌봐주고 수확만 해갈 수 있도록 하는 프로그램도 있단다.

분양 신청을 놓쳐서 올해는 그냥 사 가지고 간다면서 아쉬워하는 사람도 있었다. 투어 버스를 문의하고 있는 도중에 얼굴이 발갛게 상기된 사내아이 둘을 만났다. 농장에서 사과 따기 체험을 하고 오는 길이라고 했다. "얘네 사과나무보다 우리 나무가 더 많이 열렸는데 농부 아저씨가 얘네 바구니를 채워줬어요." "누구

한우랑사과랑축제 애플러브투어

기분이 더 좋을까?" "얘요." "얘요." 서로 친구를 가리키며 낄낄대는 아이들을 바라보는 것만으로도 넉넉해졌다.

자신의 사과나무를 갖지 못했더라도 축제장에 오면 사과 따기 체험에 참여할수 있다. 애플러브투어는 45인승 버스를 이용하여 행사장에서 출발하여 논개 생가가 있는 주촌마을을 거쳐 사과체험장을 다녀오는 프로그램이다. 해설사가 대표 관광지를 안내해주기 때문에 장수에 대해 깊이 알 수 있고, 사과를 따는 체험도 할 수 있어서 가족 단위의 신청자가 많다.

오미자의 인기를 누가 말려

장수축제는 'Red 장수 Festival'이다. 일명 레드푸드라고 일컬어지는 한우, 사과, 오미자, 토마토 등의 붉은색 특산물을 중심으로 한다. 오미자는 가공식품으로 와인이 출시되어 새롭게 주목받고 있는 품목이기도 하다. 비가 그친 둘째 날에는 강렬한 햇살 탓에 기온이 올라 오미자 발효액으로 만든 빙수와 고운 색의 오미자 슬러시 인기가 대단했다.

다량의 감미료와 강한 인공향료에 길들여진 아이들도 천연 오미자 슬러시에 만족해했다. "새콤달콤 맛있어요." 마실 나온 노부부의 손에도 오미자 슬러시가 들려 있었다. "발효액 사가면 집에서 이런 거 만들어 줄 거야?" 아이의 목소리가 낭랑하게 울려 퍼진다.

오미자 부스에서는 연인들이 얼굴을 마주하고 오미자 케이크를 만들며 추억

한우랑사과랑축제 Red 장수 Festival

을 쌓고, 어르신들에게는 건강을 위한 오미자 족욕이 단연 인기를 누렸다. 부녀회에서 오미자 떡을 파는 곳도 있었는데, 쑥을 넣어 반죽한 것이라 처음에는 오미자 떡인지 몰랐다. 고운 색이 드러나도록 흰 쌀만으로 만들었다면 더 좋을 뻔했다는 말을 남겼다.

축제에 가면 빛나는 아빠의 자리가 있다

뭐니 뭐니 해도 놀이의 즐거움은 아이들을 따라갈 수가 없다. 어른들이야 맛좋은 한우 한 접시 구워먹으면 그만이지만 아이들은 구석구석 기웃거리며 어른들의 손목을 잡아끈다.

아이들은 바쁘다. 호수에서 사과 낚시도 해야 하고, 수상 자전거도 타야 한다. 그러나 막상 놀이에 끼어들면 어른들이 더 열심이다. 처음엔 보고만 있던 아빠는 다른 집보다 하나라도 더 낚으려고 아들의 낚싯대를 가로채고, 낚싯대를 뺏겨 뾰로통했던 아이는 아빠의 어획량에 환호한다.

아빠들의 승부욕은 전통놀이에서 최고조에 다다른다. 대나무 활을 이용해 과녁을 맞히는 '윌리엄 텔의 사과' 코너에서는 엄격한 감독이 되어 아이들을 지휘한다. 축제는 함께 즐기고 느끼는 공유의 시간이요, 공감의 장이다. 모처럼 아빠가 영웅이 되는 날이기도 하다.

어둠이 내리는 호숫가에서 동침하다

해가 지고 있는 호수는 아름답다. 의암호수에 달이 뜨니 그림 같은 초가을 밤이다. 어둠이 내리면 무수한 별이 쏟아지고, 장수축제는 조용히 적과의 동침을 시작한다. 논개 사당 앞 잔디광장에서 진행되는 '적(赤)과의 동침'은 조용하고 아

한우랑사과랑축제장 야경

름다운 자연에서 하룻밤을 자면서 축제를 즐기는 캠핑 프로그램이다.

맛있는 한우 바비큐로 식사를 마친 텐트촌에 조용한 분위기의 음악회가 열렸다. 오랜만이었을까? 부모들은 리듬에 맞춰 같은 방향으로 몸을 흔들며 다정하게 노래를 따라 불렀다. 아이들은 텐트 안을 들락거리며 분주하게 놀다가 밤이 깊었다. 100동의 텐트를 가득 채운 참가자들은 밤늦도록 도란도란, 부스럭부스럭 추억을 쌓았다.

한우랑사과랑축제 캠핑 프로그램

축제는 밤에 완성된다

9시가 지났는데도 한우셀프식당은 아직도 한창이다. 식당은 내일을 준비해야 하기 때문에 10시에 마감을 한다. 더러는 왜 그렇게 일찍 끝나느냐는 원성도 있지만, 밤늦게 한 잔을 즐기고 싶으면 축제장 바깥에 형성된 야시장에서 아쉬움을 달랠 수밖에 없다.

돌아갈 사람들이 돌아가고 나면 호수의 밤은 남아있는 사람들의 몫이 된다.

호수를 감싸고 있는 은은한 조명들이 낭만을 부추긴다. 달빛을 받으며 걷고 있는 사람들이 목소리를 낮춰 이야기한다. 낮에 보았던 풀꽃 대신 별꽃이, 북적거림 대신 밤바람이 가득하다.

장수축제는 이 밤풍경까지 가져가야 다 즐겼다고 할 수 있다. 첩첩산중 계곡 따라 이십 리를 다녀와도, 말을 타고 와도, 애플투어를 해도 장수의 밤을 놓친다면 오감만족이 아니다.

축제를 바라보다

불과 2만 3천 명의 조용한 산골 마을이 30만 명의 참가자들로 들썩거렸다. '한우랑사과랑축제'는 향토자원판매로 지역의 경제발전에 공헌했으며, 군민 모두가 함께하는 참여형 축제의 모범이 되었다는 평가를 받고 있다.

장수군은 축제를 시작하는 마음부터 달랐다. 수고한 농민들을 격려하는 군민화합을 제1의 목적으로 삼고, 수확의 기쁨을 더불어 나누자는 것이었다. 그래서 축제에 대한 자체 평가는 농민 참여도가 얼마나 되는지가 기본이 된다고 한다. 축제장에서 공무원을 만났는데 추석이 일러서 사과를 따느라 사과농가가 많이 나오지 못한 것 같다면서 아쉬워했다.

그곳에 그들이 있었다

장수군 공무원들은 축제에서도 유별나다. 축제의 모든 프로그램에 자신들이 직접 참여한다. 재미난 표정의 곤포아트, 푸른 하늘을 수놓은 패러글라이딩, 근사한 리셉션장의 음식 서빙, 각종 체험프로그램, 주차 안내에 이르기까지 전체의 축제현장이 그들의 활동무대다.

한우랑사과랑축제

면사무소에서도 최소한의 인원만 남겨두고 축제에 투입된다. 면장님이 직접 시원한 차를 나르며 직원들을 격려하는 모습은 따뜻하기 이를 데 없어 보였다. "보람 있는 일이긴 하지만 힘들기는 해요. 주차장을 꽤나 넓혔는데도 직원들이 애를 태울 만큼 복잡하네요. 안내 맡은 공무원들이 불평소리를 많이 듣고 있어요."

돌아가는 길에 주차장 안내를 맡은 공무원이 눈에 익은 얼굴이라 야트막한 목례를 나누었다. 누군가가 염려하는 마음에 가져다주었을 것 같은 플라스틱 간이의자에는 창 넓은 모자와 햇빛에 데워진 음료수, 마른 빵이 주인 대신 앉아 있었다.

"믿기지가 않아요. 몇 년 전까지만 해도 장수축제가 이렇게 성황을 이루게 될 줄은 몰랐어요. 아직도 미흡한 부분이 있긴 하지만 매년 더 나아지고 있으니 공무원으로서 큰 보람을 느껴요." 한 공무원은 이른 아침부터 축제장 주변 청소를 하는 수고도, 관광객들로부터 서운한 소리를 들었던 불편한 마음도 '올해도 잘 해냈구나' 하는 벅찬 감동을 누르지 못한다고 말했다. 작은 시골 마을에서 상상할 수도 없었던 엄청난 관광객을 맞으며 그들이 경험했을 노고와 보람에 대해 그저 짐작하는 것만으로도 가슴 언저리가 후끈 데워졌다.

장수축제와 같이 한 6년

조장호 장수군 농촌체험(축제)담당 계장 인터뷰

·

'한우랑사과랑축제'는 2006년에 시작했다. 그 해에 예산을 편성해서 90일 동안 준비했다. '한우랑사과랑축제'를 열기 전에 장수에는 논개축제가 있었는데, 이를 통합한다고 하니까 원로들의 마음이 편치가 않았다. 젊은이들이 한다고 하니까 심하게 반대는 하지 않았지만, 논개축제가 밀려나는 것 같아서 섭섭했다.

인근 마을 임실과 진안에서도 축제를 통합하려고 했으나 결국 통합하지 못했다. 장수에서는 어려움을 극복하고 결국 2010년에 통합축제를 이끌어 냈다. 지역주민들의 동의를 받는데 상당히 힘들었고, 군수 이하 공무원들이 애를 먹었지만 축제 첫날, 예상했던 것보다 좋은 결과가 나타났다. 비가 왔음에도 불구하고 3천 명이 사는 작은 마을에 무려 10배가 넘는 3만 명의 방문객이 와서 장수가 발칵 뒤집혔다.

장수는 주요 특산물이 레드 컬러여서 부제로 레드 축제가 건의되었으나, 연세가 있는 어른들이 레드칼라를 컬처가 아니라 이데올로기로 이해하는 경향이 있어서 접었다. 그러나 장수축제의 컨셉은 그린(청정지역), 레드(특산물), 블루(문화유산), 옐로(건강)을 담고 있는 칼라축제다.

▶▶ 질의(이하 질) 올해로 일곱 돌을 맞는 장수축제 이야기를 듣고 싶다. 시작할 때 이견이 있었다고 들었는데….

▶▶ 답변(이하 답) 첫해에는 구체적인 계획이 있었다기보다는 막연히 축제

조장호 장수군 농촌체험(축제)담당계장

를 해보자는 것이었는데, 이미 논개축제가 있어서 그것을 농산물축제와 통합하려는 과정에서 생긴 일들이다. 반대 입장이던 사람들을 잘 설득했고, 결국 통합축제를 하게 되었다. 당시에는 '한우랑사과랑축제'가 아니라 '장수농산물축제'였다. 2회 때 이름을 공모했다.

질 조장호 씨는 6년 동안 장수축제를 담당하고 있다고 하는데, 어떻게 해서 축제를 맡게 되었나?

답 한규하 기획홍보실장님이 제안하셨다. 축제담당 부서가 따로 마련되어 있지 않아서 행정지원과하고 농업기술센터가 공동으로 추진하게 되었는데, 나를 불러서 3일간 여유를 줄 테니 생각해 보고 답을 달라고 했다. 축제업무는 '잘해야 본전'이라는 말도 있고 해서 고민하지 않을 수 없었다. 아내와 상의 끝에 축제업무를 맡게 되었고, 그 후로는 더 부지런히 다른 지역 축제에 가서 변화하는 상황들을 점검하게 되었다.

질 장수축제가 방문객들에게 크게 호응을 얻으면서 나날이 발전되고 있다는 평가를 받고 있다. 성공 원인을 꼽자면 무엇인가?

답 '열정'이라고 생각한다. 우리 축제를 최고라고 말할 수는 없지만, 축제를 맡은 팀원들과 장수군민들의 열정만큼은 최고라고 말할 수 있다. 보통 때는 두 사람이 준비하고, 축제일에 임박해서는 세 명 정도 더 충원된다. 외부요인으로는 사과와 한우 등의 농산물 기반이 탄탄하다는 것을 들 수 있다.

질 축제를 기획하는 입장에서 어려운 점이 있다면 무엇인가?

답 이 일이 힘들지만 재미도 있고, 일에 대한 보람도 크다. 그러나 가끔은 사람들에게 실망할 때가 있다. 축제추진위원회가 있지만 주로 공무원조직에서 일하게 되는데, 공무원들의 경직된 사고가 일의 발목을 잡을 때도 있다. 해보자는 적극성보다는 안 된다는 인식을 먼저 하게 되는 것이다. 속이 썩어 문드러질 때도 있었고, 포기하고 싶을 때도 있었고, 맞서서 싸울 때도 있었다. 그렇게 3년쯤 지나고 나니 내성도 생기고, 문제를 어떻게 풀어야 할지 요령도 생겼다. 우리 팀원처럼 오래 깊이 고민한 사람이 없기 때문에 20~30번 검토 끝에는 결국 초기 안으로 결정되는 경우가 많다.

질 '관 주도형' 축제에 대해서 부정적인 시각들도 있는데, 이렇게 큰 규모의 축제를 '민주도형' 축제로 바꾸기는 어려울 것으로 보인다. 장수축제에는 공무원들이 어느 정도 관여하는가?

답 공무원들이 많이 하는 편이다. 리셉션도 우리가 직접 장수한우를 사서 음식을 준비한다. 200여 명을 초대하는데 호평을 받았다. 초대 손님을 선정하기 어려울 만큼 관심을 갖는 사람들이 많다. 직원이 20~25명 정도 투입되는데 재미보다는 힘들다는 평이 더 많다. 인센티브도 없다. 우리 군수님은 그런 면에서 좀 인색하신 편이다. 그러나 섭섭하다거나 불만은 없다. 마땅히 해야 하는 일이라는 생각이 더 크기 때문이다.

질 왜 공무원들이 하는가?

답 일반 시군은 시군세가 많지만, 장수는 인적·물적 자원이 부족하다. 농사 등 한쪽에 치중되어 있어서 인력분포가 고른 편이 아니다. 또 다른 지역처럼 업체에 맡겨서 할 수도 있는 일이지만 장수는 처음부터 공무원들이 했다. 축제가 민주도형만으로도 관 주도형만으로도 안 된다. 민간협치 시대이니만큼 서로 협력하는 것이 바람직하다고 본다.

공무원들은 58개 프로그램에 참여하고, 셀프식당은 한우협회(1일 100명 투입)에서, 농촌공방체험은 여러 체험마을에서 직접 참여한다.

질 공무원들이 청소도 한다고 들었다.

답 맞다. 축제 전에 미화계획을 세워서 축제일에는 아침 7시에 전 직원이 계획대로 청소한다. 쉽지 않은 일이다.

질 무수한 축제가 있다. 장수축제가 가 볼 만한 축제로 떠오르고 있는데, 그런 평가에 대해서는 어떻게 생각하나?

답 문광부 지정축제로 한 해에 1,300여 개의 축제가 개최되고 있다. 이 중 40개가 우수축제로 지정되는데, 전체 3%에 해당한다. 장수축제는 그 안에 들어가는 것을 올해 목표로 설정했고, 가능하다고 본다. 지금도 어느 농촌 지역에 비해 뒤진다고는 생각하지 않지만, 객관적인 평가를 받아보고 싶다. 지역홍보에도 도움이 될 거로 생각한다. 목표를 정하고 나서 로비가 필요하다는 것을 알았다. 전에는 우리만 잘하면 될 거라고 생각해서 하지 않았는데, 알려야 할 것은 알려야 한다는 결론을 얻게 되었다.

질 어디다 어떻게 로비하는가?

답 축제 평가는 도평가와 문광부 평가로 두 단계를 거친다. 먼저 도평가를 잘 받아야 한다. 도평가는 현장평가와 서류평가로 이뤄지는데, 평가자들이 현장을 방문할 때 보여줄 수 있는 모든 것을 보여줘야 한다. 서운하지 않도록 예의를 갖추고, 최선을 다하고 있다는 인상을 심어줘야 한다. 서류평가자에게도 계속해서 축제 정보를 알리고 좋은 관계를 유지하도록 노력한다. 할 수 있는 한 열심히 했다.

질 장수축제는 '돈 버는 축제'라고 한다. 한우 판매량은 해마다 기록을 갱신하는데, 과연 농민이 돈을 버는가?

답 물론이다. 농산물 판매는 농가소득과 직결된다. 그러나 판매수익은 부수적인 결과다. 축제의 근본 목적은 지역을 홍보하고, 이미지를 바꾸어가는 것이다. 다시 말해 산업형 축제의 성격을 가지고 있긴 하지만 돈이 주가 아니다. 적절하게 이익을 남기는 것은 바람직하다. 축제는 우선 즐거워야 한다.

질 장수축제는 누가 즐거운 축제인가?

답 어느 지역 군수님이 우리나라 최우수 인삼축제를 열고 있는 지역에 다녀오셔서 하신 말씀이 있다. '그쪽이 축제장은 큰 것 같은데, 축제 느낌은 장수가 더 나은 것 같다.' 많은 축제 관계자들도 비슷한 얘기를 한다. 장수가 더 재미있다고. 일시적인 소득에 연연해 하지 않고, 주민들이 참여해서 즐기기 때문에 남들에게도 편하게 보이는 것으로 생각한다. 장수축제는 우선적으로 주민이 즐거운 축제라고 말할 수 있다. 그래서 축제평가가 더 호의적인 것이 아닐까?

질 축제장에서의 농산물판매는 축제에 어떤 영향을 미치는가?

답 농산물은 10%에서 많게는 30%가량 저렴하게 판매한다. 직거래다 보니까 박스비와 택배비가 절감되므로 농가에서는 할인해서 팔아도 농가소득에 별 차이가 없다. 많이 팔면 팔수록 좋은 거다. 그러나 판매를 많이 늘리면 축제의 다른 재미가 줄어들 수 있다. 게다가 문광부 평가 때 보면 독일의 옥토버페스트는 술 마시고 누워있는 것도 문화라고 하면서 한우를 먹는 풍경은 문화콘텐츠로 생각하지 않는다. 우리 축제는 어느 한쪽으로 편중되지 않도록 균형을 유지하려고 신경을 쓰고 있다.

질 축제에서는 한우와 사과뿐만 아니라 오미자의 인기도 높다고 들었다. 오미자 칵테일 쇼 사진을 본 적이 있다. 초원 위에 하얀 테이블보를 깔고, 관련학과 대학생들이 바텐더가 되어 오미자 칵테일을 만드는 모습, 훌륭한 가든파티가 될 것 같다. 올해도 오미자 관련 행사가 많은가?

답 칵테일 쇼는 2년 정도 했다. 올해 프로그램에는 없지만, 다시 고민해 보겠다. 대신 오미자는 프로그램이 더 다양해졌다. 장수 오미자 술이 이제 나왔다. 문경은 이미 23개 정도 가공품을 생산하는 업체가 있는데, 거기에 비하면 장수는 늦은 편이다. 이제 가공산업에 발동이 걸렸으니 장수의 새로운 산업에 기대도 해본다.

질 축제장에서 그 많은 사람이 한꺼번에 한우를 굽고 있는데도 그다지 부산스러워 보이지 않는다.

답 그 이유는 잘 모르겠다. 단 우리는 축제장에 외부 상인을 들어오지 못하게 했다. 외부에 따로 장소를 마련하여 야시장을 격리했다. 축제장 행사가 끝나면 더 즐기고 싶은 사람들이 즐길 수 있도록 했다. 한우 판매장 쪽에는 1,250M의 테이블을 깔아서 동시에 1,300명이 앉아서 먹을 수 있도록 했다. 밥을 왜 안 파느냐, 좀 더 고급스럽게 가자 등 제안들이 많으나 한꺼번에 다 수용할 수는 없어서 차근차근 고민해보고 결정하려고 한다. 장수에서 생산되는 음식재료를 이용한 요리대회도 개최하고 있다. 상금을 높여서 격을 높이는 문제도 상의 중이다.

질 축제 판매장에 참여하는 농가는 어떻게 선정되는가?

답 사전에 신청을 받아서 초음파검사를 통해 기준을 통과한 소만 도축한다. 300 마리 이상 도축하는데, 신청 농가 중에는 더러 떨어지는 경우도 있다. 추석을 끼고 있어 값이 제일 비싼 시기라서 다들 그때 출하하고 싶어 하지만 등급이 제대로 나오지 못할 때는 어쩔 수 없다.

질 판매자는 축협인가?

답 장수농협, 무진장축협, 한우프라자 등 4곳에서 판매한다. 먹고 싶은 맛있는 부위의 고기를 사려면 한우축산과 직원한테 물어보면 된다. 판매자마다 조금씩 맛이 다를 수 있다. 판매장에서는 집에 가져갈 수 있도록 아이스박스 포장도 해 준다. 셀프식당은 한우협회에서 운영한다. 불판을 빌려주고 술과 채소 등을 판매한다.

질 축제를 담당하면서 힘들기도 했겠지만 얻은 것도 많았다고 했는데, 생각나는 사람이나 일이 있다면?

답 사람을 떠올려보면 이성식 면장님과 장 군수님이다. 면장님과는 3년 동안 같이 일했는데, 항상 나를 믿어주시고 바람막이가 되어주신 분으로 가장 기억에 남는 사람이다. 1회 축제 때, 과장님은 예산 하나하나를 꼼꼼하게 챙기셨고, 리플릿이랑 CF를 만들 때도 나의 의견을 그대로 수용해주면서 힘을 실어 주셨다. 군수님 사진을 모두 뺐는데 과장님이나 군수님은 아무 말 없으셨다. 계획서를 들고 가서 보고하는 자리에서도 그저 잘 진행되고 있느냐고 물어보시는 정도였다.

질 그만큼 신뢰를 받고 있다는 말인가? 아니면 군수님이 직원들이 자율적으로 일하기를 바라는 편이어서 그런가?

답 군수님은 아무리 봐도 대단하신 분이다. 잔정을 표현하지 않으셔서 속내를 다 알 수는 없지만, 일에 대한 열정만큼은 누구와도 견줄 수 없을 만큼 대단하시다. 모두 놀라고 감동한다. 감정을 잘 숨기지 못해서서 화가 나거나 기분 좋을 때의 표정이 다 읽힌다. 그것도 나는 좋다고 본다. 그리고 개인적으로 칭찬을 받아본 적은 없으나 나를 6년 동안 이 자리에 두시는 걸 보면 그것이 칭찬 아니겠는가? 나를 믿어주시는 것이라고 생각한다. 그 외에도 존경하는 공무원이 몇 분 계시는데, 나는 깊이 고민하는 사람이 좋다. 능력 있는 공무원이란 개개인의 능력보다는 사심 없이 열정적으로 일하는 사람이라고 생각하기 때문이다.

질 오랫동안 축제를 맡았으니 다른 지역 축제에 대해서도 나름 평가를 하고 있을 것 같은데 어떤가? 지평선축제는 이름도 좋고, 우수축제로 자리 잡은 것 같은데.
답 계속해서 다른 지역 축제를 다니고 있는데 다들 노력한 흔적들이 보인다. 지평선 축제는 담당자가 10년 동안 일하고 있는데 아주 잘하시는 것 같다. 최근에는 완주 와일드푸드축제가 컨셉을 잘 잡은 것 같다.

질 앞으로 장수축제를 통해 해보고 싶은 것이 있다면?
답 어른들에게는 향수를, 어린이들에게는 새로움을 줄 수 있는 축제를 완성해가는 것이다. 축제의 기본은 즐거움이다. 무언가에 얽매이지 않고 편안한 가운데 더불어 즐거울 수 있다면 좋겠다. 올해에는 대동제 형태로 꾸미려고 한다. 폐막식 때, 다 함께 참여해서 막을 내리는 등 주최자가 따로 있는 것이 아니라 참석자 모두가 하나가 되는 축제임을 느끼게 하고 싶다.

질 장수축제에서 꾸준한 인기를 얻고 있는 프로그램은 무엇인가? 그리고 이번 축제에 새롭게 선보이는 것은 무엇인가?

답 〈적과의 동침〉이라는 영화를 패러디한 체험프로그램이 인기가 많다. 논개 사당 앞에 텐트 100동을 설치해서 1박 2일 야영을 하는 것이다. 텐트는 2만 원에 분양해서 1만 원은 '장수사랑 상품권'으로 돌려준다.

사전에 인터넷으로 예약을 받는데 가족단위 신청객이 많고, 재방문도 많은 편이다. 부속 프로그램이 많은데 '사과합시다'라는 라디오 프로의 스폰도 했고, 우체국에서도 '사과의 마음을 담은 엽서 쓰기' 발송 행사를 했다.

올해에는 '워낭소리'라는 영화관을 계획 중이다. 그리고 새롭게 선보이는 것은 '곤포아트'다. 인근 학생들의 자원봉사로 곤포에 사과와 한우 그림을 그려넣어 장식한다.

질 아름다운 논개 사당 앞이라면 '공개프로포즈'라는 프로그램도 멋지게 연출할 수 있을 것 같다. 어떤가?

답 레드컬러를 주제로 하고 있기 때문에 논개의 붉은 이미지가 열정과 사랑으로 연결될 수 있을 것 같다. 좋은 생각이다.

질 축제를 계속 맡을 생각인가?

답 힘이 들 때는 그만 하고 싶다는 생각이 굴뚝같다. 같이 일하는 직원 중에는 올해 맡은 사람만 2년째고, 1년을 넘긴 사람이 없다. 하지만 기회가 계속해서 나에게 주어진다면 계속할 생각이다. 힘든 만큼 보람도 크기 때문에 일부러 떠날 생각은 없다.

질 일에 대한 스트레스와 고민을 누구와 상의하는가?

답 남자보다 편한 여자친구를 사귀고 싶다. 주변을 둘러보면 집에도 놀러 오고, 서로 안부를 물을 정도의 여자친구는 제법 있다. 그러나 집사람 이상은 없는 것 같다. 어떤 말을 해도 받아주고, 어떤 실수를 하더라도 덮어주는 사람은 아직까지 아내뿐이다.

질 10년 후의 조장호를 그려본 적 있는가?

답 정년까지 있을지는 모르겠지만 지금 생각 같아서는 후배들을 생각해서 조금 일찍 나가고 싶다. 재산은 먹고살 정도만 있으면 된다고 생각하니까 크게 욕심부릴 일은 없다. 농사지을 생각은 없으나 땀 흘리며 일하는 것을 좋아하니까 혼자 힘으로 산방 하나 만들고 싶다.

질 공무원은 '철밥통'이라는 말을 많이 한다. 공무원으로서의 생활에 어느 정도 만족하는가?

답 공무원이 되는 것이 꿈은 아니었다. 그냥 시험을 봤고, 이렇게 살고 있다. 그러나 '철밥통'은 아니다. 그런 소리를 들으면 화가 난다. '땡돌이'라고도 하는데, 땡퇴근을 해본 적은 별로 없다. 물론 공무원이 바뀌야 하는 점도 있다. 안주하려는 것, 새로운 것을 받아들이려고 하지 않는 것, 세상의 변화에 적응력이 부족하다는 것들이다.

질 신입들은 다르지 않나?

답 우리와는 많이 다르다. 깜짝 놀랄 때가 있는데 첫째는 개방적이고 창의적이라는 것이다. 그들의 트인 생각이 부러울 때가 많다. 둘째는 돈에 집착하는 모습을 볼 때다. 돈에 집착하기 시작하면 만족하기 어려운데 젊은이들이 돈에 구속되는 것 같아 안타까운 생각이 든다. 그리고 직장에서는 적당한 위계질서가 있어야 한다고 생각한다. 그것은 복종이 아니라 질서의 개념으로 받아들인다면 일을 할 때도 좋고 보기에도 좋다. 신입들은 영리해서 눈치껏 잘하고 있는 것 같다.

질 장수축제에 본인의 기여도는?

답 소신껏 열심히는 했다. 계획서 한 장이라도 남의 손이나 기획사에 맡긴 적이 없이 내가 직접 다 짰다. 부족했을지는 몰라도 나는 최선을 다했다. 일을 맡은 후 줄곧 축제를 내 삶처럼 여기며 살았다. 그렇다고 내 삶이 축제가 되지는 않았지만.

질 조장호가 그려보는 장수축제의 미래는 어떤가? 그리고 홍보 문구를 하나 만들어 보라.

답 이름만 들어도 설레고 기다려지는 축제가 되었으면 좋겠다. 그리고 멀지 않은 날에 대한민국 모든 국민들이 한 번쯤은 다녀가는 축제가 되길 기대한다. 당장 홍보문구를 만들기가 어렵다. '아이들의 가슴 속에 커다란 초원을 보여주고, 추억을 남겨 주세요.' 정도?

질 어른들에게는 추억을 더듬는 시간을, 아이들에게는 새로운 세상을 체험하는 축제가 되길 바란다.

답 꼭 와서 보라. 많은 홍보 부탁한다.

3. 장수의 내일

순환농업에서 지역순환으로

장수의 위대한 실험은 지금 진행 중이다. 물론 그동안에도 의미 있는 성과를 만들기 위해 적극적인 주민참여와 열정적인 공무원 활동이 있었고, 오늘의 장수는 진정성 있는 고민과 실천들이 만들어낸 하나의 지역 드라마였다.

현재 장수군의 경제정책은 농업을 기반으로 한 '순환농업정책'이 의미 있는 성과를 가져왔다. 그러나 장수는 이 '순환농업정책'에서 그치지 않고, '지역순환정책'을 완성하는 모델로 발전하게 될 것이다. 장수에서의 지역순환이란 순환농업체계를 기점으로 지역 전체가 하나의 큰 사이클을 형성하여 지역 내에서 산업, 문화, 교육, 복지가 연결되는 순환구조의 틀을 갖는다는 것이다.

농업에 기반을 둔 공동체사업 '로컬 푸드'에서 출발한 장수는 궁극적으로 '로컬캐피털'에 이르는 지역 순환구조를 완성하게 될 것이다. 장수에서는 이미 '정책순환'이라는 한 단계 발전된 또 다른 순환이 시작되었다. 소득중심의 경제정책에서 문화정책과 복지정책으로의 연결 선상 위에 놓여있는 정책순환이 진행되고 있다.

자연순환 농업의 발전 친환경 유기농업

미래를 예측가능하게 하는 요소들

장수가 준비하고 있는 농업지방공사를 보자

장수처럼 공공과 민간이 협력하여 진행해 오던 안정된 사업의 성과를 기반으로 공사가 설립된 경우는 없었다. 지방자치 초기에 그렇게 간절히 꿈꾸어 왔던 민관협력의 제3 섹터형식의 지방공사를 장수에서 설립하게 된다면, 그동안 부실했던 지방공사의 이력을 뒤집는 획기적인 일이 될 것이다.

연구개발은 곧 미래를 위한 투자이다

장수 유전자뱅크는 장수군의 미래 신산업 동력이 될 것이다. '장수한우유전자'가 아시아 전역에 보급되어 선풍적인 인기를 끌 수 있기를 기대해 본다. 장수는 장기적으로 중국시장을 크게 보고 있다. 아직 중국에는 축산 유전자원에 대한 연구가 일반화되지 않았기 때문에 조만간 중국도 유전자원에 기반을 둔 축산자원의 브랜드화가 진행될 것이라 보고 있다. 그럴 경우, 중국과 유사한 환경의 우리 축산 유전자원이 중요한 역할을 할 것이다. 중국은 우리의 예상을 뛰어넘는 거대한 마케팅시장이 될 가능성이 높다. 급격하게 성장하고 있는 중국에서의 선전을 기대해 본다.

2세대들의 귀환과 그들의 활동을 보자

이미 100여 명의 자녀들이 가업을 잇기 위해 내려와서 착실하게 농업을 배우고 있다. 2세대들은 농사만 짓는 것이 아니라, 유통과 농업교육분야에서도 활약하고 있다. 장수군은 청년들을 여러 교육과정에 투입하여 농업경영전문인으로 키우고자 지원을 아끼지 않았다. 그 결과 다른 지역으로 강의를 갈 만큼 성장했고, 스스로 경쟁시장에 뛰어들어 유통망을 개척하는 등 가히 전투적이라 할 만큼 강한 청년 농업인이 되었다. 장수는 앞으로 '인적순환'이란 궤도를 얼마나 안정되게 정착시킬 것인가에 대한 과제를 안고 있다. 장수가 꿈꾸는 세계 최고 농업은 그들을 통해 이루게 될 것이다.

사람이 곧 미래다

고령화, 인구감소는 농업 중심 지자체가 안고 있는 절실한 문제다. 그래서 지역마다 어떻게 하면 도시 사람들을 오게 할 수 있을까 고민한다. 장수도 마찬가지로 귀농자들을 위한 마을 만들기 사업을 하고 있다. 그러나 장수는 다른 지역과 다르다. 그들이 먹고살 방법까지도 함께 고민하고 있기 때문이다. 도시민 유치를 위한 농어촌 뉴타운을 만들면서 그들이 농사를 지어 먹고 살 수 있는 유리온실도 만들었다. 이들이 정착하여 2세들이 장수에 뿌리를 내리면, 유리온실로 출퇴근하는 농부가 될 것이다.

번암면 동화학교에는 도시의 학생들이 유학을 와서 동네가 다 들썩거렸다. 사람 귀한 곳에 사람이 찾아드니 그야말로 신나는 일이다. 장수군은 동화 속 그림처럼 학교를 단장해 주었고, 유학생들이 머물 건물을 새로 짓고 있다. 미래에는 국내 도시와 농촌의 교류 차원을 넘어 국제간 교류로 이어지는 산촌유학을 꿈꾼다. 이로써 아이들은 자연을 안고 자라면서 폭넓은 안목을 가질 기회를 갖게 되고, 장수는 인구를 늘리면서 지역 인재를 키우는 효과를 얻게 될 것이다.

장수는 최근에 일본의 홋카이도에 있는 작은 지자체와 교육협약을 체결하였다. 홋카이도는 과수와 축산으로 유명한 곳이기 때문에 단순히 학생들의 교류에

번암면 동화분교

서 그치지 않고 더욱 실질적인 교육협력이 이루어질 것이다. 장수학생들이 유학을 마치고 돌아와 날개를 펼 곳은 물론 장수다. 머지않아 그들이 농업지방공사와 농업기술센터, 연구소 등에서 일하게 될 것이다. 특히 장수한우의 꿈은 세계적인 장수한우 유전자자원을 완성하는 것이니만큼 장수한우 유전자를 세계에 수출하는 날, 그들이 주인공이 될 것이다.

누가 다시 장수로 돌아오는지 보자

장수에는 농업인 2세들만 돌아오는 것이 아니라, 지역을 떠났던 자영업자들도 하나 둘 돌아오고 있다. 인근 도시로 떠났던 어떤 이는 고향으로 돌아오면서 장성한 아들을 데리고 와 중국식당을 열었다. 주민소득이 오르니 지역 내에 소비가 증가하면서 자영업이 활기를 띠게 된 것이다. 장수는 농업뿐만 아니라 서비스산업까지 같이 발전하면서 업종 간 순환경제시스템이 순조롭게 작동하게 될 것이다.

소규모 자영업은 인터넷쇼핑과 할인마트의 상권 확대로 도시·농촌 가릴 것 없이 어려워졌다. 하지만 장수에서는 조금 다르다. 왜냐하면, 장수의 여러 자영업자는 안정된 수입을 위해 작게나마 농사를 짓는 등 투잡을 갖고 있기 때문이다. 돌아온 사람들도 조금씩 땅을 사서 사과나 오미자나무를 심거나 송아지를 산다. 다시 떠날 일은 없을 것이다.

장수의 미래에 붙이는 글

장수 사과의 전설 송재득 선생께서 이런 말을 하셨다고 한다. "하나의 특화작물이 한 지역의 산업이 되기 위해서는 60년이 걸린다."고 말이다. 선생의 말대로라면 장수는 지금 발전단계에 있다고 볼 수 있다. 자연재해, 병충해 등 자연의 영향을 받을 수밖에 없는 농축산물을 안정된 산업으로 만들기 위해서는 앞으로 수십 년을 더 견뎌내야 한다.

지금까지 열심히 살아왔고, 유의미한 결실들을 맺었지만, 미래는 그 누구도 예측할 수 없다. 현재의 성과가 훌륭하다고 해서 미래까지 장밋빛일 수는 없다. 지금의 명성을 지켜가기도 어렵고 큰일이기 때문이다. 더 깊게 고민하고, 더 넓게 바라보고, 더 크게 펼치고, 더 길게 가기 위해서는 장수군 전체를 통으로 안아갈 사람들이 필요하다. 장수사람들은 아름답고 훌륭하다. 대한민국의 농촌이 걸어가야 할 최상의 모델을 완성해 갈 사람들이기에 더욱 그렇다. 훗날, 역시 장수였노라고 말할 수 있기를 바란다.

장수 사과의 전설 송재득